서양의 부활

서양의 ★ 부활

리처드 로즈크랜스 지음

유강은 옮김

믹스북스

차 례

일러두기

1. 본문의 각주는 옮긴이의 주석이다.
2. 지은이의 주석은 본문에 번호를 달고 후주로 밝혔다.
3. 인명 등 고유명사의 원어는 찾아보기에서 확인할 수 있다.

바버라에게

우리는 이제 익숙한 문제에 직면했다. 미국은 전환점에 이르렀다. 미국은 오랫동안 영화를 누려왔지만 이제 경제적·정치적으로 쇠퇴의 길에 접어들었다. 이런 쇠퇴의 결과로 권력 이행이 가속화될 테고, 마침내 새로운 세계대전이 초래될 수 있다.

19세기와 20세기 내내 미국은 경제적, 정치적, 군사적 각축에서 줄곧 승리를 거두었다. 독립전쟁에서 영국을 상대로 승리를 거두었고 19세기 중반에 멕시코전쟁과 남북전쟁을 거치면서 아메리카합중국은 팽창하고 공고해졌다. 미국이 더 많은 국민과 영토를 획득함에 따라 경제 수요가 확대됨으로써 철도를 건설하고 서부를 개척하려는 에너지가 끓어올랐다. 미국의 경제발전 속도는 유럽을 추월했다. 1890년에 이르러 미국 경제는 독일과 영국의 경제를 합친 것과 맞먹는 규모로 그야말로 세계 최대를 자랑했다. 새뮤얼 F. B. 모스, 토머스 에디슨, 알렉산더 그레이엄 벨 등의 수많은 발명은 새로운 산업과 새로운 공동체가 급속하게 발전하는 데 토대로 작용했다. 이런 혁신들을 통해 사기업과 더불어 연방정부와 주정부를 자극해서 새로운 발명들을 한데 연결할 기반시설—도로, 발전소, 전화선—이 구축되었다. 자동차가 말을 대신하고, 전화가 전신을 대체했으며, 전기가 도시에서 시골까지 퍼져나갔다. 상하수도 시설 덕분에 삶이 한층 청결해지고 질병의 위험에서 벗어났으며, 실내 난방이 뒤를 이었다. 자동차 여행을 촉진하기 위해 도로를 포장하고 평탄하게 만들었다. 난방용 석유와 천연가스가 가정의 석탄난로를 대체했다. 내 부모님은 이런 갖가지 변화가 도래한 시절의 끝물에 사셨는데, 자신들과 자녀들의 삶이 급속히 변화하는 양상을 보고 깜짝 놀라셨다. 내 할아버지는 밤에 말을 타고 녀석을 헛간에 들여놓는 일은 아주 수월하게 해내셨지만, 자동차를 주차하는 일은 상대적으로 어려워하셨다. 주차를 하려면 핸들을 돌리고, 브레이크를 잡고, 엔진을 꺼야 했기 때문이다. 미국의 발명 능력 덕분에 크기가 작은 휴대용 기구가 잇따라 등장하면서 어디서나 통신과 문자 전송, 화상과 텔레비전 영상 송신 등을 할 수 있게 됐다. 크기만 했지 한계가 많은 탁상용 기기와 사무실이 물러가고 초소형 모바일 플랫폼이 들어서고 있다.

그렇지만 이런 발명의 토대가 되는 기술 기반, 산업 기반은 서서히 약해지고 있다. 미국 기업들은 제조 과정에서 점점 더 작은 비중을 차지하는 반면, 중국과 일본, 남한과 대만의 기업들이 새로운 장치를 생산하고 수송한다.

새로운 산업 기능을 획득하는 나라들은 빠른 속도로 성장한다. 새롭게 떠오르는 나라들의 성장률은 평균 3퍼센트인 미국보다 세 배나 높다. 2차대전 이후 독일과 일본은 10년 동안 10퍼센트 성장률을 달성했다. 중국과 인도는 농촌 인구가 아직 중간계급이 되지 못했기 때문에 앞으로 몇 세대 동안 이와 비슷한 결과를 보여줄 공산이 크다. 두 나라는 21세기에도 한참 동안 급성장할 수 있다.

점점 경직되고 호전적인 모습을 보이는 미국 정부 기관들도 미국의 성장 속도를 늦추는 요인이다. 되풀이되는 국제적 승리와 높은 수준의 사회복지에 익숙해진 미국인들은 힘을 모아 일하지 않는다. 미국인들은 자신이 나라를 위해 무엇을 할 수 있는가를 생각하기보다 나라가 자신을 위해 무엇을 해줄 수 있는지를 묻는다. 정치인들은 국가에 무엇이 필요한가, 스스로 어떤 전망을 제시할 것인가를 생각하기보다 당파의 이익을 앞세운다. 미국인들이 자신과 자녀의 미래를 위해 저축하기보다 현재의 소비와 개인적 지출을 늘림에 따라 이 나라가 직면한 위기들은 전혀 해소되지 않는다.[1] 정부 역시 낭비가 심하다. 그 결과 미국 정부는 아껴야 할 때 지출하고, 해외에서 안하무인으로 개입하며, 시급히 필요한 조세 인상을 뒤로 미룬다. 미국은 파국을 감지하고 대비해야 하는데도 멍하니 앉아 있다.

연 성장률이 1퍼센트에 불과한 유럽도 수동적이고 무심하다. 서양 세계를 구성하는 이 두 반쪽이 하나로 합쳐서 한층 더 큰 연구, 발전, 소비, 금융의 통일체를 이루지 못한다면, 양쪽 모두 기반을 잃을 것이다. 중국과 인도가 이끄는 동양의 여러 나라들이 성장과 혁신과 소득에서—그리고 결국 군사력을 과시하는 능력에서도—서양을 앞지를 것이다.

미국은 자국의 성장률을 높이는 식으로는 이런 상황을 반전시킬 수 없다. 안정된 중간계급 인구가 자리 잡은 성숙한 경제는 장기간에 걸쳐 두 자릿수 성장률을 지탱할 수 없다. 이민자 수를 늘리면 수요가 증대하고 노동자가 많아지기 때문에 도움이 되겠지만, 이민 증대 자체로 미국이나 서양 세계 전반의 문제를 해결하지는 못할 것이다. 바야흐로 세계의 중심은 빠른 속도로 동쪽으로 이동하면서 다양한 군사적, 경제적 결과를 빚어내고 있다. 이런 상황에서 미국과 유럽이 유의미한 지위를 유지하려면 무엇을 해야 할까? 이 책은 이런 질문에 대한 답을 찾으려 한다.

역사를 뒤덮은 뿌연 안개 속에서 나는 두 개의 갈림길을 볼 수 있다. 한 길은 미국의 심각한 경제와 금융 문제를 고립된 상태에서 해결하려 하면서 미국을 다른 나라들과 맺은 관계에서 떼어내는 것이다. 앞으로 살펴보겠지만, 만약 이 길을 선택한다면 미국은 경제적, 정치적 추진력을 잃고 결국 군사적 추진력까지 잃을 것이다. 동아시아 나라들의 경제력이 차례로 미국을 능가함에 따라 신출내기 나라들과 미국이 전쟁을 벌일 위험이 커진다. 역사적으로 보면, 주요 국가들 사이의 '헤게모니 이행'은 대체로 대규모 충돌을 수반했다. 고전적인 사례를 들어보겠다. 투키디데스는 펠로폰네소스 전쟁을 야기한 원인은 다름 아닌 "아테네의 점증하는 힘"과 그로 인해 스파르타가 느낀 두려움이라고 주장했다. 19세기 말과 20세기 초에 독일제국이 영국에 대해 경제적 우위를 달성하면서 결국 1차대전—당시 대부분의 사람들은 '불가피한' 전쟁이라고 생각했다—으로 이어지는 알력이 생겨났다. 장래에 오래된 헤게모니 국가(이 경우에는 미국)로부터 새로운 헤게모니 국가로 주도권이 이동하면 또다시 대전쟁이 일어날 수 있다. 고립의 길을 걸으면 미국은 경제력, 군사력을 상실하고, 불가피하게 국제 체제의 주요 지도자라는 미국의 역할은 막을 내리게 된다.

다른 대안, 즉 아직 걸어본 적이 없는 길을 가려면, 미국은 어떤 나라도 에워싸거나 통제할 수 없을 정도로 엄청나게 규모가 큰, 가장 크고 힘이 센 나라조차도 부분적으로 폐쇄된 글로벌 체제에서는 혼자서는 살아남을 수 없음을 인정해야 한다. 미국이 다시 동양의 성과에 필적하려면, 더 포괄적인 경제·정치 공동체에 합류함으로서 몸집을 불려야 한다.[2] 이는 미국이 무역과 성장의 기회를 확대하려면 다른 서양 나라들과 관세동맹을 결성해야 한다는 것을 의미한다. 미국은 이미 캐나다, 멕시코, 콜롬비아, 파나마, 남한 등과 자유무역협정을 체결했다. 서양 경제 연합이 형성되면 경제 환경이 바뀌고 투자와 성장이 다시 배가되며 회원국 사이에 협력이 확대될 것이다.[3] 유럽과 정치적으로 연계되면 무역과 투자의 동맥이 뚫리고 서양 세계가 활기를 되찾으며 냉전 시기에 마셜플랜과 나토 조약이라는 창조적인 충격 요법이 야기했듯이 서양이 하나로 묶일 것이다. 하지만 지금 우리에게는 더 포괄적이고 대담하고 지속적인 결합이 필요하다.

2012년 1월 다보스에서 열린 세계경제포럼World Economic Forum에서 유럽의 양대 강국 정상은 이렇게 힘을 모으자고 제안했다. 앙겔라 메르켈 독일 총리는 유럽연합이 미국과 손을 잡아야 한다고 촉구했다. 프랑스 지도자들 역시 1886년에 프랑스로부터 자유의 여신상을 선물로 받은 미국과 더욱더 긴밀한 관계를 맺기를 원한다. 유럽과 미국이 새로운 경제 연합을 결성하면, 8억 명의 소비자가 하나로 묶이고 세계에서 손꼽히는 중요한 시장들이 뭉치게 될 것이다. 또한 『포춘』 선정 500대 기업 가운데 259개가 한데 모일 것이다. 유럽연합의 국내총생산GDP은 17

조 달러로, 15조 달러를 기록한 미국을 상회한다. 이 둘을 합치면 현재 61조 달러인 세계 총 GDP의 절반을 넘는다. 유럽연합과 미국의 유력한 시장·연구·발전 허브들은 타의 추종을 불허한다. 규모의 경제에 토대를 둔 세계 산업의 대부분이 서양이나 일본에 자리 잡고 있다(일본은 현재 동양 여러 나라보다 미국과 더 가깝다). 만약 서양이 하나로 합친다면, 중국과 인도를 비롯한 신흥국들은 결국 자신들의 성장을 유지하기 위해 서양과 연결해야 할 것이다. 경제 우위를 기반으로 한 자석 같은 유대는 세계의 강대국들을 점차 한데 끌어모을 것이다. 전쟁은 파도처럼 밀려오는 기술과 세계화의 힘 앞에서 케케묵은 대응이 될 뿐이다.

　이런 변화를 끌어내려면 미국의 국제 관계를 혁신적으로 바꾸어야 한다. 미국은 전통적으로 대부분의 나라들과 제한된 협력을 하되 심층적이거나 영구적인 제휴는 하지 않았다. 이는 더 이상 실행할 수 없는 정책이다. "동맹에 휘말리지" 말라는 조지 워싱턴의 경고는 말할 것도 없고 말이다. 총을 든 조지 W. 부시가 이라크전쟁에서 깨달았듯이, 미국에게는 기꺼이, 상당한 규모의 무조건 지지를 보내는 동맹국이 거의 없었다. 유럽 대륙, 아시아, 중동의 나라들은 이름뿐인 협력을 제공했지만 효과적인 도움은 거의 주지 않았다. 2003년, 독일은 미국이 수행하는 역할에 반대했고 프랑스는 방관자 같은 입장을 취했다. 이런 양상을 바꾸려면 미국은 주요 동맹국들에 초점을 맞춰서 통합과 완력, 경제력을 구축할 필요가 있다. 냉전 시기에 그랬던 것처럼, 미국은 영구적인 동료들을 선택해 그들과 함께 일해야 한다. 이렇게 해야만 세계 정치에서 가장 강한 동맹의 주요 구성원이라는 예전 지위를 되찾을 것이다.[4]

　서양이 탄탄한 동맹을 결성한다면, 동양의 도전을 그리 걱정하지 않아도 된다. 동양 각국이 개별적으로 성장했을지라도 이를테면 동양의 통일은 존재하지 않는다. 서양 각국의 연합은 동양의 세력 증대에 대한 확실한 대응이 될 것이다. 서양이 더 강해지면 동양으로부터 일본 같은 민주국가들을 끌어당길 것이다. 더 강한 서양은 불황과 끊임없이 확대되는 글로벌 시장이라는 전 세계적인 도전에 맞서 적절한 대비책을 갖추게 될 것이다. 몸집을 가장 크게 불린 지역은 산업적·기술적 힘의 주요 중심부를 한데 묶음으로써 장래에 발전의 조건을 정하는 데서 우위를 점할 것이다. 중국과 인도와 아시아가 정치와 영토를 둘러싸고 향후에도 갈등을 빚는다면 미국과 유럽연합은 그들 사이에서 심원한 제휴를 창출할 수 있다. 유럽은 이 과정에서 경제·통화 연합에 새로운 회원국을 추가하면서 세계 정치에서 집단의 비중을 한층 더 높일 수 있다. 서양의 확대는 중국이나 인도 같은 속도로 발전하지 못하는 단점을 상쇄할 수 있다.

다른 한편, 만약 미국이 자기만의 길을 간다면, 신흥국들이 차례로 미국을 앞지르면서 과거에 세계대전으로 이어졌던 도전을 또다시 초래할 것이다. 미국의 쇠퇴는 눈에 보이는 위험에서 현존하는 현실로 바뀔 것이다. 서양은 어떻게 하나로 합칠 수 있는가, 또 서양과 동양은 어떤 역할을 할 수 있을까? 이런 질문들이 이 책에서 다루는 주제이다.

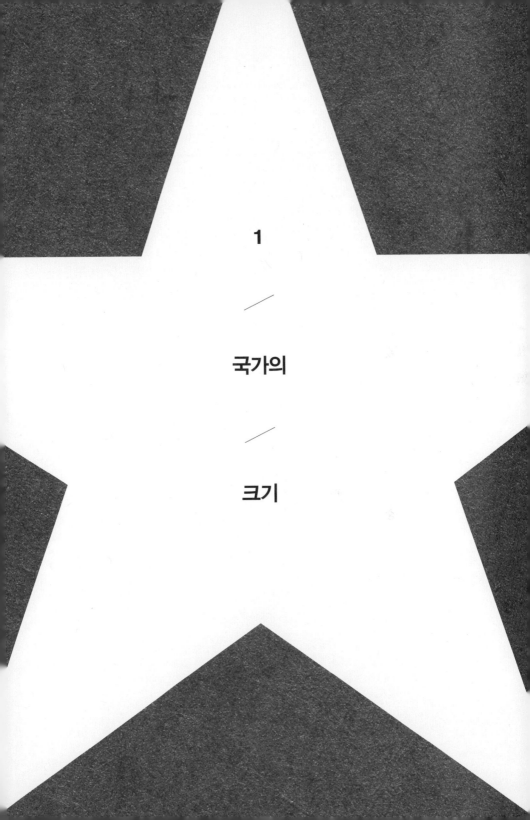

1

국가의

크기

국가들 사이에서 경제적, 정치적 규모를 키워야 할 필요성과 열망은 시간이 흐름에 따라 계속 바뀌었다. 국가의 이상적인 크기는 계속 오락가락했다. 대략 기원전 2000년부터 서기 1000년에 걸친 고전기에 전통적인 군주정과 제국의 경우 크기를 키우려고 했다. 그로부터 500년 뒤, 베네치아, 제노바, 그리고 나중의 암스테르담 같은 무역 도시들은 동양과 서인도제도로부터 향료와 소금, 설탕 등을 얻을 수 있는 한 작은 규모에 만족했다. 그런데 어느새 모든 것이 바뀌었다. 첫째, 프랑스와 오스트리아 같은 거대 강국들이 화약 무기를 도입하면서 상대적으로 작은 국가들을 위협했다. 둘째, 중상주의 물결 속에서 금에 매혹된 영국 같은 나라들은 수출을 확대하고 수입을 축소했으며, 따라서 열린 무역을 선호하는 네덜란드 같은 더 작은 정치체제를 응징하게 되었다.

크기에 영향을 주는 요인은 국제 상업의 개방성이다. 국제무역이 제한될 때, 그리고 최근의 경우를 보면, 자본 흐름이 개별 국가경제의 부의 증대를 방해할 때는 몸집이 커야 성공을 거둔다. 첫 번째 경우에 관해 말하자면, 성공적으로 교역을 하는 나라조차도 해외시장에 더 이상 수출을 할 수 없게 되면 몸집을 키울 수밖에 없다. 교역이 제한을 받으면 자국민들에게 팔아야 하기 때문이다. 이런 나라들은 지위를 유지하기 위해 영토를 넓힐 필요가 있다(그에 걸맞게 자원과 사람도 늘려야 한다). 군사적 차원에서도 넓은 영토가 중요하다. 공격용 무기가 과거에 작은 나라들을 보호해주던 방어 요새나 강 같은 장벽을 뛰어넘기 시작하기 때문이다. 오늘날 세계 각국은 자본이 갑작스럽게 빠져나가면 자국 경제가 흔들리기 때문에 몸집을 키우려고 한다. 마지막으로, 나라가 커지면 생산에 필요한 인력과 요소를 더 다양화할 수 있는데, 이렇게 되면 생산물과 용역의 종류가 늘어나는 결과로 이어지기 쉽다. 이런 나라들은 핵심 원료를 얻을 수 있다. 따라서 큰 나라는 생산에서 규모의 경제를 누리게 된다.

현대 세계에서 경제 규모 확대는 이미 기본 욕구가 되었다. 명목상으로 보면, 국제경제의 규모는 지난 반세기 동안, 즉 1960~2010년에 1조 달러에서 61조 달러로 60배 성장했다. 이런 거대한 부에 직면한 나라들은 국제 요소 이동과 금융 흐름의 규모 확대에 대응할 만한 몸집이 필요하다.[1]

이전 여러 세기에는 한 나라가 몸집을 키우는 흔한 방법은 정복이었다.[2] 율리우스 카이사르와 나폴레옹 보나파르트, 그리고 대영제국의 식민지 총독이었던 세실 로즈 같은 이들은 상대적으로 조직화 정도가 약한 지역들로부터 땅과 인구와 자원을 빼앗는 방식으로 왕국의 권력을 확대했다. 로마는 메소포타미아에서 스코틀랜드 가장자리까지 지배 영역을 확대했고, 나폴레옹은 저지대 국가들^{Low Countries}과 라인 지방, 북부 이탈리아, 에스파냐, 오스트리아 등을 포함하는 왕국을 다스렸다. 영국은 지구 육지 면적의 4분의 1과 전체 인구의 7분의 1을 아우르는 제국을 건설했다. 중세 중국과 고대 이집트 또한 영토 규모에 따른 경제적, 정치적 이익을 추구했다.

국가는 상속이나 자발적인 양도를 통해서도 영역을 확장할 수 있다. 프랑스는 1477년 부르고뉴 공국의 마지막 공작이 상속자 없이 죽으면서 이 나라를 흡수했다. 하지만 여기저기 흩어진 부르고뉴 공작의 영토를 계속 묶어둘 수는 없었다. 제국들은 대체로 무력에 의해 건설되었다. 미국은 18세기와 19세기에 영국, 프랑스, 에스파냐, 멕시코 등을 물리치면서 몸집을 키웠다. 때로 다른 나라들은 팽창하는 미국과 충돌하기보다는 자진해서 양보했다. 미국 개척자들의 거침없는 서부 이동으로 자기네 영토가 잠식되자 프랑스는 미국의 루이지애나 매입*에 동의했고, 러시아는 알래스카 매각**에 동의했다. 멕시코는 태평양 연안의 땅을 차지하려고 달려드는 미국에 맞서 싸웠지만 결국 끝없이 팽창하는 이 나라에 영토의 절반을 내주었다.

정복은 비용이 들었지만, 성공을 거두기만 하면 많은 곡물과 농민을 얻고 조세 기반이 새로이 확대되기 때문에 전리품으로 비용을 지불

---

* 1803년에 미국 정부가 프랑스로부터 루이지애나 영토 214만 7,000제곱킬로미터를 1,500만 달러에 사들인 일을 가리킨다.

** 1867년 러시아가 재정난과 방어의 어려움 때문에 미국에 알래스카를 판매한 일을 가리킨다. 160만 제곱킬로미터를 720만 달러에 매각했다.

할 수 있었다. 경제사학자들의 추정에 따르면, 1815년 무렵까지는 영토를 획득하기 위한 무력 사용 비용을 쉽게 벌충할 수 있었다.[3] 영국은 정말로 얼마 안 되는 비용으로 세계의 많은 지역—문명화된 지역과 문명화되지 않은 지역—을 지배했다. 1500년 전 로마 지휘관들은 수도의 거리에서 전리품과 포로를 끌고 행진을 하면서 시민들에게 두려움을 심어주고 정치적 지배권을 강화했다. 수백 년 동안 로마로 흘러든 부는 군사력을 행사하는 데 충당되었다. 오스트리아제국, 러시아제국, 나폴레옹 1세의 프랑스 등이 유럽에서 영토를 통합하는 데 활용한 주요 수단도 무력 정복이었다.[4]

16세기에 에르난 코르테스는 멕시코를 침략하고 수가 훨씬 더 많은 아스텍의 군대를 원주민은 생전 본 적이 없는 말과 화약으로 위압했다. 코르테스가 말을 타고 돌격해서 황제의 깃발을 빼앗자 멕시코의 저항은 허물어졌다. 코르테스는 노고의 대가로 은과 금을 얻어 에스파냐 통치자의 부와 권력을 증대시켜주었다.

정복의 성과는 또한 전쟁 비용에 좌우되었다. 만약 어떤 지도자가 곡물을 생산하는 농민을 지나치게 많이 군대에 징집하면, 국내에서 식량 부족 사태가 일어나게 마련이었다.[5] 1차대전 당시에 러시아에서 바로 이런 일이 벌어져서 러시아혁명에 일조했다. 하지만 최근까지만 해도 전쟁 비용은 대부분 자체 조달되었다. 만약 어떤 국왕이 정화(금과 은)나 코치닐cochineal(진홍색 염료), 향료(후추에서 정향에 이르는 모든 향료), 브라질산 사탕수수 등을 빼앗을 수 있으면, 그는 왕국을 통치하고 군대의 재정을 충당하기 위한 돈을 모을 수 있었다. 16세기 에스파냐는 페루와 멕시코의 광산에서 채취한 금과 은으로 네덜란드를 상대로 한 군사행동에 들어가는 비용을 치렀다.[6] 17세기와 18세기에 유럽인들은 동양의 산해진미를 교역해서 전쟁 자금을 마련했다. 7년전쟁 (1756~1763년)이 끝났을 때, 영국의 모험적 군사행동을 지휘한 윌리엄 피트는 영국이 프랑스로부터 캐나다를 빼앗고 덤으로 플로리다와 사탕수수 섬들*을 손에 넣자 전쟁을 통해 상업이 번창하게 되었다고 주장할 수 있었다. 1758년에 캘커타**와 인도 대부분을 차지하자 피트와 영국 동인도회사가 관장하는 영국은 순식간에 지구상에서 가장 큰 제국으로 변신하게 되었다. 거대한 제국으로 가는 길은 영토 정복을 통해 열렸다.

지금 세계의 여러 나라들은 규모를 키울 필요가 있을까? 그리고 미국은 오늘날 공격적인 팽창을 선호해야 할까? 전혀 그렇지 않다. 이들이 규모로 치료할 수 있는 문제에 직면해 있다면 몸집을 키워야겠지만, 영토 침략은 전쟁이라는 더 나쁜 문제를 초래한다. 오늘날 나라들은 다른 수단을 통해서 몸집을 부풀릴 수 있다. 관세동맹을 확대한다든가 회원국 사이에 이를테면 주권을 혼합하는 식으로 말이다. 나라들은 새로운 주권국가들로 변신하는 게 아니라 더 큰 통일체에 권한을 양도하고 있다.

1945년 이후 소련이 힘을 키우고 영토를 넓히자 미국과 유럽은 북대서양조약기구(이하 나토(NATO))를 결성해서 유럽의 방위를 공동 군사령부에 맡겼다. 유럽 나라들은 1999년 이래 유로라는 공동화폐를 중심으로 경제 주권의 상당 부분을 공유했다. 하지만 이런 권력 응집은 결

---

* sugar islands: 사탕수수의 주요 산지인 카리브해의 섬들을 가리킨다. 그레나다, 자메이카, 바베이도스 등이 영국 식민지였다.
** 지금의 콜카타.

코 포괄적인 정치 연합이나 경제 연합으로 나아가지 않았다.[7]

경제적 크기와 힘

\

역사적으로 보면, 넓은 영토가 경제력을 키우는 유일한 수단은 아니었다. 열린 교역로를 통한 장거리 상업은 지리적 팽창이 아닌 다른 대안을 제공했다. 러시아와 포르투갈을 대조해보면 이런 점이 여실히 드러난다. 러시아의 광활한 땅덩어리는 유럽에서 아시아까지 뻗어 있었지만 차르에게 변변찮은 수익만을 안겨주었다. 러시아는 상업 경제가 미약하고 농민들이 가난했기 때문이다. 소국 포르투갈과 훗날의 네덜란드는 16세기와 17세기에 인도 및 동인도제도 무역에 대한 독점권을 얻었다. 두 나라는 유럽 전역에 동양의 특산물을 높은 가격으로 팔아서 엄청난 수익을 챙겼다. 베네치아, 포르투갈, 네덜란드 등은 번영을 위해 몸집을 키울 필요가 없었다.[8]

　경제 크기의 이점은 작은 영토의 약점을 상쇄할 수 있다. 하지만 오늘날의 미국에서는 이런 요술이 더 이상 가능하지 않다. 경제가 성장해도 미국이나 유럽은 저절로 과거의 위풍당당한 지위로 복귀하진 못할 것이다. 오늘날의 제한된 세계에서 대외무역은 예전과 같은 행운을 누리지 못할 것이다. 어떤 나라든 저발전 상태에서 발전 상태로 도약하는 것은 한 번만 가능하기 때문이다. 일단 어떤 나라가 부유한 중간계급을 창출하면 경제성장은 쇠퇴한다. 사람들은 이미 필요한 물품을 대부분 가졌기 때문에 이 나라의 국내시장은 두 자릿수 성장을 하지 못한다. 인구도 예전처럼 성장하지 않는다. 더욱이 이때쯤이면 노동 비용 때문에 제조업자들이 생산의 일부를 다른 곳으로 이전해야 한다. 현재의 경제, 기술 환경에서 서양의 해외 판매는 절대 동양의 급성장을 따라잡지 못할 것이다.[9]

주요한 규모 변화

만약 세계가 완전히 개방되고 경제와 무역의 흐름이 제한받지 않는다면, 국가의 몸집을 키울 필요가 없을 것이다. 그렇다면 단일한 세계시장과 자금원이 창출될 것이다.[10] 하지만 어떤 단일한 정치, 경제 조직도 세계 전체를 통합하지 못했기 때문에 대부분의 지역에서 언제나 교역과 자본 흐름이 자유로이 국경선을 넘나들 수는 없다. 이런 제한은 크고 작은 정치 단위에 서로 다른 영향을 미친다. 인구와 원료가 풍부한 큰 단위는 시장이 폐쇄된 조건에서 더 나은 성과를 거둔 반면, 작은 단위는 세계경제가 개방되었을 때 번영했다.

　호모사피엔스가 식별되는 하나의 종으로 등장한 것은 15만 년 전의 일이다. 중석기와 신석기 시대의 수렵-채집인들은 가장 작은 경제 단위를 이루었다. 이런 조건에서는 가족들로 이루어진 작은 부족보다 더 큰 사회 단위가 생겨날 수 없었다. 기원전 1만 년 정도가 되어서야 비로소 인류는 곡물을 경작하고 동물을 길들여 가축화하기 시작했다.

　그후로 경제와 영토의 규모에서 세 차례 주요한 변화가 나타났다. 첫 번째는 국가의 문을 걸어 잠그고 대외무역을 도외시한 시기이다. 기원전 2,000년부터 서기 1,000년 무렵까지 대략 3,000년 동안 성공적인 경제체economic entity 대부분은 거대한 권력 응집체였다. 한두 개의 주요 강계江界를 보유한 건조 지역에서는 이집트와 중국, 인도의 전제정이 물과 관개시설을 독점하고 여기에 의존하는 농민들로부터 충성을 끌어냈다.[11] 유럽과 지중해 지역같이 비가 많이 오는 지역에서는 더 복잡한 체제가 발전했다. 로마의 여러 공화정과 뒤이은 로마제국은 정복한 지방들을 보호해주고 새롭게 건설한 로마의 도로와 수로를 따라 무역을 촉진했다. 로마 시민들은 속국들로부터 받는 공물을 통해 번영을 누렸다. 기원전 201년 포에니전쟁에서 카르타고를 물리친 뒤, 로마의 힘은 지중해 연안 전역으로 퍼져나갔다.[12]

전성기에 로마는 하드리아누스 방벽(잉글랜드와 스코틀랜드를 가르는 방벽)에서부터 오늘날의 터키와 메소포타미아, 이집트, 북아프리카에 이르는 제국을 지배했다. 라인 강에서 다뉴브 강을 거쳐 티그리스 강에 이르기까지 로마의 힘이 주민들의 안전과 복지를 결정했다. 그렇다고 해서 로마가 이 지역 전체를 직접 통치했다는 말은 아니다. 지역 전체는 트라키아, 팔미라, 카파도키아, 아라비아 같은 속국들이 관장했다. 로마의 비공식 종주권은 여러 세기 동안 지속되었지만 1,000년 동안 이어진 중국의 기록에는 미치지 못했다.

로마가 경영하는 지역의 가장자리에서는 "야만인들"(프랑크족과 고트족)이 몇몇 취약한 지방의 방어선을 뚫고 들어왔다. 이 지방들을 방어하는 비용 때문에 로마의 부채는 어마어마해졌다. 야만인들은 라인 강을 건너 로마 영토로 밀고 들어왔다. 국내에서는 군사령관들이 영향력과 권력을 놓고 경쟁했다. 서기 4세기에 이르러 콘스탄티누스 1세가 권력의 고삐를 틀어쥐었을 때, 로마의 군단 규모는 20~30만 명 정도로 늘어난 상태였다. 군대가 증강된 덕분에 로마 영토는 더욱 안전해졌지만, 군대를 유지하기 위해 내야 하는 세금 또한 늘어났다. 로마는 변경 지역에 사는 사람들에게도 시민권을 부여했고, 이 새로운 시민들이 군대에 충원됐지만, 수만 마일에 달하는 로마의 긴 국경선은 군사적으로 엄청난 부담이 되었다. 로마는 정복지로부터 공물을 걷고 강제 징수에도 나섰지만 결국 이런 부담을 감당할 수 없었다.

로마제국이 서기 3세기 이후 가파르게 쇠퇴하긴 했지만 그래도 정치적 권위가 갑작스럽게 붕괴하는 일은 없었다. 4세기에 콘스탄티누스 1세가 흑해에 있는 비잔티움으로 수도를 옮기는 동안 예전 제국의 서쪽 경계 지역은 여러 도시와 지방으로 해체되었다. 이탈리아는 이제 더 이상 세계를 관장하지 않았다. 하지만 로마는 자신의 영향력을 다른 세 개의 권력에 남겼다.

첫째, 서기 400년 이후 가톨릭교회가 영향력을 점점 확대하는 영토 권력으로 등장했다. 가톨릭교회는 8세기에 이탈리아 반도 대부분을 장악하고 서방과 게르만의 왕들에게 영향력을 행사하려 했다.[13] 둘째, 게르만 군주들이 신성로마제국을 세웠는데 이는 교황에 맞서 왕권을 굳히기 위해 오스트리아를 중심으로 만든 정치적 구조물이었다. 교황이 세속의 권력을 손에 넣으려 했다면, 게르만 왕들은 교황에 저항하기 위해 새로운 정치적 국가를 창조하려 했다. 셋째, 예언자 무함마드에게 고무된 이슬람 침략자들이 900년에서 1000년 사이에 에스파냐의 대부분과 북아프리카를 장악했다. 그들이 팔레스타인 성지에 구축한 이슬람의 지배 체제는 서기 1100년 이후 십자군이 도전해서 예전 기독교 지역을 잠시 수복할 때까지 이어졌다. 그렇지만 이런 정치적, 종교적 응집체들은 신민들에게 지배의 정당성을 주장하고 설득하지는 못했다. 때로는 주민들에게 그들이 무엇을 바라는지 의견을 구해야 했다. 결국 이런 정복과 통치 시도는 앞선 로마의 경우와 달리 성공과는 한참 거리가 멀었다.

중세 역사에서 최후의 영토 제국은 13세기에 칭기즈칸이 세웠다. 이 시기에 기마 유목민들은 몽골에서 아시아까지 이동하면서 약 970킬로미터에 달하는 제국을 건설했다. 하지만 5만 명의 기마병—사실상 "떠돌이 강도들"이었다—을 거느린 이 유목민 지배자들은 전통적인 국왕으로 대표되는 "상주하는 강도들"만큼 효율적이거나 오래가지 못했다. 유목민 군대는 자신이 정복한 영토를 약탈했기 때문에 안정된 지배 체제를 구축할 수 없었다.[14] 몽골제국은 150년 동안 지탱했지만, 왕국 활력의 근원인 농업을 보호하는 후계 왕이나 술탄, 황제 등에게 지배권을 넘겨주었다. 땅에 묶인 주민들은 외부 공격에서 벗어나서 곡물을 생산하는 데 필요한 안전을 확보했다. 이 시기에 몽골 지배 이후의 중국과 인도, 이집트 등지에서 대토지를 소유한 정치체제들이 등장했다. 이런 농업 정치체들은 대외무역에 의존하지 않았다. 다시 영토 권력의 거대한 응집체가 생겨났다. 이런 제국들의 성장은 일정한 규모를 확보하는 첫 번째 단계를 나타냈다.

작은 단위

13세기에 항해술이 발달하고 장거리 항해 선박이 등장함에 따라 무역의 조짐이 보이기 시작했고, 다른 방식으로 경제적 성공을 거둘 수 있게 되었다. 장거리 무역을 하는 나라는 시장이나 특정한 기술을 독점해 작은 규모를 유지하면서도 부유해질 수 있었다. 베네치아가 고전적인 사례이다. 초기에 동양 무역을 주창한 베네치아는 영토 팽창을 추구한 적이 없지만, 흑해 연안에서 식량을 들여오고 베네치아의 유리와 직물과 소금을 동양 각지의 항구로 보내는 교역망을 구축했다.[15] 13세기에 베네치아와 제노바는 덩치가 훨씬 더 큰 프랑스 왕국의 세금 수입보다 더 많은 돈을 무역으로 벌었다.[16]

1500~1600년에 포르투갈과 네덜란드가 무역의 세계에 발을 들여놓았을 때, 두 나라는 한 국가가 사실상 상업에만 의존해서 살아갈 수 있음을 보여주었다. 이 교역 국가들은 동시대인들을 공격하거나 땅덩어리를 획득할 필요가 없었다. 이 나라들은 오직 아시아의 이국적이고 값진 상품을 사들일 능력이 필요할 뿐이었다. 유럽에서 웃돈을 붙인 가격으로 이 상품을 팔 수 있었기 때문이다. 이 나라들은 또한 상품을 서양으로 운송하기 위해 강력한 해군이 필요했다. 리스본과 암스테르담은 인도와 동앤틸리스 제도에 무역 거점을 둘 필요는 있었지만, 커다란 정치적 제국을 병합하고 경영할 필요는 없었다. 두 나라의 빈틈없는 무역망에서는 사람이 아니라 생산품이 주요 관심사였다. 이런 작은 국가 단위들은 국경선 안에서 이미 정통성을 확립한 상태였다. 지주 계급과 도시들은 국외에서 제국 정책을 실행하기 위해 함께 협력하기로 했다. 하지만 제국 조직의 문제—주변부를 중심부와 다른 방식으로 다루는 광대한 제국을 어떻게 조직할 것인가 하는 문제—를 해결할 수는 없었다.[17] 이런 불평등은 불만을 낳았고 결국 18세기부터 20세기에 이르기

까지 식민지들은 지배자들에 맞서 반란을 일으켰다.

거대한 제국을 운영하려고 애쓰는 작은 나라들은 국내에서 여러 난관에 부딪혔다. 1500년 무렵, 화약이 확산되면서 공성포와 군함이 탄생하자 작은 나라들의 독립이 위협받기 시작했다. 작은 나라들은 포위 공격이나 해상 봉쇄에 의해 하나둘씩 국내의 자치권을 잠식당했고, 큰 국가들이 소국을 대체하거나 흡수하게 되었다. 산업혁명의 도래는 이런 추세를 더욱 부추겼다. 18세기에 석탄을 연료로 하는 기계로 모직물과 면직물을 생산하면서 영국의 공장들은 네덜란드를 비롯한 모든 경쟁자들보다 우위에 서게 되었다. 영국의 우월한 지위는 외국 상품 무역이 아니라 기술에서 비롯되었다. 석탄을 비롯한 동력원을 보유한 나라들은 갑작스럽게 확보한 우위를 활용했다.

하지만 경제 규모와 영토가 곧바로 커진 것은 아니었다. 영국은 세계 곳곳에 직물과 철도 설비를 수출했는데, 이런 새로운 생산으로 국민소득이 늘어났다. 1840년대에 영국의 대외무역(수출입)은 GDP의 40퍼센트 정도를 차지했는데, 오늘날 중국과 맞먹는 수치이다. 독일과 러시아 등은 비슷한 속도로 발전하기 위해 영국을 따라가야 했다. 독일은 화학제품과 의약품을 수출하기 시작했고, 러시아는 오데사에서 서방 항구들로 엄청난 양의 곡물을 수송했다.

세기말에 이르면 중부와 동부 유럽 강국들의 발전 속도가 영국에 맞먹거나 심지어 앞질렀다. 미국 또한 농업을 활용해서 식량과 원료를 많은 나라에 수출했다. 20세기에 산업화가 더욱 진전됨에 따라 미국은 자동차와 전자제품에 이어 석유까지 여러 국가로 수송할 수 있었다. 하지만 영토의 크기가 미국이 우위를 점한 중요한 요인은 아니었다. 무역 장벽이 낮은 한, 아직 나라의 몸집을 키울 필요가 없었다.

제국의 크기

\

그렇다 하더라도 여러 세기 동안 제국의 크기는 점점 커지고 있었다. 영국은 18세기 중반에 인도를 획득했고, 19세기의 삼사분기에 이르면 아프리카의 상당 부분까지 손에 넣었다. 프랑스는 서아프리카를 차지하고, 독일은 동아프리카의 일부를 얻었다. 강대국들이 자기들끼리 분할하는 데 동의하지 못한 지역은 포르투갈과 네덜란드와 벨기에가 차지했다.

　영토와 시장의 크기를 키워야 할 필요성과 요구는 19세기 사사분기에 강해졌다. 유럽 각국과 미국이 1873~96년 대불황기에 관세를 올리자, 세계 여러 나라들은 이제 더 이상 무역에 의존해서 성장을 추구할 수 없었다. 경제 불황에 빠진 나라의 지도자들은 다른 나라에서 오는 수입품들이 국내 산업을 잠식할까 두려워 수입 제한 조치를 취했다. 독일, 오스트리아, 러시아 등은 식품과 제철 산업을 보호하기 위해 움직였다. 미국은 해외 제조 상품에 매기는 관세를 인상했다. 프랑스는 여기에 더해 1893년 더 높은 관세를 부과했다. 영국만이 계속해서 자유무역에 충실했는데, 유럽 시장에서 부분적으로 배제당했기 때문에 대영제국에 의존했다. 대외무역에 바탕을 두었던 영국의 발전 속도는 한층 더 늦춰졌다.

　관세 장벽이 높아짐에 따라 제국주의 경쟁이 정점에 다다랐다. 국제경제가 개방되어 있는 한, 각국은 영토를 지배할 필요 없이 해외시장에서 판매를 할 수 있었다. 하지만 19세기 말에 교역 체제가 폐쇄되자 '큰' 영토를 확보해야 할 필요성이 대두되었다. 영국이 유럽과 아메리카에서 사실상 물건을 팔 수 없으면, 자국 상품을 받아들일 해외 식민지가 필요했다. 1880년 이후 영국 팽창의 특징은, 외무장관 로즈버리 경이 분명히 말했듯이, "미래를 위해 [식민지] 소유권을 말뚝 박는" 것이었다. 유럽 시장이 폐쇄될 때 시장과 원료를 제공받기 위해서 말이다. 아시아와 아프리카에 대한 제국주의 침탈은 국제 개방성이 점점 약화되는 상황에서 한 가지 구제책이 되었다. 1938년에 이르러 열대 아프리카는 영국이 남반구에 보유한 식민지의 거의 60퍼센트를 차지하게 되었다. 이 수치는 1880년 이전의 경우 2퍼센트에 불과했다.[18]

영국은 제국 안에—인도, 오스트레일리아, 캐나다, 남아프리카 등—중요한 판로가 있었다. 독일과 일본은 해외에 보유한 시장이 상대적으로 작았고, 작은 제국일 뿐이었다. 두 나라는 국내나 인근 지역 시장에 물건을 팔아야 했다. 이 나라들은 후발 팽창국이 되었다.[19] 남아시아와 아프리카, 뒤이어 발칸 국가들(전에는 오스만제국의 소유였다)이 제국을 자처하는 오스트리아나 러시아 같은 나라들에 의해 분할되었다. 오스트리아는 보스니아를 합병했고, 러시아는 불가리아를 사실상 보호령으로 삼았고 세르비아와 밀접하게 연결되었다. 루마니아는 독립국이었지만 독일과 제휴했다.

영국, 프랑스, 러시아, 미국 등이 더 많은 영토를 차지함에 따라 세계체제에서 국가의 수가 줄어들었다. 미국은 1898년 에스파냐와 전쟁을 치른 결과 푸에르토리코와 필리핀을 얻었다.

이런 제국주의는 지속되지 않았다. 1950년대에 서양의 아프리카 지배는 민족주의 혁명을 야기했고, 이런 혁명은 결국 가나, 케냐, 탄자니아 같은 탈식민 국가들의 탄생으로 이어졌다. 이제 세계에는 200개가 넘는 국가가 존재한다. 1970년대와 1980년대에 미국은 베트남에서 쫓겨났고, 소련은 아프가니스탄에서 축출되었다. 소련제국이 붕괴함에 따라 세계체제에 열네 개의 신생국이 추가되었다. 미국은 현재 이라크와 아프가니스탄의 '국가 건설' 실험에서 좌절해 철수하는 중이다.

1970년대와 1980년대에 일본, 서독, 아시아의 호랑이들 같은 무역 국가들이 소련과 미국 같은 대국보다 더 빠르게 성장하면서 국제적인 명성을 얻었다. 이 작은 무역 국가들은 영토 야망을 품거나 해외에 군사력을 투입하려 하지는 않았다. 미국과 소련이 각각 베트남과 아프가니스탄에 얽혀든 반면, 무역 국가들은 해외 영토에 대한 정치적 지배보다는 시장을 획득하는 데 집중했고 한동안 성공을 거두었다.

하지만 무역 국가 모델은 1990년대에 예상치 못한 문제들에 맞닥뜨렸다. 1987년 일본은 금리가 뛰고 성장이 정체되면서 이와 연동된 주식시장과 주택시장이 궤멸되었다. 이와 대조적으로 미국은 생산성 향상과 급성장을 달성했다. 많은 무역 국가들이 1997~98년 아시아 금융위기에 흔들렸다. 해외 투자자들이 갑작스럽게 자금을 빼가면서 자본 흐름이 급격하게 역전되었고 500억 달러에 달하는 민간 자본이 이탈했다. 투자자들은 태국과 인도네시아가 상환 능력을 잃고 채무불이행을 선언하지 않을까 걱정했다. 위기는 계속해서 말레이시아와 남한으로 퍼져나갔다. 신용등급 평가기관들이 극동아시아 각국의 등급을 하향 조정함에 따라 동아시아 은행들에서 예금 인출 사태가 더욱 심각해졌다. 1998년 말레이시아, 남한, 태국, 인도네시아는 각각 7.5/6.7/10.4/13.2퍼센트의 마이너스성장을 기록했다. 외국인들이 돈을 빼감에 따라 이 나라들은 충격을 감당할 만한 돈이 부족했다. 당시 미국 연방준비제도이사회(이하 연준) 의장인 앨런 그린스펀이 말한 것처럼, "그 나라들에는 스페어타이어가 전혀 없었다". 성장 동력을 회복하기 위해 각국 정부는 통화 가치를 절하하고 고금리를 채택했지만, 예전처럼 성장하지는 못했다. 이 과정은 이중으로 진행되었다. 우선 투기자들이 자금을 빼가고 뒤이어 국제기관들이 채무국을 구제하기 위해 평가절하와 긴축을 요구한 것이다.

러시아 역시 채권자들과 갈등을 빚었다. 유가가 하락함에 따라 모스크바 당국은 1998년에 대출을 상환할 수 없었고 정부 채권에 대해 디폴트를 결정했다. 러시아가 비록 영토가 광대하다 할지라도 경제―석유와 천연가스에 바탕을 둔―규모가 너무 작아서 기반시설 확충과 고성장이라는 야심찬 약속을 이행할 수 없었다. 다른 한편, 중국과 인도는 현금 유동성이 풍부했고, 두 나라 경제는 꾸준한 상승세를 유지했다.

작은 무역 국가들이 실패한 이유는 이 나라들에 적용되는 기본 가정들이 유지되지 않았기 때문이다. 이 나라들이 성공하기 위해서는 쉽게 상품을 팔고 신속하게 자금을 빌릴 수 있는 개방된 국제시장이 필요했다. 하지만 1997년과 1998년에 선진국 시장은 이 무역 국가들의 상품을 흡수할 만큼 충분히 개방되어 있지 않았다. 이 국가들은 신속한 해외 판매를 통해 활로를 열 수가 없었고, 여유 있는 조건으로 자금을 빌릴 수도 없었다.[20] 대신 국제 금융의 제단에 무릎을 꿇고 국제통화기금IMF의 지시를 받아들여야 했다. 국제통화기금은 금융 지원을 하면서 부담스러운 조건(통화 가치 절하와 고금리 등)을 내걸었고 결국 저성장과 높은 실업률이 나타났다.

어떤 이들은 이런 결과가 21세기에 무역 국가의 '진혼곡'을 불러낸다는 가설을 세울지 모른다. 작은 무역 국가들의 위상이 흐릿해지긴 했지만, 이 가설은 사실이 아니다. 개발도상국들은 개방을 경계하고 작은 몸집에 따른 약점을 극복하려 했다. 이 나라들은 경제적 도전에 대처하기 위해 몸집을 키우려 했으며 점차 중상주의와 관세, 보조금, 국가 후원 산업의 육성 등을 선택했다. 또 제조업이 점차 국내에 기반을 둠에 따라 경제 영토를 확대해서 원료, 자본, 훈련된 노동력 등을 더 많이 손쉽게 얻으려 했다. 그렇다고 해서 국제정치의 작동 방식modus operandi이 '상업'에서 '정복'으로 옮겨간다는 말은 아니다. 1980년대와 1990년대의 '무역 국가'는 '정복'을 헛된 사업으로 여기고 포기했다. 오늘날의 '큰 국가'는 여기에 동의하지만, 경제적 몸집을 키우는 한편 이와 동반한다고 여기는 성장을 얻기 위해 핵심 시장 및 공급자들을 상대로 한 관세동맹과 특혜 관세 조정을 통해 경제 부문을 확대해왔다.

1997~98년 위기의 여파로 작은 무역 국가들은 같은 실수를 되풀이하지 않겠다고 공언했고, 수출을 통해 더 많은 외환을 확보하려 했다. 남한, 태국, 인도네시아 등은 외환보유고를 확충했고, 자국 상품을 판매할 특혜 관세 지대를 갖춘 지역 무역 협정을 제안했다.

글로벌 시장의 성장

\

글로벌 시장이 급성장함에 따라 크기의 필요성이 강조되었다. 『뉴욕타임스』는 (국제결제은행Bank for International Settlements의 데이터를 활용해서) 2010년에 파생상품 거래—기존 지수에 연동되는 금융 상품—가 총 600조 달러에 달했다고 계산했다.[21] 세계 총 GDP의 열 배에 해당하는 액수였다. 파생상품 거래는 가치가 계속 올라가고 있었다. 은행과 헤지펀드들이 잠재 손실에 대비해 파생상품 계약을 체결함에 따라 위험한 돈의 액수가 늘어났다. 그리스가 지급 불능 상태에 빠진 것처럼 보이자 헤지펀드들은 그리스 국채를 떨이로 사들였다. 만기가 되면 막대한 금액을 챙길 수 있다고 기대했기 때문이다. 더 일반적으로 말하자면, 투자자들이 개별 나라의 신용을 부정적으로 평가할 때—이 나라들의 자산을 대주거래*할 때—그들은 현금이 부족한 차입자를 굴복시킬 수 있다. 1997년 태국과 인도네시아에서 그랬던 것처럼 말이다. 투자자들은 2010년에 그리스와 포르투갈에 대해서도 부정적으로 평가했다. 이런 투자자들이 실패한 것은 오로지 유럽중앙은행European Central Bank과 국제통화기금이 (독일 및 프랑스와 나란히) 그리스와 포르투갈에 구원의 손길을 내밀었기 때문이다. 이 모든 일화는 한 가지 중요한 점을 부각시킨다. 어떤 나라가 막대한 양의 현금을 구할 수 없으면, 부유한 투기자들에게 약점을 잡히기 십상이라는 것이다. 이 투기자들은 거의 규제받지 않는 은행들로부터 지렛대로 삼을 자금을 차입할 수 있기 때문이다.

한 나라에 들어오는 돈은 예상치 못한, 때로는 달갑지 않은 선물일 수 있다(인플레이션 때문이다). 반면 나라에서 돈이 나가면 재앙을 야기

---

* shorting: 보유하지 않은 주식이나 채권을 빌려서 판매하는 행위로, 주식이나 채권의 가격 하락이 예상될 때 수익을 올리기 위해 이렇게 한다.

할 수 있다. 현장에서 멀리 떨어진 큰손들이 움직인 결과 국지적인 인플레이션과 디플레이션이 생길 수 있다. 미국조차도 2008~09년 글로벌 금융위기 당시 위협을 느꼈던 것처럼 자금이 다른 나라로 몰려가면 고통을 받을 것이다.

2008년과 2009년에 주식시장의 가치가 50퍼센트 떨어지는 동안, 미국의 금리는 낮은 수준을 유지했다. 자본이 이탈하지 않았기 때문이다. 중국, 일본, 유럽은 많은 양의 미국 국채를 계속 매입하고 보유했다. 외국 투자자들이 자금을 빼냈다면, 미국의 금리는 1979년에 그랬던 것처럼 급등했을 것이다. 1978년에 이어 1979년에도 인플레이션이 금리 수준을 뛰어넘어 달러 수요가 폭증했다. 그러자 연준 의장 폴 볼커는 금리를 인상했고 경제는 위축되었다. 사실상 미국은 원래 지위를 되찾기 위해 불황을 받아들여야 했다. 여기서 알 수 있는 교훈은 가장 몸집이 큰 행위자조차도 이런 위기를 혼자 힘으로 극복할 정도로 크진 않다는 것이다.

자유무역 대 영토 욕심

역사를 살펴보면, 자유무역과 영토가 거대한 나라의 우위 사이에는 역관계가 형성됨을 알 수 있다. 세계경제가 긴 시기 동안 일부분이나 대부분 폐쇄되었을 때 거대 제국이 등장하기 쉬웠다. 국가들이 경제 장벽을 완화하고 무역에 적극 나섰을 때, 먼 이국에서 유럽으로 특산품을 수송할 함대만 있으면 국가가 작아도 상관없었다. 하지만 시간이 흐르면서 작은 국가에게 점점 곤란이 닥칠 조짐이 보였으니, 바로 유럽의 전쟁터에 화약이 도입된 것이다.[22] 저렴한 상품을 새롭게 공급하기 위해 산업혁명이 일어나자 무역이 다시 증대되었지만, 19세기 말 관세의 제한 효과를 견디고 살아남을 수는 없었다. 다시 한 번 각국은 큰 제국을 세우기 위해 영토 확장을 선택했다. 냉전 시기에는 힘의 거대한 응집이 지배했지만, 1960년대부터 1980년대까지 작은 무역 국가들이 이런 응집에 도전했다. 아프리카의 탈식민화는 새로운 지역 조직의 창설로 이어졌다. 다시 관세와 경제적 제한이 나타나자 유럽연합이나 북대서양자유무역지대* 같은 더 힘이 센 국가들의 결집이 이런 지역 조직들을 보완했다.

오늘날 정복을 통한 영토 확장은 성공을 거두지 못한다. 대신 각국은 북미자유무역협정NAFTA, 메르코수르Mercosur(남미공동시장), 동아프리카관세동맹East African Customs Union 같은 새로운 관세동맹을 창설함으로써 대규모 생산을 달성한다. 지난 한 세대 동안 100개가 넘는 무역 특혜 협정이 체결되었다. 아무리 몸집이 크더라도 단일 국가의 역량만으로는 현재 직면한 도전에 대처할 수 없기 때문에 경제 단위의 몸집을 키울 필요성이 부각되고 있다.

---

* North Atlantic Free Trade Area: 북대서양자유무역지대 제안은 북미와 유럽을 아우르는 자유무역지대를 창설하자는 것으로 북미자유무역협정(NAFTA)과 혼동을 피하기 위해 범대서양자유무역지대Transatlantic Free Trade Area(TAFTA)라고 불리다가 현재는 범대서양무역투자동반자협정 Transatlantic Trade and Investment Partnership(TTIP)이라는 이름으로 교섭중이다. 미국이 아시아태평양 지역과의 환태평양경제동반자협정Trans-Pacific Partnership(TPP) 체결에 주력하느라 잠시 교섭이 미뤄진 상태다.

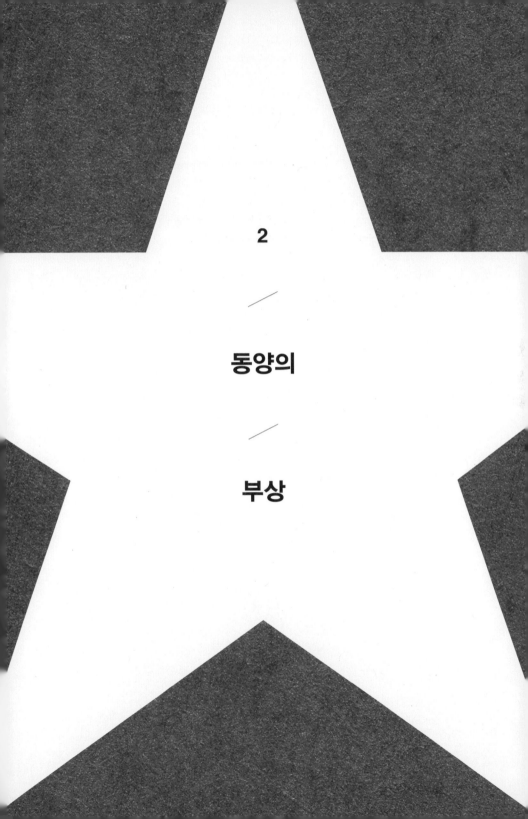

2

동양의

부상

역사책에는 경제적, 정치적 힘이 한 지역에서 다른 지역으로 계속 이동한 사실이 기록되어 있다. 어떤 시기든 지배적인 경제 핵심부가 힘을 유지하기 위해서는 언제나 주변부의 노동력과 자원이 필요했다. 오늘날 서양이 상품을 생산하기 위해서는 동아시아의 노동력이 필요한 것처럼 말이다. 과거에는 핵심부와 주변부가 번갈아서 경제적 주도권을 차지했다.

1580~1640년에 포르투갈과 네덜란드는 처음에 에스파냐를 돕다가 결국은 에스파냐와 경쟁하면서 국제 경제 체제의 핵심부로 부상했다. 하지만 이 권력은 오래 지속되지 않았다. 네덜란드는 영국에, 오스트리아는 프랑스에, 프랑스는 영국에 권력을 내주었다. 미국은 원래 영국의 주변부였지만, 결국 영국을 대신해서 세계 경제 체제의 핵심부가 되었다. 이 장에서는 동양이 이제까지 강한 세력으로 부상했지만 오늘날 동양은 통일된 실체가 아니며 앞으로도 그렇게 될 공산이 크지 않음을

보여주고자 한다. 동양은 단일한 핵심부를 결코 세우지 못했고, 새로이 부상하는 주변부들은 동양뿐만 아니라 서양의 여러 나라와 제휴한다.

20세기에 국제경제학자들은 자본과 노동이 발전이 지체된 지역들로 옮겨갈 거라고 주장했다.[1] 저렴한 노동력과 이용 가능한 토지가 상대적으로 많은 나라는 외국인 투자를 끌어들이며, 경제적으로 뒤처진 나라는 점차 성장해서 선진국과 맞먹는 지위에 오를 터였다. 이런 나라의 경우 노동력을 비롯한 관련 비용이 낮기 때문에 이들 생산품은 선진국 상품에 비해 상대적인 가격 우위를 누리게 된다. 그런데 놀라운 점은 개발도상국의 성장이 대단히 오래 걸렸다는 사실이다. 아프리카와 라틴아메리카의 농업 국가들은 여전히 발전이 뒤처져 있다.

항상 이런 것은 아니었다. 19세기 삼사분기에 미국, 러시아, 오스트레일리아, 캐나다, 남아프리카공화국 등은 모두 신흥 경제 국가였다. 이 나라들은 농업 상품과 원료를 전문적으로 생산해 유럽에 곧바로 수출함으로써 확실한 수익과 수출 잉여를 얻었다. 수송비가 감소하고, 썩기 쉬운 식량을 냉장하는 기술이 발전한 덕분에 이 나라들은 생활수준이 높아졌다.

1차대전 이후 관세가 인상되자 새로운 신흥국들—이번에는 라틴아메리카, 아시아, 아프리카에 있는 국가들—은 더 이상 선진국에 상품을 쉽게 수출할 수 없었기 때문에 시장이 정체되었다. 식량과 원료가 높이 평가되는, 아니 적어도 공정하게 평가되는 교역 조건의 이점을 누리기는커녕 아프리카와 라틴아메리카의 상품은 서구 공산품에 비해 가격이 떨어졌다. 2차대전 이후 더딘 복구에 기인한 인플레이션과 생산 부족 때문에 유럽과 미국의 공산품 가격은 훨씬 더 비쌌다. 이와 동시에

서양 나라들은 농산품에 관세를 부과하고 식량 생산의 자급도를 높이려고 노력했다. 결국 우위를 점하는 부문이 별로 없는 나라들은 팔 물건이 거의 없었다. 과거 선진국과 개발도상국 사이에 이뤄지던 식량과 제조업 생산품 교환이 유럽과 미국이라는 산업국 사이의 교역에 밀려났다.[2]

농산물을 팔 수 없게 된 제3세계 생산자들은 제조업에서 경쟁하려고 노력했지만 처음에는 성공을 거두지 못했다. 인도와 브라질이 내놓은 자동차, 트랙터, 비행기 등의 초창기 모델은 서양 시장의 관심을 끌만큼 충분히 진보하거나 완성도가 높지 않았다(1979년 세르비아에서 만들어 미국 시장에 소개한 승용차 유고Yugo는 유명한 사례이다). 개발도상국들은 공산품에 관세를 부과하는 방법으로 이런 초기 제조업을 지탱하면서 국산품 판로를 확보하기 위해 국내시장을 지키려고 애썼다. 하지만 수입 대체 산업화 전략은 조잡하고 비효율적인 제품의 양산으로 이어졌을 뿐이다.[3] 그들의 선배인 19세기 미국인들과 달리, 개발도상국들에게는 의지할 만한 풍부하고도 새로운 발명이 전혀 없었다.

1973년과 1979년의 석유 위기를 계기로 새로운 시대가 열렸다. 중동 산유국들은 석유 수출을 통해 막대한 돈을 벌어들였지만, 관련 수익을 다 써버리지 않았다. 산유국들은 서양 은행에 현금을 맡기면서 높은 수익을 요구했다. 서양 은행들은 다시 이 돈을 개발도상국들에 빌려주었다. 개발도상국들은 냉큼 현금을 받아들었다. 하지만 1982년 불황으로 해외시장이 잠식되자 차입자인 개발도상국들은 은행 대출을 상환할 수 없었고, 결국 다시 대출을 받아서 빚을 갚아야 했다. 대부자들은 막대한 돈을 챙겼다.

1980년대 중반에 이르러, 거액의 자본이 다시 정기적으로 동양 나라들로 흘러들었다. 서양의 텔레비전, 전자제품, 산업 설비 생산자들은 아시아와 라틴아메리카에서 더 저렴한 부품 제조업체들을 발견했다. 멕시코, 남한, 인도네시아, 말레이시아, 태국 등은 서양 상품을 다량으로 만들어냈다. 원천 제조업체의 효율성을 높이기 위해 사상 처음으로 역외 생산 연쇄가 만들어졌다. 중간 부품 생산과 최종 조립을 아시아, 특히 중국에 맡길 수 있었다. 아시아는 대규모 숙련 노동력을 갖추었고 노동력 비용이 낮았기 때문이다. 아시아는 생산 연쇄에서 계속 더 높은 연결고리로 이동했고, 제조업 사다리에서 점점 더 복잡한 단계의 발판을 차지하면서 생산을 수행했다. 과거에 아시아인들은 조립과 부품 생산을 맡았지만, 이제 제품 설계 쪽으로 더 가까이 옮겨가기를 원했다. 물론 곧바로 이렇게 되지는 않았고, 해외무역에서 아시아가 얻는 수익은 상당하긴 하지만 오늘날에도 여전히 제약을 받는다. 아시아의 자급자족적인 발전은 쉽게 달성하기 어려울 것이다.

중국은 마오쩌둥 시절에 경제적으로 거의 무기력했고, 소련은 이오시프 스탈린과 그의 후계자들 시절에 정체했다. 1950년대 인도는 자와할랄 네루가 자본주의에 반대하는 입장을 견지할 때였고, 국가가 생계형 농업 수준을 넘는 경제활동을 대부분 통제했다. 수입 대체 산업화 정책 때문에 경제발전 속도가 무척 더뎠다. 국가의 보호를 받는 소련의 제조업은 믿을 수 없을 정도로 비효율적이었고, 라틴아메리카와 남아시아도 사정은 마찬가지였다. 수십 년 동안 라다^{Lada}—1955년형 피아트를 기반으로 소련이 만든 승용차—가 소련과 나중에는 이집트 도로를 오갔지만, 성능이 크게 개선되진 않았다.

일본, 싱가포르, 홍콩, 남한 같은 아시아 핵심 국가들은 해외에 제품을 수출하면서 경제를 일으켰다. 이 작은 나라들은 유럽과 미국이라는 가장 치열한 시장에서 열심히 경쟁하면서 자신들이 실패할 수 있음을 인정했다. 아시아인들은 대부분 부품 제조업자가 되었다. 물론 일본은—자동차, 텔레비전, 전자제품, 기계류, 피아노 등—산업 전반에 걸쳐 정면 공격을 감행했지만 말이다.(닛산자동차는 한동안 북미에서 '닷선Datsun'이라는 이름을 내세웠다. 자사 자동차가 성공을 거두지 못하는 경우에 닛산이라는 상호를 붙이고 싶지 않았기 때문이다.)[4] 일본 기업들은 일본의 디자인과 공학 기술, 낮은 비용 등을 켄터키와 오하이오, 테네시의 조립 공장들에서 효과적으로 이용했기 때문에 미국 국내에서 지지를 받았다. 이 공장들에서 일하는 노동자들은 대개 노동조합으로 조직되지 않았기 때문에 노동비용을 낮게 유지할 수 있었다. 한편 제너럴모터스나 포드, 크라이슬러 등은 일본 시장 진출이 가로막혔고, 처음에는 아시아에 생산 시설을 세울 수 없었다.

　레이먼드 버넌의 '제품 수명 주기 가설'은 생산의 연속 과정을 설명하는 데 도움이 된다.[5] 하버드 경영대학원 교수인 버넌은 텔레비전의 사례를 거론했지만, 이 가설은 컴퓨터에도 적용된다. 우선 미국의 혁신자들이 국내시장용으로 텔레비전을 생산하고 뒤이어 해외에 수출했다. 처음에 그들은 1960년대에 유럽과 일본으로 텔레비전을 보냈다. 두 번째 단계에서는 유럽과 일본의 경쟁자들이 자국 시장을 공략하려고 했다. 나중에 이 경쟁자들이 효율성을 높임에 따라 유럽과 중국은 미국에 더 싼 텔레비전을 수출하려고 했다. 마지막 단계에서 유럽과 일본, 미국은 모두 역외 개발도상국(멕시코, 남한, 중국, 대만, 태국 등)에서 본국 수

입용 텔레비전을 생산했다.

　　이런 새로운 산업들이 해외에서 발전함에 따라 상대적으로 생산 비용이 높은 미국 공장들의 경쟁력은 점차 추월당했다. 이제 모든 텔레비전이 다른 곳에서 조립되며, 컴퓨터의 경우도 마찬가지이다. 미국 노동자들은—고비용 노동에 바탕을 둔—미국 산업이 경쟁에서 이길 수 없다고 생각하면서 '아웃소싱'에 반대해왔다. 그렇다고 해서 설계, 공학기술, 자금 조달, 마케팅 등을 반드시 다른 나라에 맡겨야 하는 것은 아니다. 사실 제품에서 가장 많은 부가가치를 낳는 과정은 생산 연쇄에서 가장 높은 단계에 위치한다. 만약 미국이 제품을 설계하고 고급 제조업을 국내에 유지한다면, 다른 나라들에 상대적으로 낮은 단계나 최종 단계 생산을 아웃소싱한다고 해도 미국의 경쟁력이 오히려 높아지고 서양의 생활수준이 향상된다. 미국, 캐나다, 핀란드 등은 해외(베트남이나 태국, 중국 등)에서 휴대전화를 생산하지만, 제품이 최종 판매될 때 컴퓨터칩, 마케팅, 설계 등을 통해 생기는 금전적, 기술적 이익의 노른자위를 챙긴다.[6]

　　동양이 부상하는 데는 시간이 걸렸다. 앞서 살펴본 것처럼, 농업은 1950년대에 제3세계—아프리카, 라틴아메리카, 동아시아의 쌀이 풍부한 지역—발전의 해법을 제공하지 못했다. 남한이 제조업을 바탕으로 번영할 수 있음을 입증하고 나서야 개발도상국들은 농업에서 멀어져 제조업에 다가갔다. 1959년 남한은 1인당 GDP가 300달러인 농업국가였다. 서양 컴퓨터 부품용 칩을 만들기 시작한 뒤 이 나라는 잇따라 수많은 신제품—DRAM 반도체, 자동차, 평판 스크린, 화학제품, 온갖 종류의 가전제품—에서 탁월한 역량을 과시하는 산업과 수출 강국으로 부상했다. 남한은 또한 일본과의 산업 연계를 활용하면서 일본 부품을 자국 제품에 통합시켰다. 1980년대에 이르러 완고한 소련도 남한의 솜씨와 창의성에 깊은 인상을 받았고 미하일 고르바초프는 소련도 비슷한 경로를 따를 수 있기를 기대했다. 하지만 결국 소련은 그럴 능력이 없음이 드러났고, 대신 자국 경제를 활성화하기 위해 석유와 천연가스에 의존해야 했다.

중국의 부상

중국이 부상하기 위해서는 1978년 덩샤오핑이 지도자가 되기를 기다려야 했다.[7] 마오의 뒤뜰 제철소*와 이른바 '대약진운동'은 발전을 지체시켰을 뿐이다.[8] 문화대혁명 당시 정부는 대학생들에게 시골로 가서 천한 일을 하라고 지시함으로써 대학 교육을 말살했다. 덩샤오핑이 대외무역이 중국의 성장을 이끌 수 있다는 결론을 내린 뒤에야 상황이 바뀌기 시작했다. 덩샤오핑은 19세기에 산업화에 성공한 일본과 독일을 본받아 점차 나라를 개방했다. 우선 해외 자본과의 합작투자를 허용하는 광둥, 푸젠, 다롄 같은 '경제특구'에 초점을 맞추었다. 막대한 액수의 외국인 직접투자가 여기에 들어왔고, 저렴한 노동비용 덕분에 중국은 서양과 일본 제품의 부품을 조립해서 해외로 보낼 수 있었다. 이것이 버넌의

---

* 1958~62년 대약진운동 당시 철 생산을 늘리기 위해 각지의 인민공사 뒤뜰에 설치한 용광로를 가리킨다. 연료는 석탄, 나무 등 주변에서 구할 수 있는 모든 재료를 썼고, 철광석이 없는 곳에서는 냄비와 프라이팬, 심지어 자전거까지 닥치는 대로 녹였다.

제품 수명 주기의 마지막 단계였다. 수익이 들어오자 중국은 점점 더 많은 돈을 이 사업에 투자했고 생산고가 급격하게 늘면서 경제특구를 넘어서 농촌으로까지 열기가 옮겨갔다.

한동안 중국의 성장은 생산성이 전혀 증대되지 않은 채 '투입'을 늘려서 산출을 늘린 결과에 불과했다.[9] 1990년대에는 생산성이 거의 높아지지 않았다. 하지만 나중에 중국은 투입 단위당 수익을 향상시킬 수 있었고, 이는 지금도 지속되고 있다. 그러므로 중국은 이제 더 이상 성장을 계속하기 위해 투자율을 GDP의 40퍼센트로 끌어올릴 필요가 없다. 20~30퍼센트 정도면 점차 생산성 향상에 의해 지탱되는 고성장과 조화를 이룰 것이기 때문이다. 중국발전연구기금회China Development Research Foundation 경제학자들에 따르면, 1997년 이래 매년 전체 요소생산성이 1~2퍼센트 증대했다.[10] 그렇다고 중국이 전반적인 생산성에서 미국이나 심지어 프랑스를 따라잡았거나 앞으로 따라잡을 것으로 보이지는 않는다.[11]

장기적으로 더 중요한 것은 중국 공산당 체제의 안정성이다. 2015년에 4억 명, 즉 전체 인구의 30퍼센트 정도를 차지하게 될 중간계급의 부상은 보통 통치 방식의 변화를 수반할 것이다.[12] 동아시아와 라틴아메리카 여러 나라에서는 중간계급이 부상함에 따라 민주주의가 정착되었다.[13] 브라질, 인도네시아, 남한, 콜롬비아, 멕시코, 말레이시아, 대만, 필리핀 등은 국민소득 증가와 더불어 민주주의가 자리 잡은 몇 안 되는 개발도상국의 본보기일 뿐이다. 중국에서는 이런 일이 벌어지지 않았다. 물론 중국 체제는 시민들을 대상으로 계속 여론조사를 하면서 민심에 관심을 기울이려고 노력하고 있지만 말이다. 중국에서는 지금도 해마다 정부의 행동에 대한 정치적, 경제적 저항이 수십만 건 이상 벌어진다. 국민들은 새로운 댐이나 철로 건설에 의해 자기 재산을 빼앗기는 사태를 달가워하지 않으며, 이런 사업에 동의하는 대가로 받는 '수용권' 보상액이 터무니없이 적다는 사실에 분개한다. 지진이 발생해서 건축 기준이 부실하다는 사실이 드러나는 경우에 사람들은 당국을 비난하면서 제도 변화를 요구한다. 2008년 지진 이후 쓰촨성에서도 바로 이런 일이 벌어졌다. 티베트와 신장(위구르족 거주 지역)처럼, 중국을 지배하는 한족과 문화와 언어가 다른 소수민족 지역에서는 저항 운동이 벌어진다. 중국 공산당은 여전히 민주적 정당성이 부족하다.

정부가 마을 수준에서 (공산당 후보들을 놓고) 선거를 치르는 것은 사실이다. 하지만 이런 민주화의 혜택을 받아 선거를 마을 수준 이상으로 확대하지 않는다면, 중국 체제는 국내 질서를 유지하고 권력을 지탱하기 위해 민족주의의 부흥을 날조해야 할 것이다. 중국은 2008~09년 경제위기에서 빠르게 회복하면서 불만을 잠시 잠재웠지만, 외국의 위협이 나타나면 불만은 다시 고개를 들 것이다. 나는 경제 번영의 시기인 2005년 4월에 베이징에 있었는데, 당시 일본의 고이즈미 준이치로 총리가 전범이 묻힌 도쿄의 야스쿠니 신사에 참배하면서 중국 각지의 일본 영사관에 자생적인 공격, 아니 어쩌면 정부가 지원했을지도 모르는 공격이 가해졌다. 창문이 깨지고 출입구가 박살이 났다. 폭동이 2주일 동안 계속된 후에야 결국 정부와 시위대가 진정되었다. 체제가 유발하든 아니든 간에 이런 과시 행동은 틀림없이 재발할 것이다.

중국은 부분적으로 전체주의 성격을 띠는 정부가 장기 정책을 입안하기 때문에 거둘 수 있는 경제적 이익이 한계가 있음을 보여주는 무척 흥미로운 사례다. 오늘날 중국만큼 국제경제의 상대적 개방성에 의존하는 나라는 없다. 중국은 오로지 미국 해군에 의존해서 중동으로 통하는 항로와 절대적으로 필요한 석유 수입 통로를 확보한다. 지금까지 중국의 발전은 일본, 유럽, 미국에서 자국 제품 판매에 힘입은 것이다. 국내시장—아직 중간계급이 탄탄히 자리 잡은 국가 수준에 미치지 못한다—이 제조업 생산물을 흡수하지 못하기 때문이다. 1890년이나 1920년의 독일이나 일본과 달리, 향후 중국의 성장은 새로운 시장의 발견에 의존하지 않는다. 중국은 이미 이런 시장을 갖고 있으며, 필요한 모든 원료를 여러 통로로 입수할 수 있다. 중국은 핵심 광물을 비롯한 자원을 공급받기 위해 아프리카 나라들 및 브라질, 오스트레일리아와 특별한 관계를 맺고 있다. 또한 중동의 석유를 자유롭게 수입할 수 있다. 요컨대 떠오르는 강대국 가운데 중국만큼 기존 형세의 혜택을 충분히 누린 경우는 없다. 그렇지만 민주주의가 불완전한 상황을 감안할 때 중국이 이 체제를 수용할지는 여전히 의문이다.

인도의 부상

인도가 걸어온 경로는 전혀 다르다. 인도에는 덩샤오핑처럼 새로운 길로 성공적인 발전을 이끈 지도자가 없었다. 네루는 인도는 "마치 고대의 어떤 양피지 사본과도 같다. 겹겹이 사고와 공상이 새겨졌지만 이어지는 어떤 층도 이전에 쓰인 내용을 완전히 감추거나 지우지는 못한 것이다"라고 말했다.[14] 인도는 언제나 외부에서 상품과 사상과 사람들을 흡수했다. 경제사학자 앵거스 매디슨에 따르면, 1700년만 해도 인도는 세계 총 GDP의 4분의 1을 생산했다. 당시 인도는 자급자족 경제체제를 유지했고, 예컨대 인도 직물은 중앙아메리카와 남아메리카의 광산에서 캐낸 금으로 값을 치러야 했다. 실제로 인도는 이런 귀금속을 "빨아들이는 나라"로 유명했다.

1947년 영국의 지배에서 독립한 직후, 인도는 국부 마하트마 간디와 네루의 경제 사상을 극복해야 했다. 오랜 세월 동안 영국의 공산품과 랭커셔의 면직물을 수입한 인도의 지도자 간디는 조국을 수직手織 산업으로 되돌리고 산업주의에 대해 독립을 선언하기를 바랐다. 하지만 네루는 민간 부문을 거의 완전히 폐절하는 국영 산업을 신봉했다. 1991년에 이르러서야 P. V. 나라심하 라오 총리와 만모한 싱 재무장관이 진두지휘하는 가운데 경제를 자유화하는 과정이 진행되기 시작했다. 다음 총리인 아탈 비하리 바지파이 아래서 인도인민당Bharatiya Janata Party, BJP은 방갈로르Bangalore를 비롯한 여러 곳에서 첨단 기술 서비스와 지원 부서* 기능 강화에 집중했다. 하지만 2004년에 싱이 총리에 오르고 나서야 이 과정이 속도감 있게 진행되었다. 이 시기 이전에 인도국민회의Indian National Congress가 이끄는 전임 정부는 대부분 네루 스타일의 국가주의자들로 구성되었다. 이 사람들은 민간 부문을 불신하고 경제성장을 통제, 지휘하려고 면밀하게 노력했다. 언제나 경제성장이 가난한 농민들과 전통적인 농촌 사회구조에 미치는 영향을 생각했기 때문이다.

---

* back office: 원래는 월스트리트 투자은행에서 생겨난 말로 고객을 상대해서 수익을 올리는 전면 부서front office의 업무를 지원하는 부서를 가리킨다. 여기서는 인도가 외국 대기업들의 사무 지원 업무 같은 분야에 주력했다는 뜻이다.

이 시기는 지나친 정부 규제 때문에 "면허-인가 할당량 통치Permit-License Quota Raj" 시기로 통한다. 하지만 (소냐 간디가 감독하는 가운데) 싱 박사가 이끄는 국민회의 정부는 지원부서 프로젝트와 더불어 새로운 산업 프로젝트를 도입하는 쪽으로 발전 방향을 잡았다.

싱이 1991년에 재무장관이 되었을 때, 인도는 공산품에 높은 관세를 매겼고 수출은 극히 적었다. 하지만 점차 첨단 기술 서비스의 성공이 제조업으로 확대되었고, 이제 타타자동차Tata Motors는 세계에서 제일 저렴한 소형차인 나노Nano를 생산한다. 놀랍게도 인도에서는 나노가 잘 팔리지 않는다.[15] 그렇다고 인도인들이 외국산 자동차를 선호하는 것은 아니다. 인도에 상품을 수출하기는 여전히 매우 어려우며, 정부가 더 자유롭게 외국 기업과 제휴하고 혁신할 수 있는 중국식 경제특구를 세우긴 했지만, 제조업이 GDP에서 차지하는 비중은 여전히 극히 낮다(서비스업이 GDP의 50퍼센트 정도인 반면, 제조업은 20퍼센트 미만이다).

인도의 정부 규제와 관료적 비효율성 때문에 이 비중은 더욱더 낮아진다. 인도 법원은 몇 년 동안 돈이 많이 드는 법정 소송을 거치고 나서야 계약 위반에 따른 손해배상 지급 판결을 내린다. 회사 설립이나 수입을 위한 인가를 받는 데는 시간이 걸린다. 인도의 관세는 중국의 두 배에 달한다. 외국인 투자자들은 인도 진출을 주저하고 있는데, 기반시설(도로, 통신, 철도)이 열악하기 때문이다. 가령 항구들과 연결되는 신속한 운행 수단이 거의 없다. 인도의 전력은 신뢰할 수 없다. 일부 지역은 낮 시간 동안 전기가 끊긴다. 투자자들은 보통 이 나라에서 제조업을 하려면 발전 설비를 알아서 들여와야 한다. 마지막으로, 남부에서는 공산주의자들의 반란이 지속되고 있는데 낙살라이트Naxalite라는 마오주의 반군이 정권과 싸우고 있다. 인도 장관들은 불만의 씨앗 뿌리기를 두려워하기 때문에 인도의 관습적 삶에 혼란을 야기할 수 있는 대형 개발 프로젝트를 좀처럼 용인하지 않는다. 인도의 민주주의는 전통의 제약을 많이 받으며, 변화는 대단히 느리게 진행된다. 최근 정부는 소매업을 자유화하여 월마트 영업을 전국에서 허용했지만 이내 취소함으로써 경제적 불확실성을 더했다.

현재 인도는 무시할 수 없는 진전을 보이고 있다. 연간 GDP 성장은 현재 7퍼센트이며, 인구가 여전히 늘어나고는 있지만, 1인당 GDP는 눈에 띄게 증가했다. 마을들마다 텔레비전이 보급됨에 따라 많은 인도인들이 세계 다른 지역의 삶이 어떠하며 궁극적으로 인도에 무엇이 가능한지도 이해하게 되었다. 농촌의 교육은 빈약하지만, 인도 최고의 대학과 기술 연구소는 MIT나 하버드만큼 훌륭하다. 새로운 전문가들과 기술자들이 훈련을 받고 있으며, 이들은 계속해서 세계화의 영향에 인도의 문을 활짝 열어젖힐 것이다. 인도인들은 또한 중국의 도전을 인식하고 있으며, 중국에 대응해서 민족주의적 열정을 갈고 닦는 데 주저하지 않는다. 하지만 중국과 마찬가지로 인도의 이웃 나라들도 인도의 야심에 반감을 품는다. 파키스탄, 네팔, 중국, 방글라데시, 스리랑카 등은 인도가 성장하거나 강대국 지위에 오르는 것을 지지하지 않는다. 미국만이 불균형을 바로잡고 인도의 발전을 지지하는 일에 관여하고 있다. 인도가 아직 핵확산금지조약Nuclear Non-Proliferation Treaty, NPT에 조인하지 않았는데도 말이다.

인도는 중국의 경쟁자를 자처하며, 강대국으로 부상하는 중국을 따라잡거나 심지어 앞지르기를 무척 열망한다. 경쟁자에 비해 젊은 인구를 더 많이 보유한 인도의 성장률은 중국보다 더 오랜 기간 동안 높은 수준을 유지할 수 있다. 하지만 현재 인도의 1인당 GDP는 중국의 3분의 1 수준이어서 중국을 따라잡으려면 몇 년이 걸릴 것이다. 그렇다 하더라도 매디슨은 2030년에 이르면 중국이 전 세계 GDP의 23퍼센트, 미국이 17퍼센트, 인도가 10퍼센트를 차지할 것으로 내다본다.[16]

다른 행위자들

일본, 남한, 베트남, 싱가포르 등도 지난 20년 동안 급속하게 성장했다. 일본은 1960년대에 가장 많은 발전을 달성했고, 서서히 성장이 둔화되어 1980년대 4퍼센트 성장에 이어 2000년대에는 2퍼센트 성장을 기록했다. 남한은 1970년대에 일본이, 그리고 나중에는 다른 나라들이 발주한 제조업 상품을 생산하면서 부상했다. 이 나라는 컴퓨터, 반도체, 휴대전화, 자동차 제조업 등에서 강국이 되었고, 결국 일본이 점유한 미국 시장을 파고들었다. 베트남은 새로운 섬유 강국으로 홍콩, 중국, 방글라데시, 유럽 등으로부터 시장 점유율을 넘겨받고 있다. 하지만 이 나라는 첨단 기술 혁신보다는 저비용 노동력을 활용한 제조업에 주력한다. 싱가포르는 금융 강국이 되어 동남아시아 각지의 수요자에게 자본을 분배한다.

이 네 나라는 각각 역사적으로 중국의 경쟁자인데, 일본이 가장 두드러진다. 고이즈미와 아베 두 총리 밑에서 외무장관을 지낸 아소 다로는 잠시 방심한 가운데 한 언론인에게 다음과 같이 말했다. "일본과 중국은 천 년 동안 서로를 미워했습니다. 지금이라고 뭐 달라질 이유가 있을까요?"[17] 하지만 남한은 중국 자본과 시장을 기꺼이 받아들임으로써 대對일본 의존도를 낮추려고 했다. 그렇다고 해서 영토나 정치 쟁점이 해결된 것은 아니다. 베트남은 옛 중화제국에 편입된 이후 여러 세기 동안 중국을 무척 싫어했다.

동양의 나는 기러기 떼

\

수십 년에 걸친 동양의 부상은 경이적인 수준이었다. 하지만 집합적인 동양권이 아니라 개별 나라들이 부상했으며, 이는 기본적으로 일본의 경제적 성공에서 유래했다. 일본의 뒤를 이어 마치 기러기 떼처럼 다른 나라들도 산업 생산 과정의 한몫을 차지할 수 있음을 깨닫고 해외 생산 연쇄의 연결고리가 되었다. 일본은 자국의 조립 산업을 남한, 태국, 싱가포르 등으로 다변화하면서 이런 변화에 도움을 주었다. 생산의 최종 단계가 다른 지역에서 수행되었기 때문에 일본의 대미 무역 흑자가 줄어들었다. 많은 나라가 이처럼 일본의 흑자가 다른 경로로 전환되는 과정에서 혜택을 누렸다. 하지만 지금 미국 시장을 겨냥한 제품은 대부분 동아시아 생산국 중에서 노동력이 가장 저렴하고 효율적인 중국에서 최종 단계를 거친다. 이렇게 연결된 아웃소싱을 통해 많은 동아시아 국가들이 경제의 사다리를 함께 올라갔다. 동아시아는 연간 5~7퍼센트의 성장률을 기록한 반면, 미국과 유럽은 겨우 2~3퍼센트 성장한다.

남한, 대만, 싱가포르

\

남한은 여러 면에서 아시아 생산국 가운데 가장 효율적이고 진취적인 나라이다. 이 나라는 부존자원이 전혀 없는 농업국으로 출발해서 이제 활기찬 산업국가가 되었으며 경제협력개발기구^{OECD} 회원국이다. 이승만에서 박정희에 이르기까지 권위주의 통치자들의 지배를 잇따라 받으면서 남한은 1980년대까지 군사 통치를 겪었다. 전쟁 이후의 남북 분단이 군사 통치의 시발점이었다. 하지만 1962년 이후 박정희가 지휘하는 가운데 남한은 자동차, 반도체, 갖가지 전자제품 등에 투자를 하면서 빠르게 발전하는 나라로 번영을 구가했다. 박정희 장군은 어떻게 보면 서울의 덩샤오핑이었다. 순전히 국내 산업만을 육성하는 대신 박정희는 민간 산업과 손을 잡는 한편 일본의 다국적기업들과 일부 협력하면서 산업 수출을 육성하는 쪽을 선택했다. 빠른 속도로 발전을 거듭하던 남한은 1997~98년에 재벌이 과도한 대외 차입에 이어 일시적으로 지급 불능 상태에 빠지면서 순식간에 불황을 맞이했다. 하지만 2000년대에 이르러 다시 상승 분위기를 이어갔다.

1962년 이후의 발전은 이전과는 달랐다. 남한은 처음에 국제무대에서 경쟁할 수 있는 기업들을 육성하려 한 것이 아니라 단지 수입 대체만을 목표로 삼았다. 하지만 1980년대에 이르러 반도체, 가전제품, 전자기기, 자동차, 조선, 발전 분야의 남한 기업들은 전 세계에서 효과적으로 경쟁하기 시작했다. 냉장고, 냉동기기, 난로, 에어컨 등을 생산하는 엘지는 아마 세계에서 가장 유능한 백색 가전제품 제조업체일 것이다. 현대는 폭스바겐이나 도요타와 자동차 업계 선두 자리를 놓고 경쟁할 것이다. 남한 기업들은 완전히 통합된 소비재 외에 다른 기업들을 위한 부품도 생산했다. 삼성은 자체 상품인 텔레비전과 전자기기뿐만 아니라 다른 기업들의 컴퓨터와 전화기에 들어가는 마이크로칩도 공급했다. 그렇지만 대만이 (에이서Acer를 제외하고는) 거의 전적으로 다른 나라의 첨단 제품에 들어가는 부품, 평면 스크린, 소프트웨어 등을 제조한 것과 달리, 남한은 자체 브랜드를 원했다. 이렇게 탄생한 기업으로 엘지, 현대, 삼성을 들 수 있다. 이 나라는 서양과 일본의 거대 기업들을 따라잡기 위해 연구·개발에 막대한 투자—GDP의 2퍼센트에 이르는—를 했다. 이제 남한은 세계에서 가장 빠른 인터넷과 성능 좋은 컴퓨터를 자랑한다. 최근 몇 년 동안에는 민간 산업이 대체로 남한의 성장을 이끌었지만, 초기 단계에서 공공과 민간이 노력을 기울인 점에서 합동 전략의 장기 효율성을 알 수 있다.

대만의 경우는 이야기가 다르다. 대만의 산업 발전은 1945년 이전 대만을 통치한 일본에 의해 시작되었다. 대만 부품들은 일본의 완성품 조립에 쓰이도록 설계되었다. 이런 산업 양상은 일본에서 독립하게 되었을 때에도 계속 이어졌다. 대만은 토지 개혁으로 농촌 인구를 해방시켜 도시에서 일할 새로운 노동력을 얻었다. 남한과 달리, 대만은 전체에 걸쳐 작동하고 모든 시장에서 판매되는 규모의 경제 산업을 창조하려고 하지 않았다. 그 대신 '팹fab'—자체 상품을 보유하지 않은 채 외부 기업의 제품을 제조하는 데 주력하는 회사—을 설립하는, 상대적으로 눈에 띄지 않는 전략을 택했다. TSMC는 반도체 분야에서 미국, 일본 등의 기업의 설계를 받아 주문에 따라 제품을 생산했다. 미국, 일본, 독일 기업들은 설계 명세서에 따라 대만에 제조를 맡길 수 있었기 때문에 '가상' 기업(국내에 생산 설비를 갖추지 않은 기업)이 될 수 있었다. 현재 세계 1위의 컴퓨터 기업 자리를 놓고 경쟁하는 에이서는 주목할 만한 예외이다. 다른 분야들에서 대만은 중국 본토를 겨냥한 기술과 제조업의 자산 역할을 해왔다. 혼하이Hon Hai(서양에서는 폭스콘Foxconn으로 불린다) 같은 대만 기업들은 점차 대만해협 너머로 옮겨가서 중국 해안 지방에서 생산을 한다. 100만 명 이상의 대만인이 본토에 거주하는데, 이 수치는 늘어날 게 분명하다. 이 기업들의 대다수는 해외 수출용으로 중국에서 최종 조립할 수 있는 중간 부품들을 개발하는 중이다. 이런 부품들에는 대만 제품이라는 딱지가 붙지 않을 것이다. 어느 정도는 이런 경제 통합의 결과로 최근 몇 년 동안 대만에서는 중국과의 화해를 정치적으로 지지하는 분위기가 조성되었다. 하지만 특히 주요 항구도시인 가오슝에서는 통일의 준비 단계로 중국의 민주적 변화를 요구하는 압력이 여전하다. 이런 압력에 맞추려면 중국은 향후 훨씬 더 상상력을 키우고 대만의 반공 집권당인 국민당의 충실한 당원들을 설득해서 중국에 조언을 하고 베이징의 책임 있는 자리를 맡게 만들어야 할 것이다. 권위주의 체제를 장기간 지속할 경우 전망이 불투명할 것이다.

싱가포르는 전혀 다른 문제들을 제기한다. 1959년부터 1990년까지 총리를 지낸 리콴유는 권위주의적으로 통제, 지휘하는 경제적 자유주의 정권을 발전시켰다. 그가 이끄는 인민행동당People's Action Party은 지난 40년 동안 모든 도전자를 물리쳤다. 효율적인 선거 운동과 상대 정치인들을 겨냥한 법정 소송을 결합한 결과였다. 비공식적으로 '해리' 리Harry Lee라는 이름으로 알려진 그는 거의 혼자 힘으로 현대의 싱가포르공화국을 창조했다. 객가客家 출신 싱가포르인인 리콴유는 케임브리지에서 최고 우등상을 두 개 받았고, 자신의 재능을 충분히 활용할 수 있는 곳을 찾아 여러 나라를 돌아보았다. 그는 말레이족이 지배하고 중국계와 인도계도 많은 나라인 말레이시아연방(싱가포르는 1963년에 잠깐 이 연방에 합류했다) 전체를 통치하는 경쟁에 나설 수도 있었다. 리콴유가 이끄는 싱가포르의 인민행동당은 기본적으로 중국 지향적이다. 이 당은 말레이시아에서 중국계 표를 끌어모으고 말레이족의 지배를 잠식했을지도 모른다. 비록 리콴유 자신은 서른두 살이 될 때까지 중국어를 배우지 않았지만 말이다. 말레이시아 집권당인 통일말레이국민기구United Malay National Organization, UMNO 지도자들은 이런 점을 간파하고 리콴유의 정치권력을 떠받치는 기반인 싱가포르로 하여금 1965년 연방에서 분리해 독립국가가 되도록 강요했다. 신생 도시국가의 총리로 선출된 리콴유는 중국계가 말레이계와 인도계에 비해 다수인 싱가포르의 여러 종족 집단 사이에 미묘한 균형을 조성하는 데 성공했다. 그가 추구한 '관리된 민주주의managed democracy' 덕분에 인민행동당은 선거에서 거듭 승리할 수 있었다. 정부는 국민들이 어떻게 투표하는지를 알고 이에 따라 보상을 했다. 그리고 다른 당에서 후보가 출마하면 소송을 걸거나 겁을 주었다. 리콴유의 아들인 리셴룽이 결국 아버지의 뒤를 이어 총리가 되었다.

영국의 지배를 받던 시절 싱가포르는 언제나 자유무역항entrepôt이자 네덜란드령 동인도제도*와 말라야에서 들어오는 상품을 옮겨 싣는 섬이었다. 영국인들은 1819년에 싱가포르를 획득하고 1957년까지 지배했다. 영국령 싱가포르는 제조업에 뛰어들지는 않았지만, 말라카 해

---

* 오늘날의 인도네시아.

협을 이용하는 나라들의 상품 무역을 통제했다. 1965년 이후, 싱가포르는 완성품에 들어가는 부품을 제조하기로 결정했고, 이런 목적에 맞는 현지 기업을 설립하기 위해 서양과 일본의 투자에 문호를 개방했다. 이를 위해 싱가포르는 자본시장이 필요했고, 리콴유는 신속하게 이를 조성했다. 싱가포르의 목표는 금융 중심지 자리를 놓고 취리히와 경쟁하는 것이었다. 이 나라의 국부 펀드인 테마섹^{Temasek}은—이 나라의 높은 저축률을 자금으로 삼아서—투자 기회를 찾아서 세계를 헤맸고 선진국과 개발도상국 시장에 투자를 했다. 뛰어난 호텔을 갖춘 싱가포르의 관광산업은 중국, 일본, 남한 등지로부터 관광객을 끌어모았다. 리콴유의 통치는 온화했지만 공중 행동을 엄격하게 규제했다. 가령 인도에 침을 뱉으면 매질이라는 벌을 받았고, 악한 범죄자는 몽둥이로 10~20대를 맞았다. 그리하여 경범죄 발생률이 떨어졌다. 정부 공무원들에게는 부패를 막기 위해 후한 급여를 지급했다. 전반적으로 싱가포르는 강대국들 사이를 중재하면서 협력을 형성하고 아무런 풍파도 일으키지 않았다. 미국, 유럽, 일본의 투자가 이 나라의 성공을 보장했다. 싱가포르는 일종의 콧대 높은 스위스가 되었다.

동아시아의 긴장

동아시아와 유럽은 엄청나게 다르다. 유럽은 비록 과거에는 툭하면 전쟁을 벌였지만, 오늘날에는 응집성 높은 지역이 되었다. 아시아는 반목하는 당사자들로 이루어진 지역이다. 1950년대에 미국은 공산주의의 압력에 대항하기 위해 동아시아 나라들을 대서양 조약과 유사한 태평양 조약에 참여시키려고 애썼다. 하지만 국지적인 경쟁 관계 때문에 이런 동맹을 이루기란 불가능했다. 동남아시아조약기구South East Asia Treaty Organization, SEATO, 일명 마닐라협정Manila Pact(1955년 태국, 필리핀, 오스트레일리아, 뉴질랜드, 파키스탄과 미국, 프랑스, 영국이 손을 잡은 협정)같이 작은 협의체를 고안해야 했지만, 이 조직도 오래 지속되지는 않았다. 중립주의를 표방한 인도나 인도네시아는 참여하지 않았고 버마*도 참여하지 않았다. 미국은 일본 및 남한과 별도의 협정을 체결했지만, 이런 협정을 전체 합의체로 발전시킬 수는 없었다. 대개 소련을 겨냥한 초창기의 동맹 결성 시도는 많은 아시아 국가들이 한국전쟁 이후 미국과 손을 잡는 데 저항하면서 실패로 돌아갔다. 아시아의 중립주의자들은 두 냉전 진영이 자신들의 호의를 놓고 경쟁을 하게 내버려두는 편이 더 낫다고 생각했다. 나중에 중국이 부상함에 따라 태도가 바뀌었지만, 지역 차원의 협정에 참여하려는 의지는 높아지지 않았다. 한동안 미국과 캐나다, 오스트레일리아 같은 동맹국들은 태평양 차원의 접근을 통해 중국을 한 그룹으로 끌어들이려고 했지만, 성공을 거두지는 못했다. 에이펙APEC, 아세안ASEAN, 아세안+3 같은 그룹이 결성되긴 했지만, 간극을 메우거나 극동의 모든 국가를 한데 모으는 전체 합의체를 도출하지는 못했다.[18] 중국과 일본은 각각 상대방을 배제한 채 독자적인 경제·관세 동맹이나 통화동맹을 맺기를 원했다. 중국은 미국을 동아시아의 철저한 자유무역지대에서 배제하기를 원했다. 오스트레일리아와 뉴질랜드는

---

* 오늘날의 미얀마.

지나치게 유럽적인 나라여서 높은 수준의 아시아 관리이사회에 참여시킬 수는 없을 듯했다.

하지만 이런 점보다는 순수한 동아시아 지역주의의 등장을 가로막는 요인이 더 큰 영향을 미쳤다. 베트남은 일본만큼이나 반중국 정서가 강하다. 남한은 경제적으로 중국과 가깝지만 중국이 북한을 지지하기 때문에 유보적이다. 남한 정부는 특히 북한이 천안함과 연평도를 공격해 당혹스러워했다. 연평도 공격에서는 남한의 무고한 야영객이 부상을 입었다. 하지만 중국은 평양을 비난하지 않았다. 태국, 인도네시아, 필리핀, 말레이시아는 자국 국경 안에 거주하는 중국계 소수민족들에 대해 민감하다. 숫자는 많지 않지만, 이 중국계 공동체는 경제에서 막강한 영향력을 발휘하며, 베이징의 동향에 상당한 관심을 기울인다. 동남아시아에서 '화교'의 경제적, 정치적 역할 때문에 중국의 영향력과 나아가 압력이 커진다.

중국의 영토 야심은 또 다른 문제들도 제기한다. 베이징은 대만 수복을 기대하는 한편, 위기 상황에서 미국이 대만을 쉽게 돕지 못하도록 군사력과 해군력을 발전시키는 중이다. DF-21 같은 지상 발사 미사일은 미국의 항공모함 전단을 공격할 수 있다. 중국 잠수함은 미국 해군의 전투단에 침투하려 할 것이다. 중국은 또한 자체 항공모함 전단을 구축하는 중이다. 최근에 중국은 근해의 난사군도, 시사군도, 센가쿠열도(중국명 댜오위다오)까지 손을 뻗쳐 태평양에 대한 영유권을 주장하고 있다. 이런 역사적인 영유권 주장은 일본, 베트남, 필리핀, 브루나이, 남한 등의 반대에 부딪혔지만, 중국은 영유권 주장을 되풀이할 뿐, 다른 당사자들과 교섭하려 하지 않는다. 그 결과, 일본, 남한, 베트남 등은 경제적,

정치적으로 미국에 더 가까워졌다. 일본은 이제 더 이상 오키나와 주둔 미군 철수를 요구하지 않는다. 남한은 미군이 떠나는 것을 원치 않는다. 대만은 자신의 미래를 걱정한다. 하노이는 베이징의 호전적 태도에 신경을 쓴다. 베이징 당국이 계속해서 영토를 두고 압박한다면 태평양 지역에서 일치단결한, 중국에 저항하는 물결이 일어날지도 모른다.

교전 진영들

＼

오늘날 아시아는 19세기의 유럽과 흡사하다. 유럽 나라들은 서로 경쟁하면서 산업화를 달성했고, 오늘날 동아시아의 사례보다 훨씬 더 밀접한 경제 관계를 형성했다. 하지만 긴밀한 정치적 유대는 없었다. 1907년에 이르러 유럽은 두 진영으로 갈라졌다. 삼국동맹*과 삼국협상** 진영이 대결했다. 유럽 각국의 경제적 상호 의존은 전쟁을 막을 정도로 충분하지는 않았다. 오늘날 동아시아에는 서양 시장으로 수출될 제품의 최종 조립에 쓰이는 중간 부품의 막대한 교역과 생산에 참여하는 국가가 매우 많다. 각국의 성장률은 계속 높아지며, 캄보디아나 방글라데시, 라오스 같은 나라들도 발전에 합류하고 있다. 하지만 정치적 우호관계는 악화되고 있고, 중국이 남중국해에서 더 공격적인 모습을 보일수록 많은 동아시아 국가들은 점점 더 미국과 유대를 새롭게 하고 있다. 이런

---

* 독일, 오스트리아, 이탈리아.
** 영국, 프랑스, 러시아.

중요한 의미에서, 몸집을 늘리는 서양과 대조되거나 경쟁하는 통일된 동양은 존재하지 않는다. 동아시아는 통합된 실체를 이루지 못한다. 지역 내부의 분할이 줄기는커녕 확대되고 있으며, 이 지역의 경제성장은 여전히 세계 다른 곳의 시장들과 결합되어 있다.

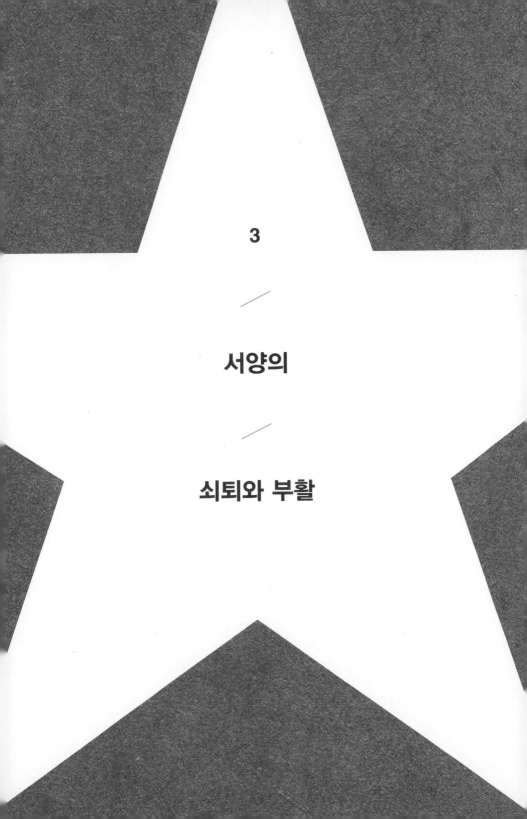

3

서양의

쇠퇴와 부활

2008~2010년에 유럽을 강타한 금융위기는 수십 년 동안 사회복지에 과다 지출(대단히 긴 휴가, 짧은 주당 노동시간, 정부 부문의 과잉 고용, 조기 은퇴)하고 세금은 지나치게 적게 징수한 결과였다. 그리스, 이탈리아, 에스파냐, 포르투갈은 모든 면에서 잘못을 범했다. 그런데 이 나라들이 제기하고 대표하는 문제점들에 어떻게 대처할 것인가? 유럽중앙은행이나 국제통화기금, 또는 독일과 프랑스 같은 유럽의 강국들이 그냥 구제해주어야 할까? 이들 나라의 유권자들이 세금 인상과 더불어 긴축 정책과 사회복지 삭감을 받아들일까? 채권국들은 필요한 돈을 제공할까? 정답은 '앞에서 말한 모든 것'임이 드러났다. 미국은 부채에 허덕이는 터라 유럽의 대응에 의문을 제기하거나 문제 해결에 도움을 줄 만한 입장이 아니었다. 이미 세금 인상이나 지출 삭감(필요한 국방비 삭감 포함)으로 해결하지 못한 16조 달러의 적자를 안고 있었다. 유럽이 점차 자신의 문제점을 파악하게 된 반면, 미국은 의회와

대통령 사이에서 교착 상태에 빠져 미봉책을 세우는 데만 급급했다. 부채 한도debt limit 때문에 내놓은 일시적인 해법은 지속되지 않았다. 대서양 양편에서 서양은 깊은 위기에 빠졌다. 하지만 다행히도 정부가 지출, 차입, 대출을 자극함에 따라 경제성장의 동력이 생기고 새로운 발전 전망이 열렸다.

역사적으로 유럽과 미국은 탯줄로 연결된 사이였다. 남북 아메리카는 유럽의 자손이 일구었다. 유럽 정복자들은 라틴아메리카의 발전 방향을 바꾸었고, 순례자 선조들과 버지니아의 동료들은 북아메리카의 종교적, 정치적 성격을 구축했다. 네덜란드, 영국, 에스파냐 등에서 온 배들이 험난한 삶을 예고하는 바위투성이 해안에 정박했을 때, 두 대륙에 거주하던 원주민들은 무시당했다. 두 대륙 모두에서 유럽 이주민들이 사태를 완벽하게 장악하지는 못했다. 하지만 그들이 만들어낸 새로운 정치체제는 유럽의 모국과 맺는 긴밀한 관계, 처음에는 종속된 관계를 받아들였다. 포르투갈과 에스파냐에 속박된 라틴아메리카는 사회적, 종족적 지위가 규정된 일종의 유럽식 봉건주의를 흡수했다.[1] 나중에 온 영국인 정착민들은 유럽의 종교적, 정치적 통제에서 벗어나기를 바라면서 북아메리카에서 새로운 체제를 만들기 시작했다. 아메리카 식민지 주민들은 국왕의 지나친 간섭에 반발하면서 '견제와 균형'으로 권한 집중을 상쇄하는 체제를 고안했다. 그들은 국왕이나 대통령의 절대명령이라는 강제 없이도 자신들이 뜻을 모아 해법을 만들어갈 수 있다고 믿었다.

본인들이 직접 이런 식으로 설명하지는 않았지만, 북아메리카인들은 자신들이 처한 독특한 사회 상황 때문에 타협에 이를 수 있었고 전도유망했다. 유럽의 정치체제와 달리, 북아메리카에는 귀족, 부르주아지, 노동자-농민 사이에 카스트나 계급의 구분이 전혀 없었다. 이런 상황은 북아메리카 이주의 결과였다. 캐나다의 프랑스계 주민들은 루이 14세의 사회체제에 참여하긴 했지만, 아메리카로 이주하는 귀족은 많지 않았다. 유럽을 벗어나서 아메리카의 더 남쪽으로 옮겨간 사람들은 중간계급 혈통이었다. 사회적 신분 상승을 추구하지 않는 자작농, 장인, 소상인 등이었다. 이 사람들은 단지 생활수준을 높이고 아무 방해도 받지 않고 자신이 믿는 종교의 가르침을 실천하기를 원했다. 중간계급이 주도한 아메리카에는 귀족 집단이 전혀 없었다.[2] 미국인들은 자신들의 독특한 상황(또는 오늘날 쓰는 표현으로는 "예외주의")을 의식하면서 여전히 봉건적인 유럽을 경멸 어린 눈으로 바라보거나 유보적인 태도를 취했다. 워싱턴은 "동맹에 휘말리는 상황에 대한 두려움" 속에서 이런 태도를 표명했다. 토머스 제퍼슨은 프랑스혁명을 지지하면서도 미국이 유럽의 영향력에 전염되는 사태 역시 걱정했다. 이런 사실은 유럽의 사회 질서를 특징짓는 끊이지 않는 사회적 갈등뿐만이 아니라 끝없는 세력균형 전쟁에 매달리는 유럽의 태도 때문이었다. 이런 국제적 충돌 속에서 제퍼슨과 알렉산더 해밀턴은 프랑스 및 영국에 동조했지만, 두 사람 다 미국이 유럽에 지나치게 개입하는 사태를 두려워했다. 상대적으로 힘이 약한 미국은 비개입, 즉 유럽의 소동에서 거리를 두는 방법을 통해서만 고유한 특성과 사회적 자유를 지킬 수 있었다.

비동맹과 불간섭은 유럽 사회 질서에 미국이 극히 비관적인 평가를 내린 데 따른 결과였다. 제퍼슨과 존 애덤스가 보기에, 유럽인들은 미국 헌법 같은 것을 창조할 수 없었다. 이런 헌법을 만든 주체인, 사회적으로 동등한 인민들이 유럽에는 없었기 때문이다.[3] 유럽 각국에서는 결코 진정으로 자유로운 사회가 등장하지 못할 것이었다. 아니 적어도 미국인들은 그렇게 생각했다. 전쟁이 아무리 벌어져도 유럽은 바뀌지 않을 터였다. 적어도 영국 병사들이 워싱턴을 점령하고 불태운 1812년 전쟁*으로는 말이다. 여기서 선조들은 잘못 생각한 것 같다. 1815년 이후 유럽이 예전 방식으로 잠깐 복귀하자, 나폴레옹 전쟁으로 대변되는 사회적, 정치적 진보의 참모습을 보지 못한 것이다. 프랑스뿐만이 아니라 영국도 자유주의 체제로 한창 나아가고 있었다. 프랑스의 1830년 혁명과 1832년 영국의 거대한 선거법 개정이 공히 보여주었듯이 말이다. 이런 변화는 국제 관계에도 영향을 미쳐서 유럽 협조 체제Concert of Europe가 자리잡았고, 메테르니히가 관리하는 가운데 자유주의 두 나라(프랑스와 영국)와 보수주의 세 나라(프로이센, 러시아, 오스트리아)가 균형을 유지했다. 유럽의 자유화는 1848년 혁명을 거치면서 계속되었지만, 1849년과 이후에 보수 반동에 의해 저지되었다. 프로이센과 오스트리아, 러시아에서는 보수 체제, 심지어 귀족 체제까지도 군사력을 동원해서 권력을 계속 장악했다. 프랑스는 나폴레옹 3세가 지휘하는 보나파르티즘이라는 보수 체제를 수립했다.

신생국 미국은 이런 반동을 보면서 유럽과 멀어졌다. 준주準州들이 속속 새로운 주로 승격되고 연방의 경계선이 태평양으로 성큼성큼 뻗어나가면서 미국은 계속해서 자유주의 체제를 수립했다는 자부심을 내세우고 있었다. 남북전쟁이 발발하면서 미국과 유럽의 경제적 유대는

---

* 1812~1815년에 미국과 영국이 벌인 전쟁. 프랑스와 교역하던 미국의 해상 활동을 나폴레옹과 전쟁 중이던 영국이 통제하자 미국의 반영 감정이 폭발하여 일어났다.

손상되었다. 전쟁을 계기로 남부의 낮은 교역 관세가 북부의 관세로 대체되었기 때문이다. 하지만 전쟁은 미국의 도덕적인 영향력을 다시 확인해주었다. 전쟁을 거치면서 미국이 새로이 자유를 얻은 노예를 포함해서 모든 시민의 동등한 권리를 옹호한다는 점이 분명해졌기 때문이다. 영국은 처음에 잠시 남부 편에서 개입하는 방안을 고려했지만, 『톰 아저씨의 오두막』[4]이 출간되면서 항의의 목소리가 일자 런던 당국은 자유와 아메리카합중국 편을 지지하기로 결정했다.

유럽 대부분의 나라에서는 1890년까지도 남성 보편참정권을 정착시키지 못했고, 의회에 책임을 지지 않았기 때문에 독일을 비롯한 동유럽 국가의 각료들은 상하원에서 불리한 소수자들을 무시할 수 있었다.[5] 귀족 정치의 영향력은 여전히 컸다.[6]

서유럽에서는 프랑스와 영국에서 사회주의자들이 성장해서 자유주의적인 중간계급 정당에 도전했다. 물론 자유주의 정당들이 계속 권력을 유지하기는 했지만 말이다. 이런 점 때문에 모든 형태의 사회주의를 계속해서 혐오한 미국과 간극이 더 벌어졌다. 하지만 유럽의 노동당과 사회당은 폭탄을 투척하는 마르크스주의를 신봉하는 음모가들이 아니라 전통적이고 보수적인 정당들에 대항하는 최후의 보루에 가까웠다. 루이스 하츠는 미국에 강한 사회주의 운동이 전무했던 이유는 좌파 정당이 극복해야 할 정도의 영향력을 지닌 귀족 집단이 없었기 때문이라고 주장한다. 미국의 경험은 산업주의가 확산되고 기술이 발달하면—도시가 갖가지 모습으로 타락하는 사태와 더불어—결국 사회주의가 탄생한다는 흔한 가정과 모순되었다.[7] 유럽에서는 이런 과정에서 사회주의가 탄생했지만, 이는 아마 귀족계급이 여전히 정치 부문에서 유력한 지위를 차지하고 있었기 때문일 것이다. 우드로 윌슨에 맞서 대안적인 제3정당을 이끈 유진 데브스가 잠깐 인기를 얻었을 뿐, 미국에서 사회주의는 저주받은 사상이자 운동이었다. 유럽의 귀족 정치를 감안하면, 사회주의는 유럽 대륙에서 생겨나 귀족계급이 무대에서 내려간 뒤 중간계급 정당을 모방하기 시작할 터였다. 이런 일은 1914년 이전에는 벌어지지 않았지만, 1945년 이후에는 유럽에서 피할 수 없는 현실이었다. 그리하여 미국이 유럽과 두터운 친선 관계를 맺으려면 2차대전이 영향을 미칠 때까지 기다려야 했다.

19세기와 20세기 초에 유럽과 미국은 또한 경제적으로 다른 길을 걸었다. 농업 국가인 미국은 어느 정도 성공적으로 해외에 농산물을 팔았다. 하지만 남북전쟁 이후 미국의 높은 관세 때문에 유럽은 미국에 산업 제품을 수출하기가 어려웠다. 미국은 더 진보적이고 인민주의적인 방향으로 움직이고 있었지만, 계속 오르는 관세 덕분에 산업과 금융 엘리트 집단이 권력을 잡았다. 그렇지만 1874년 이후 미국은 지속적인 무역 흑자로 산더미 같은 현금이 쌓이면서 해외에 돈을 빌려줄 수 있게 되었다. 1차대전이 일어났을 때, 월스트리트는 영국과 프랑스를 구제하는 데 도움을 주었다. 우드로 윌슨 시절에 미국은 처음으로 유럽과 경제뿐만 아니라 정치 영역에서도 더 긴밀하게 결합했다. 이런 결합은 1919년 미국 상원이 베르사유조약—국제연맹 규약League of Nations Covenant과 프랑스 및 영국과의 보증 조약* 포함—을 거부하면서 깨졌다. 이제 미

---

* Treaty of Guarantee: 영국과 미국이 독일의 침략을 막기 위해 독일과 프랑스의 국경선을 보증하기로 한 조약안. 1차대전 이후 전후 처리 과정에서 원래 프랑스는 국경선을 라인 강까지 독일 쪽으로 밀어붙여야 한다고 주장했는데, 영국의 로이드 조지 총리가 1919년 파리강화회담에서 국경선을

국이 유럽에서 경제적 수단을 통해 이익을 추구해야 한다는 점이 분명해졌다. 미국은 1924년 이후 독일 채권을 사들임으로써 자유주의적인 독일 공화국의 국채 유통을 도왔다. 덕분에 독일은 전쟁 배상금을 지불하고 유럽은 미국에 진 채무를 상환할 수 있었다. 이런 삼각관계식 지불은 미국 주식시장이 엄청난 호황을 누리면서 독일 채권이 매력을 잃게 되는 1928년까지 계속되었다. 미국의 대출이 중단되자 독일은 침몰하기 시작했다. 1929년에 대공황이 터졌을 때 미국은 유럽에 미치는 영향을 완화하려는 노력을 전혀 하지 않았다. 사실 미국은 관세를 인상한데 이어 달러화를 평가절하함으로써 유럽의 회복을 더욱 어렵게 만들었다. 미국의 농업 수출품과 유럽의 공산품을 맞바꾸는 전통적인 관계는 철회되었다. 유럽은 미국의 농산물을 원하지 않았고, 미국 역시 유럽의 공산품이 필요하지 않았다. 양쪽은 상대방에 대해 '근린궁핍화beggar thy neighbor' 정책을 구사하고 있었다. 나치 독일과 일본제국이 세계의 균형을 바꾸기 위해 재무장을 하는 동안, 미국과 서유럽은 당파적인 이익을 위해 책략을 썼고 결국 서양은 갈가리 쪼개졌다.

이런 상황은 2차대전 이후에 바뀌었다. 이때쯤이면 미국은 이미 자본이 풍부한 지역이 되어 있었고, 유럽은 실업 때문에 일시적으로 '노동력이 풍부한' 지역으로 전락했다. 하지만 1958년 이후, 그리고 태환 통화convertible currency가 확립된 이후, 양쪽은 각각 상대방의 상품에 대한 관세를 인하했다. 미국은 유럽이 생산하는 제품의 설계를 도왔고, 유럽은 미국의 기술과 시장이 필요했기 때문이다. 농산물과 공산품을 교환하는

밀어붙이는 대신 영국과 미국이 보증하겠다면서 이를 타협안으로 제시했다.

대신 양쪽 모두 농업을 보호하고 산업 내부 전문화와 거래에 몰두했다. 유럽과 미국은 각자 다른 유형의 자동차, 화학제품, 의약품, 사치재를 판매했다. 양쪽 모두 이런 결과에서 나오는 이익을 누렸지만, 개발도상 국들은 서양의 어느 쪽 시장에도 1차 생산물(농산물)을 판매할 수 없었 다. 하지만 풍부한 노동력을 자랑하는 신흥국들은 서양에서 설계한 제 품을 제조할 수 있었다. 게다가 미국과 유럽이 서로 해외직접투자를 실 시함에 따라 상대방의 뒤뜰에서 정교한 제품을 만들 수 있었다.

그리하여 신생국 미국이 유럽의 동료들과 밀접한 관계를 형성하는 데는 150년의 시간이 걸렸다. 소련과 벌인 냉전 또한 서양의 양대 세력 이 화합하는 계기로 작용했다. 해외직접투자는 정치적 연계를 더욱 강 화했다. 유럽연합이 1조 3,000억 달러를 미국에 투자하고, 미국은 1조 4,000억 달러를 유럽에 투자했기 때문이다.

유럽의 부흥

유럽연합은 정치 세계에서 벌어지는 새로운 실험을 대표한다. 유럽연합 은 27개 국가(아이슬란드가 참여하면 28개 국가)를 결합함으로써 안보를 다지고 경제적 잠재력을 향상시켰다. 19세기와 20세기에 영국과 독일, 독일과 프랑스, 그리고 이 세 나라 모두와 러시아가 충돌한 사실을 기억 한다면, 비관주의자라면 유럽 나라들 사이에서 또다시 폭력 사태가 일 어날 거라고 예상할지도 모른다. 하지만 유럽연합은 세력균형을 둘러싼 전쟁을 이제 과거사로 만들었다. 평화로운 세력이 된 유럽은 다른 누구도 공격하지 않은 채 제자리에서 성장하는 길을 찾아냈다. 과거의 정치 제국들과 달리, 유럽은 더 많은 국가들이 참여하기를 원할 만큼 매력적인 집단이 되었다. 유로화의 아버지인 로버트 먼델(그리고 최적 통화 지역optimum currency area에 관한 핵심 연구의 저자이기도 하다)은 몇 년 전 유럽연합과 유로 통화 지역이 결국 50개국을 아우르는 규모로 커질 거라고 예상했다.[8] 이렇게 깜짝 놀랄 만한 예측을 하는 근거는 다른 국가들이 공동통화 지역 안에서 더 큰 성장 기회를 발견할 거라는 사실이었다.

이런 점에서 위기는 발명의 어머니였다. 1945년, 유럽 지도자들은 분리된 독립국가 체제로 미국이나 소련과 동등한 기반에서 경쟁할 수 없음을 인정하기 시작했다. 이 두 나라는 수억 명의 인구를 거느린 대륙 규모의 강대국이었으니까 말이다. 그때까지만 해도 코냐크에서 태어난 무명의 중개인에 불과했던 장 모네는 프랑스의 동료들에 이어 독일의 동료들까지 설득했다. 유럽 국가들이 한데 뭉칠 때에만 두 초강대국과 맺은 관계를 바로잡을 수 있다고 말이다. 이 일을 계기로 독일과 프랑스는 유럽을 건설하기 위해 역사적인 타협을 개시했다. 모네는 로베르 쉬망과 나란히 통일로 이어지는 통합 과정에 착수했다. 이 구상이 지금처럼 성공하게 되리라고는 둘 다 예상하지 못했던 것 같다. 현재의 27개 국가에 향후 최대 10개국이 합류해서 유럽연합은 거의 캅카스 산맥까지 도달할 것이다.

역사적인 선례들이 있긴 하지만, 유럽의 통합은 전통적인 웅대한 장식을 갖춘 또 다른 제국적 국가를 창조하려는 행보가 아니었다. 유럽은 테이블을 쾅쾅 두드리는 대신 방 안으로 슬그머니 들어갔다. 단일유럽의 정서Single European Act(대규모 공개 시장을 규정한 의정서)는 1986년에 거의 아무런 주목도 받지 못했다. 1992년의 마스트리히트조약Maastricht Treaty은 다소 논쟁을 불러일으켰다. 이 조약은 유럽공동체European Community를 유럽연합으로 만들고, 공통된 사법 기준과 이민에 대한 합의에 이르렀으며, 공동 대외 정책을 수립하기 위한 첫 번째 단계의 윤곽을 드러냈다. 1998년 유럽연합의 공동 안보·대외 정책을 정식화하는 데 도움을 주는 대표 기구를 설립하는 과정에서 이런 내용이 성문화되었다. 또한 1998년에 유럽연합은 새로운 통화—16개국이 채택한 유로—를 도입하고 유럽중앙은행을 설립해서 유로존에 합류하는 나라들을 위한 통화 정책을 마련했다. 2003년 시행된 니스조약Nice Treaty(당시 유럽연합에 속하거나 가입 절차를 밟던 25개 회원국에 맞게 정식화되었다)은 가중다수결 방식을 도입했다. 유럽연합 인구 가운데 적어도 62퍼센트를 차지하는 회원국들이 모든 가중다수결 결정에 찬성해야 하는데, 이런 결정은 시간이 흐르면서 불가피하게 더 큰 역할을 하게 될 것이다. 리스본조약Lisbon Treaty은 니스조약을 개정해서 가중다수결 방식을 더욱 확대하고, 이사회 상임의장직을 신설하고, 외교안보 정책 고위 대표를 임명했다.

유럽연합은 회원국들로부터 많은 권한을 부여받았지만 헌법적인 연방은 아니라는 점에서 초국가적인 단위이다. 유럽연합 집행위원회나 각료이사회나 연방 집행 기구의 권한을 누리지는 못한다. 유럽연합은 부분적인 합동체로서 회원국들은 나름의 영향력을 유지하며 추가 통합을 진행하려면 회원국들의 의견을 구해야 한다. 기업의 용어로 하자면, 유럽연합은 월마트가 핵심 공급업체를 삼킨 경우보다는 르노가 닛산과 동등하게 합병한 경우에 가깝다. 게다가 유럽 통합은 정치적인 성격만큼이나 법적인 성격을 띠며, 유럽사법재판소는 관할 지역 내의 입법이나 판결을 무효화할 수 있다.[9] 각국 입법부가 조세, 국방, 복지 등에 대한 권한을 유지하는 반면, 유럽연합의 기관들은 개인의 권리, 무역, 통화정책, 환경, 그리고 궁극적으로 대외 정책을 관장한다. 유럽연합 기관들은 각국 내부의 상황이 어떻게 흘러가는지 세심하게 관찰함으로써 각국 정부가 '공동체법 및 관행의 집적acquis communautaire', 즉 유럽연합 법률의 집적체를 준수하는지를 확인한다. 구성원들은 결국 감시에 순응하게 되고, 공개적 성격은 유럽연합 차원에서 감독하는 데 토대가 된다. 유럽연합 집행위원회의 역할은 독특하다. 대개 국가들이 매일매일 달라지는 상황에 따라 정책을 만드는 반면, 브뤼셀에 있는 유럽연합 집행위원회는 보다 멀리 내다본다. 집행위원회는 유럽의 궁극적인 형태가 어떠해야 하는지를 묻는다. 또한 경쟁과 금융, 무역의 미래에 관해 질문을 던진다. 유럽연합 집행위원들은 각국의 행정 관리들과 달리 미래를 계획하는 능력을 갖고 있다.

현실적으로 유럽연합은 공동시장(1957년 창설)에서 1999~2000년 공동통화 및 재정 정책을 갖춘 거대 집단으로 나아갔다. 그리고 유럽연합이 창조한 통화—유로—는 미국 달러와 비교해서 빠르게 가치가 상승했다. 시장 통합이 확대되는 각 단계마다 비판론자들은 이런 새로운 수준의 통합이 지탱될 수 없다거나 결국 회원국의 이탈로 이어질 거라고 주장했다.[10] 그렇지만 확대와 통합은 동시에 진행되었다. 회원국마다 특정한 문제에서 진척 속도가 차이가 날 수 있는 '다중속도 유럽multi-speed Europe'이기 때문이다. 17개 나라가 유로 회원국이고, 15개 나라가 출입국 심사 없는 노동자 이동에 동의했으며, 10개 나라가 공동 방위 체제를 구축해왔다.

동유럽 국가들과 우크라이나, 몰도바, 벨라루스 같은 구소련 공화국들이 현재 가입하거나 장래에 가입할 테고, 발트 국가들도 이미 합류했기 때문에 전에 존재한 적이 없는 시장과 저비용 생산의 원천이 생겨날 것이다. 또한 비록 느린 속도이기는 하지만 유럽은 아시아로 나아가기 시작했다. 1905년 영국의 유명한 지리학자 핼퍼드 매킨더는 러시아 서부를 유럽의 심장 지역heartland이라고 명명했다.[11] 그는 다음과 같이 주장했다. "동유럽을 지배하는 자가 심장 지역을 다스린다. 심장 지역을 지배하는 자는 세계도World-Island(유라시아)를 다스리며, 세계도를 지배하는 자는 세계를 다스린다." 이 공식은 1944년 미국의 지정학자 니컬러스 스파이크먼에 의해 수정되었다. 스파이크먼은 주변 지역Rimland—심장 지

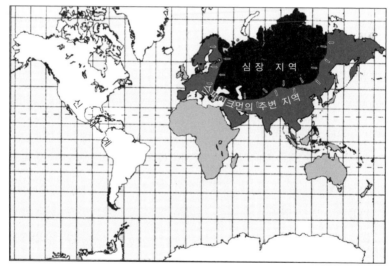

그림 1 | 심장 지역과 주변 지역
(Mark Polelle, *Raising Cartographic Consciousness: The Social and Foreign Policy Vision of Geopolitics in the Twentieth Century*, Lanham, Md.: Lexington Books, 1999를 바탕으로 빌 넬슨이 수정)

역을 둘러싼 서부와 섬의 완만한 경사지대—에 초점을 맞추었다. 그는 심장 지역보다 주변 지역 장악이 더 중요하다고 생각했다. 심장 지역은 건조하고 텅 빈 스텝 지대에 불과하기 때문이다. 주변 지역에는 서유럽, 영국제도, 인도, 중국 해안 지역, 일본이 포함되며 미국까지 확장된다. 오늘날 (유럽의) 주변 지역은 (러시아와 중앙아시아의) 심장 지역을 끌어들여 자신의 정치적·경제적 존재 방식으로 전환시키는 중이다〈그림 1〉.[12]

이는 무엇보다도 중요한 지정학적 업적이다. 유럽에서 이런 일이 벌어질 수 있었던 이유는 프랑스와 독일이 (영국이 종용하는 가운데) 역사적인 타협에 이르렀기 때문이다. 핵심 강대국들이 협력해서 중핵을 형성하자 다른 나라들도 합류하는 쪽을 택했다. 어느 모로 보나 유럽연합 옹호론자가 아닌 클라이드 프레스토위츠는 다음과 같이 말한다. "유럽연합은 점차 강해지는 단일한 실체이다. 유럽연합은 [4억 9,900만] 인구와 [16조 3,000억 달러의] GDP를 자랑하는 [27개] 나라로 구성된다. [3억 700만] 인구와 [14조 1,000억] 달러의 GDP를 보유한 미국과 비교된다. 유럽연합은 세계 최대의 경제권일 뿐만 아니라 상품과 서비스의 최대 거래자이기도 하다. 유럽연합에는 상임의장, 의회, 헌법[초안], 내각, 중앙은행, 통화, 권리장전, 통일된 특허청, 어떤 일국 법원의 결정도 뒤집을 권한이 있는 사법 체계, 세계 각지의 대사관과 대사, 나토를 비롯한 외부 권력에서 독립된 6만 명 규모의 군대, 자체 정찰 위성을 포함해서 200개의 궤도 위성을 갖춘 항공우주기구, 유럽기[旗], 유럽가[歌], 유럽연합 기념일 등이 있다. 유럽 시민들은 표준 자동차 번호판을 사용하고 표준 출생증명서와 여권을 휴대한다."[13]

유럽은 평탄하게 이런 지위에 오른 것이 아니다. 협상이 여러 차례 중단되고, 실패와 성공을 반복했다. 6개 강국이 1957년에 유럽공동시장을 결성했지만, 1958년에 샤를 드골이 프랑스 대통령이 된 뒤 진행 과정이 때로 중단되었다. 1962년 드골은 영국의 회원국 가입에 거부권을 행사했는데, 이는 1973년까지 지속되었다. 1965년, 프랑스가 각료이사회와 만남을 거부한 뒤 유럽 통합은 다시 중단되었다. 하지만 1969년에 드골의 뒤를 이은 조르주 퐁피두는 태도를 누그러뜨렸고, 영국은 1973년에 아일랜드 및 덴마크와 나란히 유럽공동체에 가입했다. 동시에 유럽공동체는 역내 자유무역만이 아니라 역외 공동 관세에도 동의했다.

1979년 유럽통화제도european monetary system가 수립되었다. 이 체제에 따라 각국 통화의 변동은 기준 통화인 독일 마르크 대비 2.5퍼센트로 제한되었다. 영국과 이탈리아도 회원국이었다. 1992년, 이탈리아와 영국은 독일 마르크(당시 과대평가된 상태였다)에 자국 통화를 계속 연동시킬 수 없었고, 결국 유럽통화제도에서 이탈했다. 나중에 이탈리아는 변동 폭을 15퍼센트까지 허용하도록 완화된 유럽통화제도에 다시 합류했다. 1999년에 유로가 창설된 뒤, 17개 나라가 결국 자국 화폐 발행권을 포기하고 공동통화 제도에 합류했다. 이런 단계를 거칠 때마다 유럽연합은 점점 더 높은 수준의 통합에 도달했다.

유럽공동체는 1957년에 창설된 뒤 두 국면을 거치면서 확대되었다. 1970년대에 포르투갈, 에스파냐, 그리스가 독재 정권을 종식시키고 가입 신청을 해서 1981년에 받아들여졌다. 그뒤 1989년을 기점으로 소비에트권의 옛 구성원들과 냉전 시기에 중립을 지킨 나라들이 속속 가입했다. 오스트리아, 체코공화국, 핀란드, 스웨덴, 키프로스, 헝가리, 폴란드, 슬로바키아, 라트비아, 리투아니아, 에스토니아, 몰타 등이다. 2005년에는 루마니아, 불가리아, 슬로베니아도 가입해서 회원국이 총 27개에 달했다.[14] 회원국 수의 증가로 통합이 더욱 증대했고, 사람들의 자유로운 이동, 완전한 자유무역, 공동화폐 등도 동시에 실행되거나 만들어졌다. 2010년대에는 터키, 크로아티아, 세르비아, 몬테네그로, 마케도니아, 아이슬란드 등이 대기자 명단에 올라 있고, 캅카스 국가들*도 서서히 모습을 드러내는 중이다.

유럽은 영원히 확대될 수 없다. 그렇지만 단일 통화인 유로는 이것을 사용하는 나라들의 토대가 넓어짐에 따라 점점 영향력이 커진다. 외부자들은 거래 비용을 줄이고 내부 투자를 늘리기를 원한다. 내부자들은 자신들의 통화가 더 일반적으로 사용되기를, 그래서 수용성이 높아지고 굳이 금리를 높이지 않아도 매력적이기를 원한다. 문제가 되는 이 재화의 성격이—특히 이것이 회원 전용인 클럽재club good인 경우에는[15]—클럽의 지속적인 확장에 도움이 될 수 있다.[16]

유럽연합이 계속 확장되는 다른 중요한 이유도 있다. 블라디미르 푸틴이 지휘하는 러시아는 구소련 공화국들을 자기 궤도로 다시 끌어들이려고 노력하고 있다. 우크라이나, 카자흐스탄, 벨라루스, 아르메니아, 아제르바이잔 등은 유럽연합이 계속해서 동방의 지원자들을 퇴짜놓으면 다시 대러시아의 꾐에 빠려들 것이다. 그들은 유럽연합에 가입하려면 민주 정치가 더욱더 진전되어야 한다는 사실을 알지만, 모든 지도자들이 민주주의에 매력을 느끼는 것은 아니다. 러시아와의 동맹은 이 지도자들에게 한 가지 대안이 된다. 이것이 의미하는 바는 중앙아

---

* 아제르바이잔, 아르메니아, 조지아.

시아에서 민주적 거버넌스의 확장을 위해서도 이들 국가들의 유럽연합 가입이―또는 그것의 현실적인 추진이―필요하다는 것이다. 이 지원자들은 러시아가 유럽과 같은 경제적 혜택을 제공할 수 없을 뿐 아니라 모스크바가 그들의 안전을 훼손하려 할 수도 있음을 안다.

세력균형 뒤집기

유럽이 성공을 거둘 수 있는 이유는 상대적으로 방위의 필요성이 낮기 때문이다. 왜 그럴까? 유례 없는 구조 변화를 통해 유럽은 세력균형이 경계선에 미치는 영향력을 뒤집을 수 있었기 때문이다. 역사적으로 보면, 몸집을 부풀리고 경제적으로 중앙집권화를 이룬 단위는 이에 반대하는 움직임과 경계를 불러일으켰다. 한 예로, 19세기 후반에 통일을 하고 중앙집권을 이룬 독일은 축복이 아니라 공포를 불러일으켰다. 프랑스의 힘과 나폴레옹의 야심 역시 환영받지 못했다. 나중에 독일 영토를 확장하려는 히틀러의 무자비한 음모는 결국 강력한 저항으로 이어졌다. 하지만 오늘날 유럽의 평화로운 성장과 중앙집권화는 반대자가 아니라 전향자만을 낳았다. 외부자들은 반대하기 위해서가 아니라 합류하기 위해 줄을 서고 있다. 힘의 축적은 이제 더 이상 혐오를 불러일으키지 않는다. 오히려 관심을 끌기 시작한다. 브뤼셀이 주도하는 힘의 응집은 (모순어법처럼 보이기는 하지만) 어떤 반대도 야기하지 않는다. 일각에서 통합된 유럽의 잠재 경쟁자로 여기는 미국은 유럽의 확대를 장려하고 확대의 속도를 높이길 바랐다.

많은 미국인들은 유럽은 지정학적 야심이 전혀 없는 평화로운 세력이기 때문에 이웃한 정치 단위들이 유럽을 신뢰할 수 있다고 설명한다. 유럽은 아직 대외 정책을 결정하는 중추가 없다. 미국 대통령이 대외 정책 고위 대표인 이사회 상임의장이나 집행위원장에게 전화를 걸더라도 유럽의 정책이 정확히 무엇인지를 알아내기가 쉽지 않다. 대통령은 또한 유럽이사회와 핵심 국가 지도자들에게도 의견을 물어야 할 텐데, 합의된 단일한 정책은 없을 것이다. 이렇게 불일치의 가능성이 있기 때문에 유럽은 세계의 회의장에서 권력을 휘두를 수 없다고들 한다. 이런 이유로 유럽이 하나가 되어도 아무도 걱정하지 않는다. 오직 경제 통일만 수반되며 때로는 그조차도 쉽지 않기 때문이다.

물론 이는 틀리진 않지만, 지나치게 단순한 생각이다. 신현실주의 비평가들이 주장한 것처럼, 한 국가의 의도가 힘에 좌우되진 않는다.[17] 유럽은 커다란 힘—과 통일된 의사 결정 기구—을 가지면서도 위협을 제기하지 않을 수 있다. 유럽의 의도는 인근 국가들과 외부 세계에 평화로운 것이기 때문이다. 유럽연합 내에서 표현되는 평화(힘의 결집)는 또한 유럽연합 외부에서도 표현될 것이다(다른 나라들 끌어들이기).

유럽의 통일이 분노를 일으키지 않는 더 중요한 다른 이유가 있다. 경제 권력과 정치권력은 본질적으로 다르다. 경제적으로 보면, 하나의 힘의 중심이 부상하면 거기에 가까운 다른 경제들에도 이익이 되기 쉽다. 어느 정도 개방성이 있다고 가정할 때, 자본, 수요, 소득은 인접한 경제가 성장한 결과로 상승한다. 따라서 정치권력이 파편화를 야기하는 반면, 경제적 힘은 중앙집중화 효과를 발휘한다. 번영하는 시장은 자연히 몸집이 커지고, 자본은 증대하고 소비는 증가하게 된다. 모든 것이 경제 파동이 더 강한 쪽으로 옮겨간다. 인위적인 정치적 장벽이 있을 때에만 이런 일이 벌어지지 않는다. 오늘날 대만과 중국 본토의 관계에서 드러나는 것처럼, 통일을 향한 강한 경제적 충동은 정치 연합을 가로막는 장벽을 약화시킬 수 있다.

유럽의 근대는 이미 권력과 무력이 한계에 봉착하는 새로운 단계로 접어들었다. 스티븐 툴민이 말한 것처럼, 이 단계에서 "가장 중요한 자질은 무력이 아니라 영향력이 될 것이다".[18] 유럽은 이제 군사적인 리바이어던이 아니지만, 유럽의 소프트파워는 세계의 경이이다. 어떤 민족국가나 새롭게 부상하는 초국가superstate도 유럽과 경쟁하지 못한다.

개별 나라들이 부침을 겪긴 했지만, 유럽은 꾸준히 성공으로 나아갔다. 하지만 2008~2010년의 대불황에서 빠르게 회복하지 못했다. 성장률은 떨어지고 실업률은 9퍼센트까지 높아졌다. 유럽 나라들은 계속해서 이민을 받아들이는 데 합의하지 못했다. 일부 나라들은 유럽연합 안에서 노동력 이동에 통제를 가하기를 원했다. 그리스나 에스파냐 같은 허약한 국가들이 지속 불가능한 규모의 현금을 지출하는 반면 독일은 고금리와 정부 지출 삭감을 압박했기 때문에 유럽 나라들은 통화·재정 정책에서 의견을 하나로 모으지 못했다. 이는 다음과 같은 물음을 던졌다. 유럽은 부자 나라에서 통화를 이전해서 허약한 국가의 과잉 지출을 벌충하는 '재정 연합'이 되어야 하는가? 아니면 각국이 알아서 빚을 지지 않아야 하는가? 흑자를 누리는 나라들은 채무국들만큼 책임이 있지만, 유럽연합은 아직 이사회나 유럽중앙은행에 개별 국가들의 예산에 대한 권한을 부여하기로 결정하지 않았다. 하지만 2011년 12월, 유럽연합은 국가 적자를 GDP의 0.5퍼센트로 유지하는 데 합의했다. 그러므로 현실적으로 보면, 유럽중앙은행과 독일이나 프랑스 같은 강한 회원국은 재정 위기가 발생할 때마다 공식 의무나 권한이 없다 할지라도 위기를 해결하기 위해 모였다.[19] 2011년 12월 합의를 계기로 유럽중앙은행이 회원국 국채를 매입할 토대가 마련되었다. 금리를 낮추고 유로존에서 이탈하지 않도록 하기 위해서이다. 유럽중앙은행의 역할은 새롭게 위기가 발생할 때마다 위기를 사실상 관리하는 데 주로 국한되었지만, 이런 사태가 터질 때마다 유럽연합은 결국 새로운 권한을 부여받았다.

일본은 서양의 일부가 될 수 있는가?

유럽이 통합되고 미국과 유대를 돈독히 해가는 것을 보면 또 다른 질문이 제기된다. 과연 서양은 더 확장할 수 있을까? 유럽과 미국이 정치적·경제적으로 결합하는 모습을 보면, 미국과 비슷한 정치적 관계에 있는 다른 주요 산업국들도 서양에 합류할 수 있을 듯하다. 과연 일본도 그렇게 될 수 있을까?

일본은 본초자오선에서 동쪽으로 거의 135도에 위치하기 때문에 누가 뭐래도 아시아에 속한다. 그렇지만 지난 50년 동안 일본은 아시아의 유산을 수정하고 일부분 넘어섰으며, 이제 민주주의나 산업의 측면에서 서양에 더 가까워졌다. 그렇다고 해서 일본이 서양 사회라는 말은 아니다. 불교와 신도神道의 영향이 계속 유지되고 있으며, 일본에서 가장 심오한 인류학자인 나카네 지에의 말을 빌리자면 이 나라는 여전히 "수직 사회vertical society"이다. 사회 측면에서 상층부가 하층부에게 지시를 한다. 일본인들은 또한 세 가지 언어로 말하는 법을 배운다. 동년배끼리 하는 말, 아랫사람에게 하는 말, 지위가 높은 사람에게 하는 말이 따로 있다. 상호 지위가 가려지고 나서야 사회관계가 작동한다. 하지만 일단 지위 문제가 정리되면, 일본은 대부분의 서양 세계에서 전형적으로 드러나는 정도보다 더 통일된 국가이다.

물론 일본은 언제나 단일 종족이었다. 일본 사람들은 아시아계 사람들과, 러시아까지는 아니더라도 홋카이도 북부 섬들에서 발견되는 코카서스 인종의 특징과 밝은 피부가 섞인 사람들이 상대적으로 고르게 혼합되어 있다. 1850년대에 서양에 문호를 개방하기 전에 일본은 이미 전통적이기는 하지만 효율적인 경제를 구축했다. 봉건 영주(사무라이)들은 해마다 에도(도쿄)로 가서 쇼군에게 의무를 다해야 했기 때문에 도로 사정이 개선되고, 역사驛舍가 세워지고, 여행자들을 위해 음식이 제공되었다. 영주들이 안전하게 도착하도록 하기 위해 행정 기술이 발전했다. 이런 상황 때문에 (루이 14세 시대의 프랑스처럼) 봉건 영주들이 시골에서 강력한 입지를 굳혀서 정치의 중심부에 도전할 수가 없었다.[20] 1853년 서양의 군대가 쳐들어오기 한참 전에 이미 철광, 금융 자본(오사카), 수공업 등이 나타났다. 섬나라 일본 사람들은 이미 외국의 침략을 걱정해서 침략을 막는 데 힘을 집중했다. 매슈 페리 제독이 이끄는 흑선黑船들이 도쿄 만에 들어와서 외부 세계에 문을 열라고 요구했을 때 불가사의하게도 일본인들은 이미 대응할 준비가 되어 있었다.

페리가 떠난 뒤, 일본인들은 다시 천황제를 도입했고, 1868년에 메이지유신이 일어나 왕정으로 복귀했다. 그후 경제성장이 훨씬 더 빨라져서 독일이나 영국에 필적했다. 일본은 러시아와 서양의 공격을 막으려면 유능하고 효율적인 산업 경제가 필요하다는 것을 알았다.

여러 면에서 일본의 정책은 국제정치의 흐름을 보여주는 풍향계이다. 19세기 유럽 정치체제 속에서 산업혁명으로 제기된 문제가 해결된 뒤, 아널드 토인비는 산업주의가 민족주의에 대해 승리를 거두리라고 생각했다. 그런데 실제로는 그렇지 않았고 영토 침략이 전면에 나타났다. 일본은 1894년에 중국을 공격하고 10년 뒤에는 러시아를 공격하면서 침략 대열의 선두에 섰다. 심지어 일본의 군사 전술은 1차대전에서 각국이 구사한 전술의 전조가 되었다. 1930년대에 이탈리아와 독일이 다른 나라를 침략하기 전에 일본은 이미 만주를 점령하고 중국을 상대로 전쟁을 개시했다. 두 경우 모두에서 다른 강국들은 일본의 뒤를 따랐다. 태평양전쟁에서 패배한 뒤 일본은 방침을 바꾸어 정반대 방향에서 세계적 추세를 이끌었다. 신참 강대국들(미국과 소련)이 무슨 일이 벌어지고 있는지를 깨닫기 훨씬 전에 일본은 이미 무역 국가 전략을 실행에 옮겼다. 일본은 군국주의를 피하면서 대외무역의 자극을 받는 새로운 경제발전 경로를 수립했다. 그리고 1990년대에 일본이 경험한 산업 부문의 정체停滯는 훗날 미국과 유럽이 겪는 불황을 완벽하게 예시했다. 1987년 이후 일본은 붕괴 일보직전까지 갔고 이는 코앞에 닥친 위험을 전 세계에 경고하는 작용을 했어야 했다.

오늘날 일본은 비슷한 선택 지점에 도달했으며, 세계에 또 한 번 새로운 방침을 보여줄 것이다. 이제까지 일본은 새로운 양당 구조로 민주주의를 향상시켰다. 그리고 생산 조직의 일부를 미국과 중국으로 옮기고, 자동차, 생명공학, 로봇공학 등 첨단 기술 혁신 분야에서 전문화를 이루었다. 하지만 일본은 모든 나라와 무역을 하면서도 서양과 정치적 관계를 확고히 하는 데 전념했다.[21] 세계가 이슬람 율법과 합리적 행정 사이에서 분열되어 양쪽을 오락가락한다면 일본은 번영할 수 없다. 모든 종류의 무역, 투자, 상업은 신뢰가 필요하고 예측 가능해야 하기 때문이다. 전 지구적 불확실성에 시달리는 국제 체제에서는 서양이 제공하는 이런 요인들을 찾을 수 없다. 냉전 시기에도 양극 체제의 안정성 덕분에 세계의 열린 반쪽에서는 무역 상대가 건재했다. 오늘날 일본이 성공하려면, 시장과 정치적 관계에서 지도력과 질서를 제공하는 '새로운' 서양이 필요하다.

하지만 일본은 2차대전에서 미국에 패배했고 교훈을 깊이 새겼다. 일본은 서양을 군사적으로 이길 수 없으며, 경제적으로 성공하기 위해서는 어떤 의미에서 서양 집단에 합류해야 했다. 나를 교토까지 안내한 외무부 관리에게 일본에 이른바 전후戰後 문제가 있었는지 물었던 기억이 난다. 그는 1952년까지는 전후 문제가 있었다고 말했다. 그해에 일본인들은 서양의 산업 경제 수행을 모방하고 동등한 수준에 오른다는 '국가적 목표'를 세웠다는 것이다.

중국이 부상하고 이슬람이 부흥함에 따라 일본은 자신이 서양 진영에 속한다는 인식을 새롭게 했다. 서양 진영에 속하면 경제 교류 때문에 중동의 혼란과 중국의 영유권 주장이라는 곤란한 사안이 상쇄되기 때문이다. 최근 몇 년 동안 사회 측면에서 일본은 중국의 확대가족 제도와 반대되는 두 부모 핵가족 체제로 이동했다. 부모들은 자녀에게 집착하고, 부모 자식은 나름의 의무를 지지만, 그렇다고 관계가 소원해지진 않는다. 일본인들은 또한 산업과 상업에서 유능한 '이방인들'을 채용하는 데 따르는 이익을 알았으며, 높은 수준의 사회적 신뢰를 구축한 나라가 되었다. 이탈리아와 심지어 중국과도 달리, 일본 기업은 가족 사업체가 아니며 정부가 운영하지도 않는다. 고도로 훈련된 전문가들이 대부분의 기업을 경영한다. 일본 기업은 또한 무척 집중되어 있어서 상위 20개 기업이 전체 고용의 10퍼센트를 차지하며, 기업들이 계열keiretsu 관계로 연결되어 있다.[22] 일본의 주요 기업은 전부 이런 관계로 연결되어 있으며, 기업들은 외국 회사들보다는 서로에게서 물건을 구입한다. 외국 제품에 비해 가격이나 품질이 좋지 않은 경우에도 말이다.[23] 일본 컴퓨터 산업은 1980년대에 초기 단계였다. 그렇지만 세계 최대의 생산업체인 IBM으로부터 거의 물품을 구입하지 않았다. 일본은 상대적으로 효율성이 낮은 (그렇지만 밀접하게 연관된) 국내 생산업체들의 제품을 선호했기 때문이다.

2차대전에서 패배한 뒤, 일본은 추락한 지위에서 상승해서 가장 복잡한 민간 산업 생산을 마스터하고 미국과 유럽의 발전된 거점에 정교한 제품을 수출하기로 결심했다. 한국전쟁 시기에 미국의 조달 주문에 자극을 받은 일본 기업들은 전자 설비를 설치하고 자동 생산 체제를 향상시켰으며, 공작기계 제작에 돌입했다. 처음에 이 기업들은 테이프리코더 같은 서양에서 발명한 장치를 제작하는 데 주력했다. 하지만 나중에 일본 기업들은 자체 제품을 고안하고, 적시 생산 체제*, 로봇공학, 품질 관리 서클**, 아주 정교한 승용차와 트럭, 가전제품 등을 만들어냈다. 1960년대에 일본은 연간 10퍼센트씩 성장했다. 나중에는—1987년까

---

* just-in-time production: 1970년대 중반 일본 도요타자동차에서 도입한 방식. 고객이 원하는 제품을 고객이 필요할 때 필요한 양만큼만 생산하는 방식이다.
** quality circle: 생산과정에서 노동자들이 품질 관리·향상을 논의하고 책임지기 위해 만드는 집단.

지—연 4퍼센트의 꾸준한 성장을 보였다. 더 나아가 일본은 점차 전 세계의 산업용 제품 무역을 지배하기 시작했다.

1989년에 닥친 위기

일본의 성공은 적어도 일부는 국내 산업 시장과 자산 시장의 연계에 바탕을 둔 것이었다. 두 시장은 손을 잡고 상승했다. 토지 가격이 계속 상승해서 1987년에는 캘리포니아 주의 땅을 전부 합쳐도 도쿄 황궁의 대지보다 값이 덜 나가는 지경에 이르렀다. 모두들 토지와 주택 가격이 계속 오를 거라고 생각했다. 일본의 노동과 자본이 도쿄도都로 들어오고 있었기 때문이다. 대기업들은 토지를 보유했고, 자본금은 산업 자산과 부동산을 합친 돈이었다. 하지만 1989년 12월 25일, 중앙은행 총재인 미에노 야스시는 1만 엔에서 4만 엔 가까이로 상승한 니케이지수는 거품이 끼어 있으며 이 거품을 터뜨려야 한다고 결정했다. 미에노는 성탄절에 금리를 1.75퍼센트 인상해서 주식시장의 자유낙하를 일으켰다. 뒤이어 일본 주택 시장도 붕괴했다. 자산 가치가 떨어질 리 만무하다고 믿었던 투자자들은 아무런 대비가 되어 있지 않았다. 1990년대에 일본의 많은 주택과 아파트 소유자들은 자신들의 자산이 담보대출금에도 미치지 못하게 된 현실을 발견했다.

그전에 일본은 언제나 높은 저축률을 유지했다. 이들은 완전한 사회보장과 연금 체계가 부족한 탓이라고 했다. 이 때문에 소비가 줄었다. 국내 수요는 낮은 수준이었다. 금리가 올라가고 주택 가치가 떨어지자 소비는 훨씬 더 줄었고, 더불어 일본의 전형적인 기록인 4퍼센트 성장도 사라졌다. 1990년대 내내 일본은 연평균 1퍼센트밖에 성장하지 못했다. 역대 일본 정부는 때로 "갈 데 없는 다리*"를 건설하는 등의 경제 자극 처방을 내놓았지만, 경제라는 이름의 흔들리는 배를 완전히 바로잡지 못했다. 이런 처방 때문에 정부는 심각한 부채를 떠안게 되어 금리를 더 내릴 수 없었다. 정부는 심지어 이런 상황을 개선하기 위해 소비세를 인상했지만, 이는 성장을 한층 더 둔화시킬 뿐이었다. 세기 전환기가 되어서야 일본은 회수 불가능한 주택담보대출로 인한 재정적 곤경에서 벗어나기 시작했다. 마침내 국내 소비가 늘어났지만, 2008년 이후 거대한 불황 때문에 소비가 다시 줄어들었다. 일본인들은 다시 한 번 허리띠를 조일 수밖에 없었다.

그럼에도 불구하고 닫혀 있던 일본 정치의 문이 열렸고, 반세기 동안 집권했던 자유민주당(자민당)은 민주당에게, 그리고 일본의 대외 정책을 개조하려고 한 일련의 총리들에게 정권을 넘겼다. 이제 일본을 뛰어넘어 미국 다음으로 세계 2위 규모의 경제로 부상한 중국과 경쟁하는 입장에서 일본은 미국 및 인도와의 관계를 굳히고 위성과 우주 개발에 투자했다. 일본은 또한 이제는 미국보다 일본 수출품을 더 많이 받아들이는 중국과의 경제 관계를 개선하려고 노력했다. 대중국 수출품은 주로 완제품이 아니라 중국에서 조립해서 다시 일본으로 보내거나 미국과 유럽의 시장으로 보내는 부품이다. 중국의 완제품 수출은 주로 아시아보다는 서양으로 향한다.

---

* bridge to nowhere: 주민 수가 극히 적은 섬이나 심지어 무인도를 연결하는 다리.

일본은 다양한 방식으로 미국과의 관계를 강화하려고 노력하고 있다. 일본은 계속해서 미국의 남부와 중서부 여러 주에서 완제품들의 최종 조립 단계를 수행하면서 미국 노동자들에게 일자리를 제공한다. 국제적으로 보면, 일본은 미국과의 관계를 개선하고, 은연중에 중국을 겨냥하는 방위 협력을 확대하는 방향으로 움직여왔다. 또한 중국의 남중국해 영유권 주장을 부정하는 한편 대만뿐만 아니라 일본까지 보호할 수 있는 미사일 방어 시스템을 구축하자는 미국의 제안을 받아들이고 있다. 나토와의 연계도 강화될 전망이다.

장기적으로 보면, 고령화와 함께 감소 추세를 보이는 인구 때문에 세계 3위 산업국인 일본은 커다란 곤란을 겪을 것이다. 중국이 부상하는 현실에서 정치·경제 양면에서 서양과 협력해야만 쇠퇴를 막아낼 수 있다.

미국

미국의 강점과 약점은 다른 나라와 조금 다르다. 유럽과 달리 미국은 공식적으로 통일돼 있고 재정 연합이 형성되어 있다. 연방정부는 각 주를 도울 수 있고 때로 기꺼이 돕는다. 연방정부는 사회보장, 보건의료, 이민, 방위 지출, 조세 등 모든 쟁점에 대해 결정을 내릴 권한이 있지만, 항상 그렇게 하지는 않는다. 이런 행동의 부재는 여전히 메울 필요가 있는 미국 헌법 체제의 공백을 나타낸다.

1950년대에 정치이론가이자 역사학자인 루이스 하츠는 미국이 직면한 곤란들 중 일부는 건국의 아버지들로부터 기인한다고 주장했다. 17세기와 18세기에 아메리카로 온 이주민들은 고향 나라의 중간계급 출신으로, 귀족과 프롤레타리아트를 고국에 남겨둔 채 떠나온 이들이었다.[24] 그러므로 미국의 사회적 분열은 과거 영국이나 프랑스, 독일에 비해 심하지 않았다. 미국인들은 소득 격차가 있었지만 사회적으로 노동계급, 중간계급, 귀족 등으로 나뉘지 않았다. 이처럼 사회적 통일성이 큰 상태에서 건국의 아버지들은 영국 군주제의 오류를 되풀이할 수 있는, 엄격하게 중앙집권적이거나 위계적인 정치체제가 필요하지 않다고 믿었다. 또한 권력을 탈집중화하고 분리하면 특정 파벌이 지배하려 들지 못할 거라고 생각했다. 그리하여 궁극적인 권위의 원천을 전혀 만들어내지 않는—분명 어떤 국왕도 없는—헌법을 작성했다. 대신 행정부, 입법부, 사법부의 권력을 분리했고, 연방정부와 주정부에도 권력을 나누어주었다. 헌법의 기틀을 짠 사람들은 정치의 기본 목표와 이를 달성하기 위한 수단을 둘러싼 사회적 합의에 의존하는 헌법을 받아들일 수 있었다. 언제나 상호 협력할 수 있을 거라고 생각했기 때문이다.

근소한 차이로 결정되는 경우가 종종 있긴 했지만, 이런 협력은 공화국 초기에는 비교적 순조롭게 작동했다. 제퍼슨은 1800년에 선거인단 투표에서 단 한 표 차이로 대통령에 당선되었고, 앤드루 잭슨은 1824년에 일반투표에서*이기고도 결선투표에서 져서 대통령이 되지

---

* 미국의 대통령 선거는 유권자가 대통령 후보를 직접 선출하는 것이 아니라 일반투표를 통해 특정 대통령 후보를 지지하기로 서약한 선거인단을 뽑는 것이다. 현재 538명의 선거인단이 대통령을 선출한다. 1824년 대통령 선거는 유례없이 민주공화당 한 당에서 네 명의 후보가 난립했다. 잭슨이 일

못했다. 새뮤얼 틸던도 1876년에 잭슨과 똑같은 결과를 얻었다.[25] 1846
년 멕시코를 상대로 한 선전포고는 불과 한 표 차이로 통과되었다. 최근
의 경우를 보면, 1993년 빌 클린턴의 세금 인상안은 하원에서 겨우 한
표 차이로 통과되었다. 상원에서는 보브 케리가 찬성표를 던져서 사실
상 정치인 경력에 종지부를 찍었다.

최근에는 요란한 반대 목소리가 더욱 뚜렷해졌다. 상원과 하원의 의
원들은 주말이면 고향으로 돌아간다. 의원들이 함께 사교 모임을 여는
일은 한결 줄어들었고, 비공식 타협은 어려워졌다. 많은 공화당원들이
그로버 노퀴스트가 주도하는 세금 신설 반대 서약에 서명을 하고 있다.
빤히 보이는 조세 허점을 막기 위한 세금 신설에도 반대하는 것이다. 선
거 후보자들은 가장 많은 표를 얻기 위해 기존 입장을 완화하고 중도로
이동하게 마련이라는 앤서니 다운스의 오래된 분석은 사실이 아님이 밝
혀졌다.[26] 대신 후보자들은 극단적인 입장을 취하고 있지만, 그래도 부
유층 열성 지지자들을 기반으로 하는 정치활동위원회*의 지지에 의존
할 수 있다. 그들의 돈으로 텔레비전 방송 시간을 사서 상대편에 정치
공세를 가하는 광고를 내보낼 수 있기 때문이다. '시민연합Citizens United

반수표와 선거인단 투표에서 1위를 차지했으나 과반을 넘지 못해서 하원 표결로 결선투표를 했는
데, 헨리 클레이가 사퇴하면서 지지 선언을 한 존 퀸시 애덤스가 당선되었다. 1824년에 일반투표가
처음 시작되었는데, 이해에는 6개 주에서 선거인단을 뽑지 않고 주의회에서 지명했기 때문에 엄밀
히 말하면 모든 주에서 일반투표를 한 것은 아니다. 미국 역사상 대통령 당선자가 일반투표에서 과
반수를 얻지 못한 경우는 1876년, 1888년, 2000년이다.

* political action committee: 미국에서 특정 입후보자를 당선시키거나 낙선시키기 위해 기업이나
노동조합 등의 이익단체가 만드는 선거운동 조직. 개인의 후원금 기부와 달리 사실상 자금 지원에
제한이 없기 때문에 적극적인 정치 활동을 할 수 있다.

사건*에서 연방 대법원이 내린 판결은 선거운동 기부금을 사실상 제한할 수 없음을 의미한다. 극우파 후보자들도 충분한 돈과 텔레비전 방송 시간만 있으면 유권자들에게 효과적으로 자신을 알릴 수 있다.

그리하여 상하 양원 내부에서, 양원 사이에서, 의회와 대통령 사이에서, 연방 정부와 주들 사이에서 커다란 분열이 확대되고 있다. 상원에서는 필리버스터(의사 진행 방해) 행위가 크게 늘어나면서 일상의 문제에 대해서도 압도적 다수의 합의가 요구되는 듯하다. 한 정당이 의회를 장악하면 다른 당 소속 대통령에 대해 거부권을 행사할 수 있다. 갈등 때문에 점차 쪼개지는 미국 정부는 일상적으로 행동하던 상황(가령 정부의 부채 상한 증액 등)에서도 점점 더 행동하기가 어려워진다.

미국 유권자들의 불평등이 점점 증대함에 따라 제도적 타협이 더욱 어려워졌다. 로버트 라이시가 보여주었듯이, 최근 역사에서 부가 소수의 수중에 더 많이 집중되거나 전체 국민들에게 더 공평하게 분배된 시기가 세 차례 있었다. 1913년부터 1929년까지 미국 소득자의 상위 1퍼센트가 국민소득에서 점점 더 많은 몫을 차지해서 1929년에는 이 수치가 24퍼센트까지 높아졌다. 대공황과 뉴딜을 기점으로 이 비율이 감소해서 1978년에는 이 비중이 9퍼센트로 최저점에 도달했다. 하지만 레이건과 후계자들이 권력을 잡으면서 부유층이 점점 더 많은 사회 생산물을 차

---

* 보수 성향의 시민단체인 시민연합이 연방선거위원회를 상대로 제기한 소송 사건. 2010년 1월 21일 대법원은 헌법 수정조항 제1조에 따라 정부는 비영리법인의 독립적인 정치자금 지출을 제한할 수 없으며, 이 원리는 영리법인(기업), 노동조합, 기타 협회에도 확대 적용된다고 결정했다. 따라서 기업이나 노동조합이 결성한 정치활동위원회가 정치인에게 제공하는 후원금에는 제한이 있지만, 정치활동위원회가 독자적으로 집행하는 자금은 무제한 지출할 수 있게 됐다.

지해서 2007년에는 이 비중이 23퍼센트까지 올라갔다. 그렇지만 언제까지나 이렇게 상승할 수는 없다. 최상위 부자 1퍼센트의 2007년 평균 소득이 71만 3,000달러에 달하기는 했지만, 그들의 구매만으로는 경제를 자극하고 나머지 99퍼센트를 위한 성장을 달성할 수 없다.[27] 부유층은 자신들의 돈을 모두 소비하지 않는 반면, 빈곤층은 가진 것보다 더 많이 쓰기 위해 돈을 빌린다. 미국이 발전하려면, 실제로 지출을 하고 많은 금액을 소비하는 이들에게 돈을 돌려주어야 한다.[28] 워런 버핏 같은 미국의 유력한 부자들이 자신들에 대한 세금 인상을 요구한 것도 놀랄 일은 아니다. 시간이 흐르면 조세 개혁으로 이런 일이 벌어질 것이다.

그렇다고 해서 미국이 주요 국가들의 부상과 쇠퇴라는 역사적인 문제를 초월했다는 말은 아니다. 역사적으로 보면, 에스컬레이터 같은 상승과 엘리베이터 같은 하강이 존재한다. 모든 강대국은 전쟁을 계기로 혹은 경제성장 부진으로 떠오르는 국가들에게 배턴을 넘겨줄 수밖에 없었다. 과거에 포르투갈은 네덜란드에, 네덜란드는 영국에, 영국은 독일에, 독일은 러시아에, 러시아는 미국에 길을 내주었다. 토머스 프리드먼과 마이클 만델바움은 미국이 앞으로도 영원히 유일한 예외적 국가로 남을 수 있다고 주장한다.[29] 하지만 이는 불가능한 일이다. 시간이 흐르면 미국은 중국에 최고의 자리를 넘겨줄 것이다. 『힐The Hill』에 따르면, 2011년 10월에 미국인의 69퍼센트가 미국이 쇠퇴하는 중이라고 생각했다.[30] 한편 46퍼센트는 중국이 세계를 이끄는 초강대국 자리를 놓고 앞으로 미국을 대체할 거라고 혹은 이미 대체했다고 생각한다.[31]

미국은 재기할 수 있을까? 건국의 아버지들 시절 이래 미국 정치는 점점 분열되었다. 공화국 건국 시기에 어떤 사회적 유사성이 존재했든

간에 고소득층과 저소득층이 경제적·정치적으로 분열되면서 이런 유사성은 서서히 사라졌다. 오늘날 미국은 불평등 때문에 정치적, 경제적으로 분열되어 있다. 의회에서는 필리버스터—헌법에 규정된 게 아니라 상원에서 채택한 표결 규칙에 불과하다—때문에 재정이 풍부한 특수이익 집단이 변화를 가로막을 수 있다. 1929~39년 대공황과 같은 사태가 도래하면 정치권은 다시 결합될 수 있다. 대규모 전쟁이 벌어져도 마찬가지이다. 하지만 이는 바람직하지 않고 그럴 가능성도 별로 없어 보인다. 최근의 불황에서 회복한 일로도 조세와 지출 체계의 전면 개혁을 가로막을 수 있었다. 아프가니스탄과 이라크에서 벌인 전쟁은(이란의 위협과 더불어) 어느 정도 눈치를 채지 못한 미국 국민들을 사로잡지 못했다. 이런 전쟁과 위협에도 불구하고 미국인들은 한데 뭉쳐 새로운 난제를 떠맡으려 하지 않았다. 미국은 아직 결정적이고 지속적인 대규모 실패를 경험하지 못했다. 캘빈 쿨리지 대통령과 마찬가지로 버락 오바마 대통령도 이제까지 길바닥의 갈라진 틈을 슬쩍슬쩍 피하면서 대다수 미국 국민의 지지를 받을 수 있었다. 국민들이 단기적인 예산 적자와 절대적으로 필요한 지출 삭감에 온통 신경을 집중한 반면, 중국의 부상이나 좀처럼 부활하지 못하는 미국 경제에 널리 퍼진 무능력, 에너지 위기라는 최종 도전 같은 장기 쟁점들은 주목을 받지 못했다. 온갖 문제가 축적됨에 따라 미국은 일시적으로 마비되었다. 문제를 하나씩 하나씩 해결하면 또 다른 문제가 악화될 것이다. 국방비를 대폭 삭감하면 미국의 장기 전쟁 억지력에 구멍이 생길 것이다. 메디케어*와 사회보장

---

* Medicare: 65세 이상을 대상으로 한 의료보험.

Social Security 등의 지원 혜택을 대폭 삭감하면 가정의 소득 구조가 무너지고 수요가 줄어들 것이다. 연금을 삭감하면 부모가 자녀를 대학에 보내기 훨씬 어려워질 것이다. 에너지 위기를 진지하게 받아들이면 탄소세가 도입되고 화석연료에 의해 지탱되던 성장이 둔화될 것이다.

이와 관련해 필요한 일을 실제로 할 수는 있지만, 평상시처럼 생각하고 행동하는 유권자들은 그럴 수 없다. 미국인들의 삶은 2차대전을 거치면서 바뀌었고, 사람들은 국가를 구하기 위해 필요한 희생을 기꺼이 치렀다. 오늘날 추가로 재정적 희생을 하려는 미국인은 거의 없다. 자녀의 요구를 채워주기 위해서는 부모가 모두 일을 해야 한다. 한 부모 가정은 여분의 돈이 전혀 없다.

그렇지만 우리는 어떤 국가든 재기할 수 있음을 안다. 히로시마와 나가사키에 원폭이 떨어진 이후, 일본인들은 나라를 재건하고 새롭고 더 역동적인 산업 시대에 들어섰다. 연합국이 독일을 침공해 정복했지만 독일 시민들은 분발해서 역동적인 경제와 새로운 유럽연합을 창조함으로써 유럽을 하나로 묶고 2차대전 이후 깊이 각인된 죄의식을 누그러뜨릴 수 있었다. 미국인들도 국가를 되살릴 수 있지만, 혼자서는 힘이 부친다. 1945년 이후 유럽이 미국의 도움에 의지해서 부활했듯이, 미국 또한 부활을 위해서는 유럽과 일본의 도움이 필요하다. 일본은 늙어가고 있는 반면, 유럽과 미국은 역사의 저장고로 우아하게 미끄러져 들어가는 중이다. 유럽의 성장률은 1.5퍼센트이고, 미국은 2퍼센트 정도이다. 중국이 5~7퍼센트나 그 이상으로 성장함에 따라 오래지 않아 이 나라는 국가들의 만신전에서 당연히 정상의 자리를 차지하게 될 것이다. 평지풍파를 일으키지 말라는 덩샤오핑의 권고를 새로운 지도자들은 당

연히 내팽개칠 것이다.[32]

하지만 서양의 새로운 연합은 대서양 양쪽으로 절대로 끊기지 않는 밧줄을 드리우고 일본까지 연결하면서 이런 부정적 판단을 바꿀 수 있다. 밧줄을 강력한 윈치에 연결해서 두 대륙을 한층 더 가깝게 끌어당겨야 한다. 세계 어디에도 미국과 유럽, 현재의 일본만큼 민주주의와 법의 지배가 온전히 확립된 지역은 없다. 또 이 세 지역만큼 개인들에게 생산직, 경제직, 전문직의 변화에 충분히 대비시키고, 최고의 자리를 차지하는 데 따르는 국제 경쟁에도 제대로 대비시키는 교육 체제를 갖춘 곳도 없다. 다른 어느 곳도 이 지역들만큼 문화와 기술이 손을 잡고 매력적이면서도 정밀한 혁신을 창조하지 못한다. BMW 자동차, 스위스의 텔레페리크Teleferique 케이블카, 밀라노의 매혹적인 드레스, 실리콘밸리의 아이패드, 일본의 휴머노이드 로봇 등은 다른 데서는 찾아보기 힘들다. 지난 10년 동안 서양이 불가사의한 신제품들을 개발한 반면 동양 나라들은 이 제품들을 조립하는 데 그쳤다. 이는 결코 우연이 아니다. 지금은 유전학, 광학, 생명공학 등의 영역을 새로이 개척함으로써 질병을 통제하는 데 머무르지 않고 이론상 인간의 DNA를 개량할 수도 있다.[33] 하지만 미국, 유럽, 일본에 무엇보다도 중요한 것은 세계를 이끄는 혁신, 금융, 상위 제조업 분야의 협력관계이다. 미국은 이미 유럽에 많은 자본 투자를 하고 있으며, 일본도 미국에 많은 기술 투자를 하고 있다. 유럽은 톡톡히 은혜를 갚으면서 북미에서 역량을 획득해 키우고 있다. 이 세 자본주의국가는 하나로 연결된 채 긴밀히 협조한다. 대서양 연합은 특히 튼튼하다. 유럽과 미국의 기업들은 거대한 규모의 합병에 몰두하고 있다. 나라들 또한 합병을 해야 할 때가 아닐까? 지리적 경계선의 육

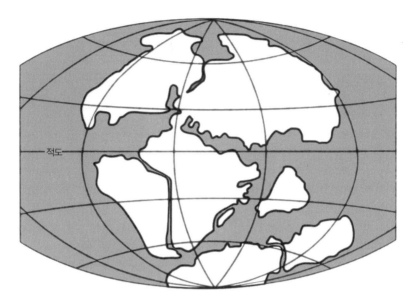

적도

그림 2 | 쥐라기 시대에 연결되어 있던 유럽과 북아메리카(1억 5,000만 년 전)
(U.S. Geological Survey, Department of the Interior/USGS를 바탕으로 빌 넬슨이 수정)

지와 바다의 모습도 서로 뒤섞인다. 아주 오래전에 지질학적으로 그랬
던 것처럼 말이다. 위 그림은 1억 5,000만 년 전 두 대륙이 쥐라기 합체
Jurassic Union를 이루던 때의 모습이다〈그림 2〉.

재결합한 서양

부분적인 차이가 있기는 하지만, 2010년대에 우리는 서양이 점진적으
로 재통일하는 모습을 목격할 공산이 크다. 경제적, 군사적, 문화적 이
유로 서양은 재통일될 것이다. 경제적으로 보면, 유럽과 미국의 성장은

토대가 탄탄하지 않다. 유럽 주요국들의 경제는 수출 주도 성장으로 생명을 유지해왔다. 프랑스, 독일, 네덜란드, 벨기에, 스위스 등은 이제까지 복잡한 첨단 기술 수출품 덕분에 번영했다. 이 나라들은 이 제품들 중 일부(약 65퍼센트)를 상대국에 팔아왔지만, 이제 점점 더 많은 양을 미국, 일본, 중국 등 해외로 보낸다. 과거에 유럽은 역내 무역 비중이 80퍼센트 정도였다. 그런데 이제는 역외 무역 비중이 35퍼센트이며 점점 비율이 높아지는 중이다. 이런 수출품 가운데 약 11퍼센트가 미국으로 간다. 미국은 유럽연합의 가장 중요한 무역 파트너였는데, 이런 관계는 변할 것 같지 않다.

미국과 유럽 모두 향후 10년 동안 서로에 대해 관세동맹을 확대하려 한다. 미국은 이제까지 캐나다, 멕시코, 남한, 콜롬비아, 파나마 등과 자유무역협정을 체결했는데, 더 확대된 자유무역지대에서 제품을 판매해 관련 혜택을 늘리고 싶어 할 것이다. 유럽연합은 멕시코와 무역 특혜 합의를 교섭해왔으며, 동남아시아국가연합(아세안), 중앙아메리카의 몇몇 나라, 남한, 인도 등과 협정을 추진하는 중이다. 현재 세계 무역의 50퍼센트 이상이 이런 무역 특혜 지대 안에서 행해지고 있다. 이런 관세동맹은 수확체증 효과를 높이고, 국내 가격을 평준화하는 데 도움이 되며, 전 세계적인 자유무역을 촉진한다.[34]

미국과 유럽의 관세동맹은 세계에 하나의 지침이 될 것이다. 미국이 수입 공산품에 붙이는 관세는 2퍼센트 정도에 불과하며, 유럽연합의 관세는 3퍼센트 정도이다. 다른 한편 식료품과 많은 서비스는 이 계산에 포함되지 않는다. 비관세 장벽은 여전히 무척 높아서 유럽연합 집행위원회는 비관세 장벽을 쌍방이 모두 제거하면 유럽연합과 미국의 연

성장률이 각각 0.7퍼센트와 0.3퍼센트 높아질 것으로 본다. 그러면 1년 만에 GDP가 각각 530억 달러와 1,580억 달러 늘어날 것이다. 1948년에 그랬던 것처럼, 미국과 유럽의 군사-정치 관계와 경제 관계가 더 가까워지면 양쪽 모두에서 투자가 확대될 것이다. 거대한 두 경제 단위는 이미 세계 최대의 무역 파트너로서 엄청난 격차로 다른 나라들을 따돌리고 있다.[35]

하지만 미국과 유럽의 경제적 유대가 튼튼해지는 것은 규모 때문만이 아니다. 관세동맹은 회원국들을 한데 묶는 한편 외부에 있는 나라들을 차별하기도 한다. 엄청난 무역 불균형을 바로잡기 위해 자국 통화를 충분히 조정하지 않거나 시장을 개방하지 않은 아시아 나라들에 영향력을 행사할 이유가 점차 생겨날 것이다. 자본이 중국을 자유롭게 드나들 수 있게 하는 방안이 합의될 가능성은 전혀 보이지 않는다. 인민폐의 가치를 절상하는 문제에서도 전혀 합의가 이루어지지 않는다. 불균형이 쌓여감에 따라 유럽과 미국은 중국을 설득해서 균형 확대 정책으로 나아가게 만들 공산이 크다. 유럽과 미국이 이런 노력을 좀 더 효율적으로 기울이려면 전략을 바꾸어야 한다. 따라서 아시아 국가들이 성장함에 따라 미국과 유럽연합의 관세동맹이 점점 매력적으로 부각될 것이다. 1971년 8월, 존 코널리 재무장관은 무역 파트너들이 손을 놓고 있는 상황에서 세계 나머지 지역과 벌이는 무역에 임시로 10퍼센트 추가 관세를 부과했다. 그 전에 일본이든 독일이든 미국과의 균형을 회복하기 위해 자국 통화 가치를 절상하려 하지 않았다. 코널리가 관세를 인상한 뒤 달러가 1971년에 10퍼센트, 1973년에 총 30퍼센트 평가절하됨에 따라 일본과 독일의 통화 가치는 자동으로 상승했다. 미국과 유럽을 단일 관세 지대에 포함하는 더 큰 공동 시장이 탄생하면 중국에 비슷한 압력을 행사하게 될 것이다. 미국과 유럽에서 사실상 관세를 인상하고 달러와 유로의 가치를 인하할 테니 말이다. 이런 관세가 일시적인 조치에 불과하다 할지라도 서양의 두 세력과 중국의 경제적 균형으로 나아가는 충격 효과를 발휘할 것이다.

정치적으로 보면, 미국과 유럽은 점점 더 가깝게 접근하고 있다. 양쪽 지도자들이 국제 문제와 경제문제를 공통의 관점에서 바라볼 뿐만 아니라, 국제 사태의 추이에서 나타나듯이 동양으로 권력이 옮아가는 상황에 대해 균형을 잡을 필요가 있기 때문이다. 중국과 미국의 주요한 쟁점은 아직 해결되지 않았다. 경제 균형을 둘러싼 합의는 존재하지 않으며, 피차 무력 행사를 제한하고 상황을 안정시킬 군사적 합의도 부재하다. 또한 현재 중국이 남중국해에 있는 섬들에 대해 영유권을 주장하는 상황에서 영토 관련 합의와, 온실가스 배출을 제한하는 합의에도 이르지 못했다. 경제·전략 전문가들이 베이징과 워싱턴 사이를 분주히 오가고 있지만, 아직 어떤 협력도 찾아볼 수 없다. 1912년 독일 대양함대High Seas Fleet의 규모를 제한하기 위한 협상(홀데인 사절단Haldane Mission)이 실패한 결과, 긴장이 높아져서 결국 2년 뒤 영국과 독일이 1차대전을 벌였던 역사를 떠올리게 된다.

독일은 현재 서양 국가들 사이에서 19세기 이래 볼 수 없었던 역할을 하고 있다. 메르켈 총리는 과거 비스마르크 시절처럼 독일을 서양 세계의 중심에 올려놓았다. 정치적으로 보면, 독일은 유럽 여러 나라를 뭉치게 만드는 핵심 국가로서, 프랑스와 이탈리아가 동유럽에 더욱더 초점을 맞추게 한다. 한때 독일의 적국이었던 동유럽의 폴란드는 이제 사상 처음으로 독일의 주도권 확대를 받아들이고 있다. 메르켈은 재정 면에서 보수주의자로서 성장은 정부 정책에 대한 시장의 승인에 달려 있고 부채를 억제하면 민간 투자가 자극을 받을 거라고 믿는다. 메르켈의 경제정책은 빌 클린턴의 정책과 유사하다. 1996년 클린턴 정부의 재무장관인 로버트 루빈은 주식과 자산의 가치를 높이기 위해 낮은 금리를 유지하고 재정상 지불 책임을 신속하게 이행하는 (또는 심지어 흑자를 내는) 쪽을 선호하는 성장의 '채권 시장 이론'을 역설했다. 경제성장과 생산성 향상이 연이어 빠르게 달성되었다. 러시아와 중국은 현재 메르켈의 실험을 면밀하게 주시하는 중이다. 유럽을 한데 모아두는 메르켈의 영향력 또한 비스마르크의 영향력과 비슷하다. 철혈재상 비스마르크는 오스트리아와 이탈리아를 항상 독일 편으로 끌어들였다. 무엇보다 동유럽과 서유럽—특히 러시아와 영국—이라는 더 넓은 세계가 독일의 중심 역할을 확고히 지지하게 함으로써 폭넓은 평화를 보장했다. 비스마르크의 중심 동맹이 하나로 뭉치는 한 식민지 경쟁이 전쟁으로 이어지는 일은 없었다. 1890년 이후 이 동맹 정책이 실패로 돌아가자 이제 제국주의 세력의 북아프리카와 동유럽 침략에 대해 비스마르크의 독일 중심 통제로 균형을 맞추기가 힘들었다. 잔뜩 악화된 식민지 경쟁으로 1914년에 러시아가 오스트리아와 충돌했고, 결국 유럽 대륙은 세계대전에 빠져들었다. 하지만 메르켈은 계속해서 '사태를 관망'하고 있다. 메르켈은 비스마르크가 영국을 끌어들였듯이 미국을 끌어들일 것으로 보인다.

2011년 이후 중국의 힘이 커지자 이를 상쇄하기 위해 세력균형이 생겨나기 시작했다. 이 균형의 한쪽 편에는 분열된 동양이 있다. 나토에 관한 공동의 합의로 유지되는 미국과 유럽 세력이 균형추가 될 것이다. 최근 오바마 대통령은 다음과 같이 말했다. "유럽연합은 단일 규모로 가장 큰 미국의 경제 파트너이자 글로벌 경제에서 가장 중요한 의지처이다. 나는 유럽이 이런 도전에 대처할 재정적, 경제적 능력이 있다고 확신하며, 미국은 이 위기를 해결하려고 노력하는 유럽의 파트너들을 계속 지지할 것이다."[36]

유럽과 미국을 결합하는 최종 요소는 문화이다. 미국과 유럽은 서양의 가치관을 낳은 고전 전통을 공유한다. 마케도니아의 필리포스와 아들 알렉산드로스 대왕, 아테네와 스파르타, 투키디데스의 역사적 관점, 아리스토텔레스와 플라톤의 철학적 관점 등으로 이루어진 그리스 세계 말이다. 이 모든 것이 서양 문명을 떠받친다. 워싱턴, 제퍼슨, 해밀턴 등 미국 건국의 아버지들은 고전 학문에 몰두했고, 프랑스혁명의 세례를 받았다. 그들은 새로운 사회를 건설하는 과정에서 윌리엄 워즈워스와 몽테스키외를 인용했다. 찰스 디킨스와 알렉시스 드 토크빌 또한 민주적인 국민의 진가를 인정하면서 신세계 이데올로기의 혈족이 되었다. 오늘날 미국이 이따금 실책을 저지르긴 하지만, 그래도 미국과 서유럽은 계속해서 공통의 가치와 이해관계를 공유한다.

세계화가 시작됨에 따라 자유민주주의 경제를 운용하는 나라들은 더 많은 공통점을 갖게 되었다. 수조 달러의 돈이 나라 사이를 오가기 때문이다. 뉴욕과 파리를 잇는 항공로를 따라 여행객들이 분주히 오간다. 자본주의적 기관, 현금 시장, 등록법인 등이 북부와 서부의 광대한 영역 곳곳에서 사업을 수행하면서 나라 사이를 쉽게 이동한다.

하지만 서양이 시급히, 더 긴밀하게 결합할 필요성이 존재한다. 거의 반세기 전에 헨리 키신저는 서양이 더 큰 통일을 이룰 필요가 있음을 예견했다. 그는 다음과 같이 말했다. "향후 수십 년 동안 서양은 눈을 들어 미래를 내다보아야 할 것이다. 목적보다 기법을 앞세울 때, 사람들은 복잡한 기법의 희생양이 된다. 사람들은 모든 분야의 온갖 위대한 업적은 현실이 되기 전에 원래 상상력의 소산이었음을 망각한다. 대서양 양안은 두 가지 부류의 현실주의자들이 있음을 유념하는 게 좋을 것이다. 현실을 활용하는 이들과 현실을 창조하는 이들 말이다. 서양에는 스스로 자신의 현실을 창조하는 사람들이 필요하다."37

하지만 서양이 더 통일됨에 따라 동양과의 차이점도 더 커진다. 경제력이 새롭게 부상하는 중국은 서양의 자유로운 이동에 참여하지 않는다. 자본은 중국을 쉽게 오가지 못한다. 투자를 하려면 중국 기업들과 협상해야 한다. 중국인들은 아직 개인적으로 해외에 자금을 투자할 수 없다. 중국의 환율은 자본의 이동이나 이자율 변동에 따라 조정되지 않는다. 유교 전통의 사회에서 국가는 전능이며, 사람들은 국가가 최고의 존재로 우뚝 서기를 기대한다. 마틴 자크는 다음과 같이 말한다. "중국이 변화해서 서양의 문화 규범을 채택할 거라는 생각은 무의미하다. 사고의 관습과 방식이 너무도 낡고 전통에 깊이 뿌리를 두고 있기 때문에 그런 일은 일어나지 않는다."38 중국은 다른 나라를 조공국 체제에 가장 어울리는 열등한 속국들로 여긴다. 중국의 관점에서 보면, "유럽의 강국들은 오래전에 이 지역에서 퇴장했고, 그 계승자인 미국은 지금 쇠퇴하는 세력이다. 그리고 일본은 중국에 의해 빠르게 잠식당하는 중이다."39 중국은 영토와 자원이라는 잘 익은 자두가 점점 넓어지는 자기 무릎에 떨어지기를 기다리기만 하면 된다. 중국이 서양에 대해 보이는 편협성과 잠재적인 적의 자체가 서양의 응집을 끌어내는 힘이다.

결론

\

과거에 서양은 유럽 국가들끼리 다투면서 분열되어 있었다. 1917년과 1941년 미국이라는 방계 후손이 결국 유럽 나라들의 세력균형 전쟁에 뛰어들었다. 하지만 2차대전 이후 소련이 급격히 부상하자 워싱턴, 파리, 본(나중에는 베를린)은 짧게나마 화해를 이루었다. 1991년에 소련이 해체되자 서양 국가들은 여느 때와 같은 상황으로 돌아갔다. 그렇다고 해서 1990년대와 2000년대에 실제로 고조된 유럽의 통일이 가로막힌 것은 아니다. 하지만 미국은 잠시 마치 모든 문제가 해결된 것처럼 행동했다. 나토는 격하되었고, 부상하는 아시아가 미국의 관심을 사로잡았다. 하지만 2008년에 대불황이 강타하자 대서양 양쪽 모두 손을 잡고 관계를 회복해야 한다는 사실이 분명해졌다. 은행과 투자 기업들이 매우 긴밀하게 연결되어 있어서 서로 상대가 없이는 번성하기 힘들 정도였다. 오바마 대통령은 유럽을 격려하면서 미국의 금융 지원을 제공했다. 양쪽 모두 경제를 자극하면서도 당파적인 경제적 이득을 추구하지는 않았다. 서로에 대해 강력한 직접투자를 시행한 결과, 양쪽 경제의 번영은 긴밀하게 연결되었다. 베어스턴스나 리먼브러더스의 운명은 대서양 양쪽 모두에 대단히 중요했다.

중국이 부상함에 따라 서양의 결합은 더욱 굳어졌다. 어느 쪽도 혼자서는 중국을 다룰 수 없었다. 게다가 양쪽 다 태평양의 강국을 상대로 적자를 보고 있었다. 둘 다 중국의 자본이 필요했다. 유럽과 미국이 지위를 회복하려면 서로 힘을 모아야만 했다. 2차대전 이후 유럽을 한데 묶었던 사회관계가 어느샌가 대서양 너머로 확장되었다. 개별 나라들이 자신들의 미래가 서로 연결되어 있음을 인식함에 따라 한쪽에서 다른 쪽에 투자된 수십억 달러가 정치적 효과를 발휘하기 시작했다. 이런 새로운 인식이 나타나는 상황에서 동양의 통일은 해체되는 것처럼 보였다. 중국의 부상은 새롭게 조정되는 서양뿐만 아니라 동양 여러 나라도 자극했다. 일본은 서양과 제휴하고 있다. 서양은 중국의 성장에 대응해 점차 경제적, 정치적 몸집을 키우고 있다.

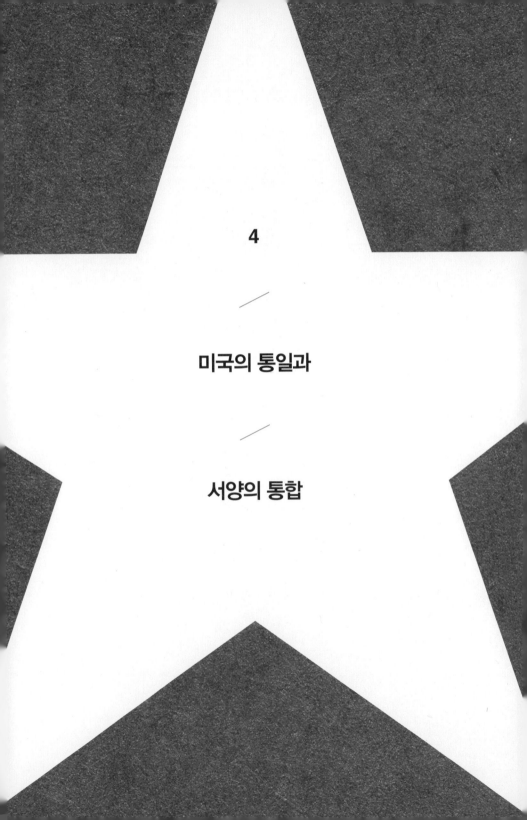

4

미국의 통일과

서양의 통합

미국의 경제성장률과 새로운 영토와 자원의 획득 사이에는 뚜렷한 상관관계가 있다. 열세 개 식민지(주)는 200~300만 명의 적은 인구와 작은 영토 자산—약 104만 제곱킬로미터에 못 미치는 규모에 서쪽 경계선은 아직 완전히 확정되지 않은 상태였다—을 보유했다〈그림 3〉. 1803년의 루이지애나 매입으로 기존 국가의 규모가 두 배가 되었다.

1850년에 이르러 서른한 개 주가 약 440만 제곱킬로미터의 영토에 2,300만 명의 시민을 보유하게 되었다. 현재 달러 가치로 환산하면, GDP는 1790년 100억 달러에서 1850년 800억 달러로 늘어났다. 경제는 10년마다 30퍼센트, 즉 연 3.3퍼센트 정도씩 성장하고 있었다. 한편 미국 인구는 급속하게 증가했고(열 배), 일인당 GDP는 번영하던 영국을 따라잡고 있었다. 반면 영국 인구는 불과 2.9배 늘어났다. 그 결과 같은 시기 영국의 경제성장률은 미국에 비해 매년 1~2퍼센트 뒤졌다.

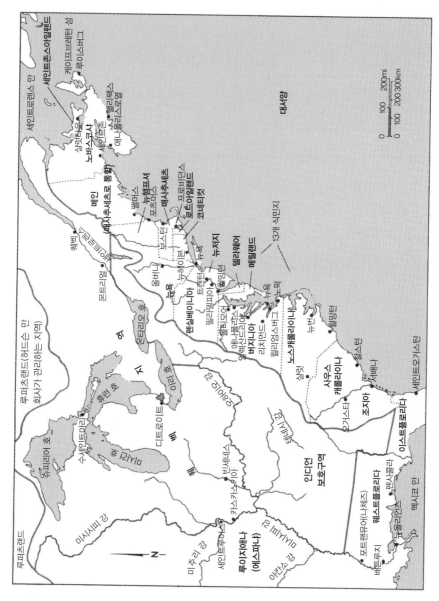

그림 3 │ 아메리카 13개 식민지의 지리적 범위

(EdMaps, copyright © 2012 Cristian Ionita, edmaps.com을 바탕으로 빌 넬슨이 수정)

미국이 발전하는 데는 다른 요인들도 나름의 역할을 했다. 새로운 기반시설(운하, 도로, 철도)이 생기면서 내륙이 활짝 열리고 중서부와 서부 주들에 정착할 수 있게 됐다. 이민 등의 이유로 인구가 증가함에 따라 호환 가능한 부품, 방직 기계류, 발전소 등 미국 제품과 새로운 혁신에 대한 수요가 높아졌다. 19세기 말 무렵, 자동차 생산 부문의 혁신(가령 조립라인)은 말할 것도 없고 전화에서 전구에 이르는 수많은 발명품 덕분에 미국 제품은 경쟁국들의 제품에 비해 더 매력적이면서 값은 저렴해졌다. 임금은 상대적으로 높았다. 동부의 노동자들은 언제나 새로운 농장과 금광, 제조업이나 서비스업 직종 등을 찾아 서부로 갈 수 있었기 때문이다. 1910년 이후에는 항공업도 번영했다. 하지만 1800년부터 1870년까지 새로운 주와 준주(準州. 1890년대 캐나다의 클론다이크Klondike 포함)가 개척되면서 북아메리카의 경제가 뚜렷하게 성장곡선을 그렸다.

열세 개 식민지가 통일을 이루고 단일 통화(처음에는 콘티넨털 continental, 나중에는 US그린백US greenback)를 채택하지 않았더라면 오늘날 미국인들이 어디에 있을지 한번 생각해보라.[1] 식민지들 사이에 관세가 존재하고, 각 식민지가 완전한 독립국가가 되었다고 생각해보라. 그러면 필시 판매가 지역에 국한되어 대규모 생산이 중단되었을 것이다. 인구와 영토가 많은 텍사스와 캘리포니아는 성공을 거두었을 테고 아마 뉴욕도 그랬겠지만, 이를테면 오클라호마에서 델라웨어에 이르는 주의 상품 시장은 어떻게 되었을까? 이런 작은 주들이 시장이 아주 제한된 제품을 생산하며 규모의 경제를 달성할 수 있었을까? 배리 아이켄그린이 말하는 것처럼, "오늘날 미국이 누리는 번영은 …… 오랜 세월 동안 단일 시장과 통화 동맹을 이룬 사실에 어느 정도 기인한다는 점을 의심하는 이는 거의 없다."[2] 남북전쟁이라는 대격변은 다행히도 노예제를 종식시키고 연방을 유지하는 결과로 끝났고, 양쪽 모두 심각한 손실을 보고 (재건 시대에서 보듯) 그릇된 정치 행동을 했지만, 연방은 계속해서 경계선을 넓혀나갔다.

오늘날 미국은 알래스카와 하와이를 포함해서 약 980만 제곱킬로미터에 달하는 지역을 아우른다. 어떤 이는 이런 현실을 인정하면서 다음과 같은 질문을 던질지 모른다. "미국은 그런데도 약 440만 제곱킬로미터에 접근하려고 해야 하나? 물론 이것은 유럽공동체의 현재 면적이다." 이런 결합이 효과를 발휘하려면, 대서양을 가로질러 자본과 상품을 자유롭게 이동시키고, 공동의 대외 관세를 제공하며, 공동통화를 만들거나 대서양 양안의 각국 통화의 변동 범위를 규정해야 할 것이다. 물론 이것은 19세기 미국의 옛 서부에 정착하는 문제와 비슷할 리 만무하다. 유럽은 이미 사람들이 차지한 땅이고 약 1.6제곱킬로미터당 132명이 살고 있다(미국은 87.4명에 불과하다). 또한 유럽의 인구가 현재 거의 5억 명에서 향후 40년 동안 4억 명으로 감소할 거라는 점을 상기할 필요가 있다. 2050년 유럽의 평균 연령은 44.4세가 될 것이다. 한편 미국인들의 경우는 40세에 불과할 것이다.[3] 현재 노동자 네 명이 은퇴자 한 명을 부양하지만, 앞으로는 노동자 두 명이 은퇴자 한 명을 부양해야 한다. 한편으로 유럽인들은 이런 부족분을 어떻게 메워야 하는지를 두고 고심하겠지만, 미국인들이 유럽에 새로 발을 들여놓는다는 전망에는 당연히 매력을 느낀다. 인구 양상을 살펴보면, 남부 유럽에는 정주 인구가 적은 지역이 많다. 경제적 조건이 보장되기만 하면, 이런 지역들은 근면한 미국 노동자의 이주를 환영할 것이다.

유럽과 미국 모두에게 관건은 소득 성장과 GDP를 유지하는 것이다. 생산성이 얼마나 높든 간에 노동자가 많을수록 제품 생산량도 많아진다. 미국은 노동자들이 새로운 숙련과 기술에서 경쟁력을 유지할 수 있도록 확고한 교육 기준을 유지해야 한다. 아울러 노동자의 이동을 보장하는 유럽연합의 협정은 대서양이라는 다리를 가로지르는 인재 교류를 촉진할 수 있다. 미국의 성장이 그랬듯이, 유럽의 발전도 시장과 노동력의 지속적인 확대에 의존했다. 유럽관세동맹European Customs Union은 무역을 전환하는 게 아니라 창출했으며,[4] 성장하는 유럽은 새로운 국가들을 포괄하고 통합함으로써 이익을 얻었다. 국제적인 위계질서에서 유럽은 어떻게 자신의 지위를 유지하거나 높일 수 있을까? 물론 한 가지 길은 동유럽의 지원자들을 계속 받아들이는 것이다. 8~10개 나라가 새롭게 유럽연합 가입 신청을 해서 결국 받아들여질 것으로 보인다. 현재 총 27개국인 회원국 숫자는 35개 혹은 그 이상으로 늘어날 것이다. 하지만 유럽공동체가 아무리 확대되더라도 미국과 유럽이 자유무역 결사를 맺어 결합하는 일만큼 중요하지는 않을 것이다.

제안

이 관계의 성격은 어떠할까? 미국과 유럽연합이 더 긴밀하게 결합하려면 몇 가지 단계를 거쳐야 할 것이다. 첫 번째는 대통령이 의회의 수정을 거치지 않은 채 자유무역협정을 교섭하는 신속 처리 권한fast-track authority을 갖는 것이다. 대통령은 이 권한을 활용해서 관세동맹을 제안함으로써 두 대국 사이의 관세를 평준화해야 한다. 관세는 이미 낮은 수준이며, 따라서 이 단계는 중요하지만 결정적인 효과를 발휘하지는 못한다. 두 번째 단계는 현재 가장 유력한 무역 장벽인 비관세 장벽을 없애는 것이다. 보조금을 철폐하고, 상호 정부 조달 계약의 자유를 확립하고, 기술직과 전문직을 개방하고, 현재 유럽연합 지출의 40퍼센트를 차지하는 농업 문제를 해결해야 한다. 마찬가지로, 농민들에게 농업 생산을 중단하는 대가로 지불하는 미국의 농업보조금 정책도 바꾸어야 한다. 이 문제는 금방 해결하기 힘들지만, 20년 안에 대서양 양쪽의 농업 무역을 개방한다는 목표를 설정해야 한다. 시장 개방이라는 장기 목표는 세계무역기구WTO의 관세동맹 규정이 요구하는 바이다.

이렇게 되면 양쪽 모두 상대방에게서 온 곡물로 넘쳐나지 않을 것이다. 양쪽 모두 생산 비용이 높기 때문이다. 역외 관세 덕분에 서양은 가장 생산성이 높은 라틴아메리카와 오스트레일리아의 공급자들로부터 계속해서 보호를 받을 것이다. 공동농업정책Common Agricultural Policy, CAP을 위한 지출은 향후 5년 안에 유럽연합 예산의 30퍼센트 가까이로 떨어질 것이다. 미국은 2010년에 농업보조금에 500억 달러를 지출했다. 의무적인 예산 삭감에 따라 이 수치는 향후 10년 동안 절반 정도로 줄어들 것이다. 대유럽 무역이 개방될 공산이 큰 바로 그 시기에 보조금이 삭감될 것이다.

관세동맹을 통해 무역량이 몇 퍼센트 증가할 것이다. 계속해서 비관세 장벽을 폐지하는 협정에 따라 유럽과 미국의 GDP가 연간 0.3~0.5퍼센트씩 증가할 것이다.[5] 단일 역외 관세 협정을 체결하면, 세계 나머지 지역, 특히 중국에 대한 장벽이 만들어질 것이다.[6] 마지막으로, 서양의 양대 세력이 통화 변동을 제한하는 협정을 맺으면, 달러와 유로가 공동 (저평가된) 통화정책을 바탕으로 연결될 것이다. 이 점은 세계 나머지 지역에 대한 서양의 수출을 자극하고 서양의 성장을 증대하는 데 특히 중요하다.

1948년 이후 마셜플랜과 나토, 유럽의 관세와 통화 제한 철폐 등으로 인해 유럽과 미국이 경제적, 정치적으로 하나로 합쳐질 거라는 기대가 높아졌다. 유럽의 투자는 임금이 인상되어도 새로운 생산 자극이 지속될 거라는 조건으로 실행되었다. 미국의 투자가 대규모로 유럽으로 이동하면서 유럽 사업체 일부를 사들였다.[7] 1980년대 이후부터는 유럽이 미국에 투자하고 생산했다. 대서양 양쪽에서 고용과 성장이 증대되었다. 그 결과 관세동맹이 형성되어 유럽과 미국을 연결한다면, 역동적인 장기 효과가 나타나서 대서양 동맹 안에서 성장을 촉진할 것이다. 하지만 당장 이런 일이 생길 것 같지는 않다. 초창기 미국의 경우처럼, 정치적·경제적 통일은 단기 성장보다는 장기 성장을 낳을 것이다.

1950~73년에 미국과 유럽의 성장에서 나타난 특징은 높은 투자와 낮은 노동력 비용, 그리고 유럽의 경우에는 상대적으로 저평가된 통화들이다. 이 성장은 1970년대에는 유가 인상 때문에, 그리고 나중에는 유럽과 미국 기업이 아시아로 생산을 이전했기 때문에 저지되었다. 이런 상황은 이제 바뀌는 중이다. 중국에서는 특히 생산 비용이 점점 더 높아지고 있다. 유럽과 미국 모두에서 생산성이 증대됨에 따라 신규 공장뿐만 아니라 기존 공장의 경우에도 인쇼어링*이 가능해졌다. 유럽에

---

* 해외로 이전했던 생산 공장을 국내로 옮겨오는 것으로 오프쇼어링offshoring의 반대 개념이다.

서 주당 노동시간이 줄어들면서 생산성이 높아졌고, 신규 투자가 뒤를 이었다. 그리하여 유럽과 미국의 새로운 무역 연합으로서는 국내 생산과 높은 생산성, 그리고 뒤이어 열리는 확대된 시장 등을 통한 이점 활용이 무척 중요해진다. 생산의 일정 몫은 여전히 다른 곳에서 수행되겠지만, 신규 생산량의 전부나 거의 대부분을 자동적으로 중국, 태국, 베트남, 방글라데시 등지에서 수행하던 방식은 바뀔 것이다.[8]

결론

유럽 경제와 미국 경제의 점진적인 합병으로 세계 정치에서 자성을 띤 새로운 블록이 창출될 것이다. 다른 나라들도 이 블록에 저항하기 힘들 것이다. 일본, 캐나다, 동남아시아 나라들, 그리고 결국 중국도 경제적, 정치적으로 더 나은 미래를 보장받기 위해 대서양의 소용돌이에 빠져들 것이다.

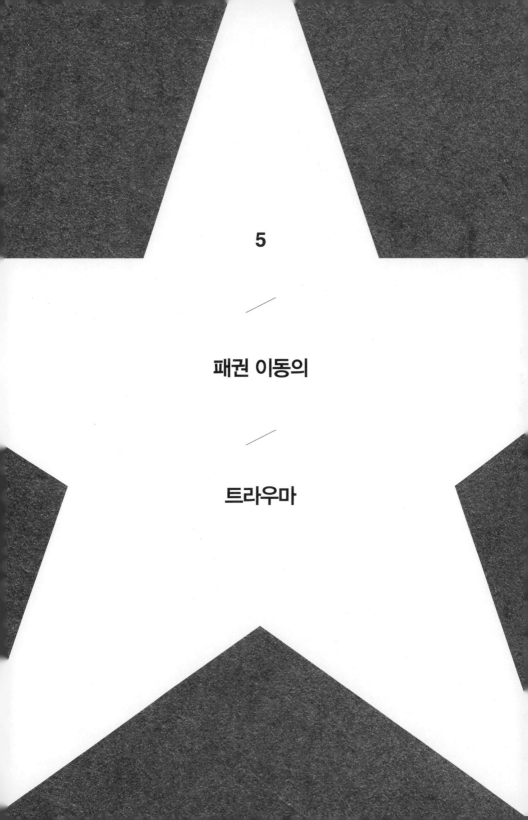

5

패권 이동의

트라우마

중국이 부상함에 따라 서양은 충돌 가능성, 그리고 혹 있을지 모르는 전쟁 가능성을 털어버리기 위해 제때 하나로 합칠 것인가? 중국은 분명 평화를 애호하지만, 새로이 떠오르는 나라가 기존 지도적 국가를 상대로 싸움을 벌인 사례는 부지기수다. 역사적 사례를 보면, 예전 강국이 부상하는 도전자를 분쇄하기 위해 행동에 나서거나 신흥 강국이 기존 강국을 선제공격했다. 한 나라의 국내 정치에 자극을 받아서 상대국이 행동에 나서는 일이 많았다. 때로는 포위 공격을 받는 지도적 강국이 외국의 위협을 분쇄하기 위해 행동함으로써 국내의 지지를 얻었다. 영국이 1939년 9월에 나치 독일을 상대로 전쟁에 돌입한 데에는 국가 지도자들이 또다시 히틀러에 대한 유화책을 펴도록 국민들이 내버려두지 않은 점도 일부 작용했다. 다른 경우에 부상하는 국가의 권위주의적 통치자들은 전쟁을 벌임으로써 국민들의 시선을 밖으로 돌리고 자기네 통치를 정당화하려고 했다.

중국과 서양의 충돌이 어떤 모습을 띨 것인가, 이 점은 도전이 언제 나타나고 어떤 국가들이 중국 편을 들지에 따라 무척 달라진다. 도전자들은 보통 탄탄하게 뭉친 동맹자 집단을 상대로 행동에 나서지는 않는다. 하지만 활력 없는 유럽과 중동의 테러리즘에 정신이 팔린 미국은 지금까지 국제사회를 움직이는 조종간을 확실히 잡지 못했다. 중국이 힘을 키우는 동안 유럽과 미국은 어쩔 줄을 모르면서 조종간에서 손을 놓았다.

역사적인 기록을 보면, 기존의 서양 국가들에 대항하면서 상승하는 나라들은 의미심장한 위협을 가함을 알 수 있다. 1500년 이래 이전의 헤게모니 국가에 도전한 역사적 사례 열세 건 중 열 건이 대전쟁으로 귀결되었다. 단 세 건만이 예외였다. 미국은 1890년에 영국을 추월했고, 소련은 냉전 시기에 미국의 경제력에 도전했지만 따라잡지는 못했으며, 일본은 1983년에 소련을 경제적으로 추월했다.(물론 소련은 이미 지도적 강국이라는 지위를 상실하는 중이었다.) 열세 건의 역사적 사건의 목록은 주석에서 확인하라.[1]

간략하게 요약하자면, 부상하는 프랑스의 국왕들(발루아 왕가)은 16세기 초에 이탈리아에서 합스부르크 가의 지배권에 도전했다. 50년 뒤 떠오르는 네덜란드는 에스파냐로부터 독립하려고 했다. 네덜란드가 서부에서 성공을 거두는 동안, 스웨덴의 프로테스탄트들은 중부 유럽의 종교개혁 전쟁에서 오스트리아의 가톨릭교도들에 도전했다.[2] 뒤이어 상승하는 영국이 네덜란드에 덤벼들었다. 영국이 승리한 뒤 상승하는 프랑스가 영국에 대항해서 두 차례 도전장을 내밀었다. 프랑스는 18세기의 삼사분기에 이어 1798년 이후 나폴레옹을 앞세워 다시 도전했다. 19세기에는 프로이센의 독일이 프랑스에 덤벼들었고, 1914년에는 독일이 영국을 공격했다. 1890~1914년에 미국이 영국에 도전했을 때, 영국 지도자들은 타협을 하고 미국의 많은 요구를 들어주었다.[3] 1940년대 초반 일본과 독일은 미국을 위협하다가 이내 공격했고, 독일은 1941년에 소련과도 전쟁을 벌였다. 소련은 냉전에서 미국을 따라잡으려 했지만 실패했다. 결국 1989~91년에 소련과 미국은 냉전을 끝내고 친선 관계를 확립함으로써 공산주의 동유럽의 종속된 민중들이 해방되었다.

헤게모니hegemony는 '에게몬egemon'을 어근으로 하는 그리스어 '에게모니아egemonia'에서 유래한다. 이 단어는 지도자나 통치자를 의미하는데, 종종 다른 나라의 통치자를 가리킨다. 국제 관계에서 '헤게모니 강국들'은 종속국들을 통제하기 위해서뿐만 아니라 자신들의 리더십에 정당성을 부여하기 위해 노력하며, 리더십을 지탱하기 위해 가치를 제공한다.[4] 칭기즈칸의 경우처럼 어떤 이들은 무력에만 의지해 움직이면서 저항을 짓밟았다. 영국과 네덜란드의 통치자들은 무력을 무시하지는 않았지만, 자신들의 지위를 정당화하기 위해 '법의 지배'나 '계약의 자유' 같은 규범들을 고안했다. 따라서 도전자들은 헤게모니 세력에 대항해 성공을 거두기 위해 물리적 지배뿐만 아니라 규범적 질서까지 전복해야 했다. 장기 지속하는 헤게모니가 유지되는 이유는 추종국들이나 종속국들, 주변부 나라들에 이익이 분배되기 때문이다. 로마제국, 네덜란드제국, 대영제국 등은 이런 기법을 활용했다. 로마는 수위권을 500년 동안 유지했고, 영국은 200년, 네덜란드는 100년 동안 유지했다. 미국 헤게모니는, 비록 도전을 받기는 했지만, 1945년에 시작되어 50년 이상 지탱되고 있다. 일부 도전자들은 성공을 거두었지만, 프랑스나 독일, 러시아 같은 다른 도전자들은 국제적인 완전한 지배력을 결코 얻지 못했다. 중국은 이제 막 수위권을 얻으려고 노력하는 중이다.

국제적 도전의 결과로 전쟁이 반복되는 모습을 보면서 우리는 중국의 부상을 숙고하게 된다. 과연 미국과 중국은 지금으로부터 10년 뒤나 21세기의 어느 시점에선가 싸움을 벌이게 될까? 가장 중요한 문제는 장래에 중국과 서양의 대전쟁을 어떻게 피할 것인가 하는 점이다.

위에서 간략하게 묘사한 모든 경우에 기존 주요 국가 쪽으로 세력균형이 기울었으나 도전자가 단념할 정도는 아니었고, 잠재적 세력균형만으로는 충돌을 막기에 충분하지 않았다. 합스부르크 왕가와 발루아 왕가는 대등한 균형을 이루었고, 프랑스와 영국의 경쟁자들도 마찬가지였다. 1664년 이후, 네덜란드는 영국의 해군력에 굴복했고, 영국은 1890년 이후 미국의 산업력에 무릎을 꿇었다. 미국은 1990년 이후 일본을 자신의 체제 안으로 편입할 수 있었고, 중국도 편입하려고 할 것이다. 하지만 미국 혼자서는 중국의 도전을 억제하거나 흡수할 만큼 충분히 강하지 못하다. 미국은 세력불균형이 아니라 세력균형을 유지할 뿐이다.

지난 역사에서 찾아볼 수 있듯이 도전자는 해외나 제국의 가장자리 등 헤게모니 지도국의 가장 약한 지점이나 노출된 지점을 공략했다. 오직 독일만이 1941년 6월에 러시아에 대한 전면전을 감행했는데, 이는 러시아가 1918년 3월에 붕괴되었던 것처럼 무너지리라 낙관했기 때문이다. 그러므로 각각의 경우에 기성 지도자는 위협이 실제로 얼마나 중대한지를 검토해야 했다. 조금 양보해서 해결할 수 있는 문제인가?

1740년에 오스트리아는 정말로 슐레지엔을 놓고 싸워야 했는가? 1560년에 에스파냐는 네덜란드 남부(벨기에)를 지키고, 네덜란드의 분리를 허용하는 데 만족할 수 있었는가? 프랑스가 합스부르크 가의 이탈리아 장악에 초연한 태도를 취하는 것은 얼마나 중요한 문제인가? 30년전쟁 (1618~1648년)에서 스웨덴이 포메라니아에서 제기한 도전은 오스트리아에 극히 중요한 문제는 아니었다. 도전자들은 약한 지점을 찾고 상대의 약점을 활용하기 위해 행동했다. 2차대전은 독일의 폴란드 공격을 둘러싸고 시작되었다. 폴란드는 영국이나 프랑스에 본질적인 이해관계가 거의 없는 나라였다. 영국은 독일에 계속 양보하면 이제 더 이상 유럽과 세계의 눈에 강대국 지위를 유지할 수 없었기 때문에 저항했다. 요컨대, 신흥 강국은 직간접 도전을 할 수 있는데 약한 고리를 타격하는 경우도 있다.

무엇보다 중요한 질문은 이런 폭력적인 이행을 피하거나 적절히 대처할 수 있는가 하는 것이다. 군사적 도전을 회피하거나 충돌을 유예하는 것은 쇠약해지는 지도자가 현상유지 세력과 제휴하느냐에 달려 있다.

선례로 보는 1차대전

1차대전에서 부상하는 세력과 기존 세력이 벌인 경쟁은 부상하는 중국과 기존 서양 세계 사이에 벌어질 수 있는 충돌과 관련해서 특히 의미가 있다. 1차대전 당시 기존 세력 편에 치우친 힘의 불균형은 전혀 없었다. 양쪽 모두 세력균형이 나타났을 뿐이다. 독일과 러시아라는 두 도전자가 있었고, 현상유지 세력도 영국과 프랑스 두 나라였다(미국은 영국의 상황이 위태로워지는 1917년까지 전쟁에 가담하지 않았다).[5] 독일의 무역을 보호한다는 명목으로 독일 중간계급의 압도적 다수가 지지해 독일은 1897년 영국 해군에 필적하는 대양함대를 건설했고 이를 기점으로 두 나라 사이의 긴장이 끝모르게 고조되는 것처럼 보였다. 훗날 끔찍한 전투에서 다수가 목숨을 잃은 바 있는 영국 남학생들은 다음과 같은 노래를 부르곤 했다.

1910년이면
독일인들이 우리를 정복할 거야.[6]

하지만 세력 관계에서 변화가 생길 때마다 전쟁이 벌어질 이유는 없었다. 19세기에 오토 폰 비스마르크는 세력불균형을 창출해서 한 세대 동안 전쟁을 막았다. 1871년 독일이 보불전쟁에서 승리한 뒤, 비스마르크는 핵심 강대국들을 하나로 묶기 시작했다. 1887년에 이르면 비스마르크는 오스트리아, 러시아, 영국 등과 긴밀한 제휴를 발전시킨 상태였다. 프랑스만이 배제되었는데, 이 나라는 1871년에 독일에 알자스-로렌을 강탈당한 희생자였다. 이런 결합을 통해 비스마르크는 평화로운 세력불균형을 형성했고, 이를 통해 프랑스와 러시아를 억제했다.

하지만 1890년에 비스마르크가 수상에서 물러난 이후 이 체제는 붕괴하기 시작했다. 비스마르크의 후계자들은 러시아를 동맹에서 제외했고 곧바로 통상의 세력균형이 형성되었다. 프랑스가 새로이 필요에 따라 러시아제국과 손을 잡았고, 뒤이어 영국이 프랑스-러시아 편에 가담했다. 프랑스, 러시아, 영국의 삼국협상은 독일, 오스트리아, 이탈리아의 삼국동맹과 대결했다. 삼국동맹의 결성은 결국 1차대전으로 이어졌다. 대륙 차원의 전쟁에 이어 전 세계적인 전쟁이 필연적으로 벌어져야 했을까?

그전에 영국이 독일 및 오스트리아와 제휴하거나 독일이 러시아와 동맹을 유지했다면, 삼국동맹에 맞서기 위해 삼국협상을 결성할 필요가 없었을 것이다. 그랬으면 영국은 주요한 식민지 경쟁자인 프랑스와 손을 잡지 않았을 것이다. 동맹 체제의 균형을 맞추는 대신, 영국과 삼국동맹으로 구성된 압도적으로 평화로운 연합이 탄생했을 것이다.

과연 독일은 떨어져나간 러시아를 대체하기 위해 영국을 끌어들였을까? 이에 관해 '만약 역사가 다르게 흘러갔다면'이라는 질문이 언제나 있었다. 비스마르크의 뒤를 이어 수상이 된 레오 카프리비 백작은 1890년과 1891년에 이런 결과를 선호했다. 조지프 체임벌린은 1899~1901년에 독일과 교섭하면서 이런 유대를 추구했다.

하지만 독일은 영국의 식민지가 아니라 포르투갈이나 벨기에, 에스파냐같이 약한 세력들의 식민지를 획득하는 데 관심이 있었다. 독일은 1897년에 해군을 창설해서 이런 식민지 획득을 허용하도록 영국에 압력을 가했다. 이 정책은 내전이 벌어진 결과로 독일이 우폴루 섬—사모아의 주도主島—을 손에 넣은 1899년에 성공을 거두었다. 독일 황제 빌헬름 2세와 베른하르트 폰 뷜로브 수상은 둘 다 이 정책으로 국내 여론에서 자신들의 지위가 강화되었다는 점에 만족했다. 하지만 영국 해군보다 크게 뒤지는 함대로는 남태평양의 작은 섬 하나도 경비하고 보호할 수 없었다. 독일 해군장관 알프레트 폰 티르피츠는 영국이 위험을 무릅쓰고 독일을 공격하는 경우에, 나머지 열강 해군의 합동 공격에 영국 자신이 취약해질 정도로 독일의 대양해군을 강력하게 육성해야 한다고 생각했고, 그러기 위해서는 시간이 필요했다. 이것이 이른바 티르피츠의 '위험 이론Risk Theory'이었다. 이 정책이 완성되려면 독일이 대양해군을 완전히 구축할 때까지 영국과 대화를 계속하는 게 중요했다. 뷜로브가 말한 것처럼, "우리 해군이 열등한 점에 비춰보면, 우리는 나비가 되기 전의 유충처럼 아주 신중하게 움직여야 한다".[7] 독일은 비록 많은 유혹을 받기는 했지만, 1899년부터 1902년까지 영국이 보어전쟁에서 남아프리카를 정복하려 홀로 애쓰는 동안 영국에 대항하는 대륙 동맹을 형성하자는 간절한 부탁을 뿌리쳤다. 하지만 독일 제국의회가 해군 증강을 두고 표결을 하면 '위험 이론'을 완전히 비밀에 부치기는 어려운 일이었다. 그리하여 티르피츠는 해군을 증강하려는 독일의 목표물이 영국이라는 점을 인정해야 했다. 영국은 금세 독일의 적의를 파악하고는 똑같은 방식으로 대응하기 시작했다.[8] 영국은 또한 독일의 대양함대가 공해상에서 독일의 상선을 보호하기 위해서가 아니라 북해에서 영국에 도전하기 위해 고안된 것임을 깨닫게 되었다.

독일이 영국과 손을 잡을 수 없었던 이유는 식민지 팽창 계획 때문만은 아니었다. 독일은 외무부의 막후 실력자인 프리드리히 폰 홀슈타인 남작이 음모를 꾸미는 가운데 '자유 행동Free Hand 정책'을 추구했다. 이 정책에 따르면, 독일은 영국이나 러시아와 제휴할 필요가 없었다. 독일이 보기에 유럽의 두 날개—한편에는 프랑스와 러시아가 있고 다른 한편에는 영국이 한껏 고립되어 있는 이중적인 동맹—는 결코 하나로 합칠 수 없었기 때문이다. 홀슈타인이 생각하기에 양측은 식민지 경쟁과 해군 경쟁이 워낙 심해서 화합할 수 없었다. 그러므로 독일은 자유롭게 행동할 여지가 있었다. 독일은 영국을 저지하면서도 프랑스, 러시아, 영국의 삼국협상에 맞닥뜨리지 않을 수 있다는 것이었다.

물론 이런 믿음은 얼토당토않은 것임이 드러났고, 결국 1907년에 삼국협상이 결성되었다. 하지만 1900년에 독일의 관점에서 보면, 러시아와 영국, 또는 프랑스와 영국이 힘을 합칠 리는 만무했다. 오직 독일이 압력을 가하면서 해군을 증강하고 영국이 고립된 상황 때문에 세 나라는 동맹을 체결하게 되었다.

그렇다 하더라도 독일이 영국과 협정을 맺을 수 있었을까? 해군이 전함 마흔다섯 척을 보유해야 한다고 티르피츠가 고집하는 한 그런 협상은 불가능했다. 하지만 독일은 고집을 굽히지 않았고, 유럽에서 외교와 군사상의 중심 지위를 상실했다. 1912년 영국의 특사—홀데인 경—가 독일의 해군력 증강 규모를 축소하려는 마지막 시도를 했지만 실패로 돌아갔다. 독일의 테오발트 폰 베트만 홀베크 수상은 홀데인 경에게 "여론이 새로운 [해군] 법률과 세 번째 소함대를 기대하고 있고, 자신은 이것들을 갖춰야 한다"고 말했다.[9] 교섭은 결렬되었고, 양쪽은 전쟁 가능성을 숙고해야 했다. 지금 와서 보면, 독일이 거대한 해군을 구축한 것은 정책상의 엄청난 착오였고, 비스마르크라면 결코 이런 실수를 하지 않았을 거라는 점을 알 수 있다. 독일이 계속 지상 강국으로 남고 영국이 해상 강국으로 있는 한, 두 나라는 전리품을 나누는 데 합의하고 충돌을 피할 수 있었다. 하지만 일단 독일이 1897년에 대양함대를 구축하기 시작하자 타협의 토대가 사라져버렸다.[10]

설사 독일이 결국에는 경제적으로나 정치적으로 영국에 도전할 수 있었다 할지라도 성급하게 도전장을 내밀 필요는 없었다. 독일은 이기기 힘든 해군 경쟁을 시작함으로써—독일의 공격적인 관점에서 보면—좋지 않은 시기에 전쟁을 재촉했다. 전쟁 준비 태세가 산업 준비 태세보다 뒤처지는 경우는 흔히 볼 수 있다. 어떤 나라든 자국의 경제력을 굳게 믿으면 으레 군사적으로도 우월하다고 생각하게 마련이다. 1차대전에서 독일은 두 분야 모두에서 패배했다. 영토 야심이 좌절되고 게다가 군사적으로도 값비싼 패배를 당했다. 만약 독일이 영국에 도전하려고 했다면 준비가 될 때까지 기다려야 했다. 물론 영국은 어떤 해군 경쟁에서도 이겼을 테니까 이런 일은 결코 일어나지 않았을 것이다.

영국과 협상을 했더라면 어떤 경우든 간에, 결국 별 효율을 발휘하지 못한 대양함대보다, 독일이 추구하는 목표에 도움이 되었을 것이다. 대양함대는 충돌을 불러일으켰지만 승리를 거두지는 못했다. 1870년대와 1880년대에 비스마르크는 독일의 중심 위치와 유럽 외교의 초점인 베를린을 가리키면서 입법부와 국민들에게 독일이 가진 힘을 확신시켰다. 하지만 빌헬름 황제는 외교력을 군사력과 맞바꾸는 쪽을 선호했다. 만약 독일이 1899년에 체임벌린이 간절하게 부탁한 내용에 동의하고 영국-독일 동맹이 결성되었더라면, 프랑스와 러시아는 계속 방관자로 남았을 것이다. 프랑스는 런던과 베를린이 동의하는 경우에만 북아프리카에서 식민지 경영을 추구할 수 있었을 것이다.

중국과 세력균형

\

이와 같이 1차대전 이전의 세력균형은 충돌을 예방하는 만큼이나 일으
킬 수도 있었다. 세력 책략에서 드러나는 결함을 보면, 21세기에 중국을
억제하려는 미국과 서양의 시도가 실패할지도 모른다는 관측이 제기된
다. 오늘날 중국이 궁극적으로 추구하는 해군의 규모와 활용에 관해 내
놓는 대답은 1912년에 독일이 해군력 증강 사업 중단을 거부하면서 내
놓은 대답과 마찬가지로 모호하다. 심지어 소련도 결국 핵미사일 건조
를 중단하고 전략무기제한협상Strategic Arms Limitation Talks, SALT과 전략무기
감축협정Strategic Arms Reduction Treaty, START으로 미국과 합의에 도달했다. 하
지만 중국은 군사력 증강에 대한 어떤 제한에도 동의하지 않고 있다. 어
쩌면 독일의 실수를 되풀이하고 있는지도 모른다.

　1차대전 이전의 세력균형은 전쟁을 막은 게 아니라 본질적으로 전
쟁을 초래했다. 어느 쪽도 상대의 공격을 결정적으로 억제하지 못했다.
양쪽 모두 신속하게 행동하기만 하면 상대를 압도할 수 있다고 생각했
다. 비스마르크가 1887년에 형성했던 하나의 중심 연합처럼, 균형을 무
너뜨리는 압도적인 힘을 가져야만 1914년에 충돌을 막을 수 있었을 것
이다.

　게다가 세력균형이 언제나 저절로 형성되는 것은 아니며 늘 전쟁을
예방하지도 못한다는 점을 기억하자. 대등한 균형은 이미 존재하는 적
대를 부각시키면서 전쟁을 억제하기는커녕 유발할 수 있다. 역사적으로
보면, 전쟁이 이미 코앞에 닥칠 때까지 "균형"이 하나로 수렴되지 않는
경우가 다반사이다. 그러므로 균형은 이미 존재하는 갈등을 억제하기보

다는 반영하기 십상이다.

두 번째로 드는 의문은 세력균형 이론에서는 약한 국가들이 힘을 합쳐 강한 국가의 공격적인 움직임에 저항할 거라고 주장한다는 점이다. 왜 약한 국가들이 이렇게 해야 할까? 세력균형 이론에서는 약한 국가들이 이렇게 하지 않으면 침략적인 국가가 더 강해지고 침략성도 커질 거라고 주장했다. 하지만 이런 사실 때문에 특정한 나라가 반드시 저항을 해야 하는 것은 아니었다. 오히려 허약한 개별 국가는 침략자 편에 가담하거나, 적어도 침략자의 분노를 사지 않는 것이 단기적으로 이익이 될 터였다. 약한 국가는 더 강하고 침략적인 강국에 저항할 수 없었고, 따라서 강국의 환심을 사거나 방관자적인 태도를 취하는 쪽이 더 좋아 보였다.[11] 19세기 초반, 나폴레옹은 종종 주요 경쟁자들과 군사 대결을 시작하기에 앞서 약한 국가들을 자기편으로 끌어들일 수 있었다. 그러고 나자 남아 있는 공격 목표들은 그를 전장에서 몰아낼 만큼 충분히 강하지 못했다. 적어도 1812년에 러시아를 침략하는 엄청난 실수를 저지르기 전까지는 말이다.

세력균형이 형성되려면 우선 이른바 '공공재 문제public goods problem'를 해결해야 한다. 간단히 말하면, 이 문제는 나라들이나 개인들이 협력(도로를 건설하거나 침략자에 저항하는 협력)을 통해 공동으로 이익을 얻을 수 있지만 각자 다른 이들도 공공재 문제에 기여할지를 확신하지 못할 때 생겨난다. 따라서 서로 망설이는 가운데—무임승차 지망자가 된다—도로 건설이나 방위 조약은 결코 현실화되지 않는다. 한 나라 안에서 보면, 정부는 시민들에게 세금이라는 분담금을 요구함으로써 공공재 문제를 해결한다. 하지만 국제 차원에서는 협력을 강제하는 정부 같은 기제가 존재하지 않는다. 어떤 이는 장기적으로 보아 약한 국가들은 침략자로 추정되는 국가에 저항해야 한다고 주장하지만, 각국이 더 크고 강한 국가와 협정을 맺으면 단기적으로 더 도움이 될 거라는 점은 여전히 사실이다.[12] 적어도 약한 국가는 팽창하는 나라를 달래거나 이들 세력에 '편승'함으로써 시간을 벌 수 있다. 만약 어떤 약한 국가가 군사적 도전에 나서는데 다른 국가들의 보호를 받지 못하면 먹잇감이 되고 말 것이다. 또 개별 '보호자들'이 도움을 준다면 공공재 비용 문제에 직면할 것이다. 그러므로 종종 세력균형이 너무 늦게 형성되어 팽창하는 침략자를 억제하지 못하게 되는데 이런 상황도 이해할 만하다. 이런 경우에 이른바 세력균형은 대개 충돌 억제 수단이 되지 못했다.[13]

각국은 작은 집단보다는 큰 집단에 가담하는 편이 유리하다는 점을 깨달을 것이다. 2차대전 이후 미국은 아슬아슬한 세력균형이 아니라 소련에 대항하는 압도적인 연합을 조직할 수 있었다. 1887년 비스마르크가 결성한 블록에는 러시아, 영국, 오스트리아가 독일 편에 포함되었다. 어떤 이는 이런 조정으로 독일이 유럽으로 팽창할 수 있는 문이 열렸다고 주장할 것이다. 하지만 사실 비스마르크를 견제해서 균형을 맞춘 것은 외부자들이 아니라 비스마르크 자신이 형성한 연합이었다.[14] 비스마르크가 동유럽으로 전진하지 못한 까닭은 오스트리아와 러시아 모두 해당 지역에 확고한 이해관계가 있었기 때문이다. 또 비스마르크가 서쪽으로 전진하지 못한 이유는 영국이 1871년 프랑스가 겪었던 치욕을 견디려고 하지 않았기 때문이다.[15] 남쪽으로 진출하면 기존 동맹국인 이탈리아와 맞닥뜨리게 될 터였다. 사실 비스마르크는 외부로 진출하고 싶은 마음이 전혀 없었다. 독일은 중앙에 안전하게 자리 잡고 있었기에 그와 독일은 현 상태에 만족하는 지도자와 강국이 될 수 있었기 때문이다.

우리는 비스마르크의 분석을 받아들이면서 지금으로부터 10년 뒤 중국과 미국의 지위를 검토해야 한다. 지금 당장 중국은 태평양 지역에 대한 미국의 개입을 점차 잠식하는 정책을 추구하는 중이다. 중국은 남한 및 대만과의 경제 유대를 강화하는 한편, 난사군도, 시사군도, 센가쿠열도(댜오위다오) 등을 비롯한 근해의 열도들뿐만 아니라 대만과 인근 섬들에 대해서도 영유권을 주장하고 있다. 일본, 남한, 브루나이, 필리핀 등은 이런 주장에 이의를 제기하고 있지만, 미국은 중국의 주장에 어떻게 대처해야 할지를 정확히 알지 못한다. 중국은 군사력을 사용해서 이 영토들을 획득하겠다고 말한 적은 없지만, 이 섬들은 전략이라는 태양 아래 언제라도 희생될 수 있는 존재로 희미하게 빛나고 있다. 지금 시점에서 중국은 영유권 주장을 압박할 만한 해군력을 보유하고 있지는 않다. 하지만 계속해서 역사적 배경을 부각시키며 정당성을 강조하고 있다.[16]

굴욕적인 베르사유조약 때문에 독일은 폴란드, 체코슬로바키아 등 독일인이 살고 있는 여러 지역을 빼앗겼다는 사실을 기억할 필요가 있다. 자유주의적인 역대 독일 정부조차도—겉으로는 조약 조항의 '이행'을 약속하면서도—독일 영토를 다른 국가들에 양도하는 안을 잠자코 따르려 하지 않았다. 마찬가지로, 베르사유 합의안과 배치되고 프랑스가 확고하게 반대했지만, 오스트리아와 독일—양대 게르만 국가—을 통일하는 구상 또한 우드로 윌슨이 평화회담에서 주창한 "민족자결권"을 근거로 지지하는 민주적인 인사들이 있었다. 독일의 자유주의 정치인인 구스타프 슈트레제만은 이 통일에 대해 군사적으로 아무 행동도 할 수 없었다. 하지만 1936년 이후 독일이 재무장을 한 덕분에 히틀러는 통일을 실행하는 쪽으로 움직일 수 있었다. 민족자결 이론 때문에 영국이나 프랑스나 독일 영토의 재통일에 반대하지 못할 것이었다. 무슨 말이냐 하면, 히틀러에 대항하는 세력균형이 설사 형성된다 할지라도 많이 지체될 터였다.

1914년에는 압도적인 연합이 전혀 없었고, 어느 쪽도 억제하지 못하는 균형만이 존재했다. 영국은 역설적으로 최악의 두 적국과 표면적으로 제휴 관계를 형성했다. 영국의 식민지 경쟁자인 프랑스와 러시아 둘 다 독일을 응징하려고 했기 때문이다. 프랑스는 독일이 1871년에 알자스-로렌을 차지했기 때문에 복수를 원했다. 한편 러시아는 오스트리아에 더 이상 일방적으로 양보하려 들지 않았다. 1908년에 오스트리아가 보스니아를 합병하면서 펼쳐진 양상에 종지부를 찍고 싶었던 것이다. 영국은 프랑스 및 러시아와 합의에 도달함으로써 잠재적인 수정주의 연합에 가담했다. 이 연합은 독일과 오스트리아의 조치에 대해 확실한 저항으로 대응하려 했다.

만약 정반대로 영국이 독일과 협정을 맺었더라면, 영국-독일이라는 거인이 모든 도전자에게 저항했을 것이다. 하지만 독일이 '자유 행동' 정책을 택하고 더 많은 식민지와, 식민지를 보호하기 위한 해군력 증강을 고집했기 때문에 이런 협정은 불가능해졌다. 이런 식으로 두 나라가 결합했다면 프랑스와 러시아는 군사적으로 오갈 데 없는 신세가 되었을 것이다. 프랑스와 러시아는 그들 스스로 유럽 대륙의 국제 관계를 뒤집어엎을 수 없었다.

역사학자 니얼 퍼거슨은 만약 영국이 1914년 8월에 프랑스 파병을 늦췄더라면, 서부전선에서 독일의 침략에 맞서는 프랑스의 저항이 무력해졌을 거라고 지적한다. 독일은 프랑스의 허를 찔러 방어선 측면을 공략해서 파리를 점령했을 것이다. 퍼거슨은 만약 그렇게 되었다면 적당한 평화가 이어졌을 거라고 믿는다.[17]

1905년부터 줄곧 팽창의 자세를 취하면서 위협한 독일이 다른 강국들에게 끊임없는 골칫거리였던 것은 사실이다. 하지만 영국과 동맹을 맺었다면 독일은 아마 덜 거슬렸거나 더 큰 성공을 거두었을지 모른다. 독일은 영국과 대결하기보다 협력함으로써 더 많은 식민지를 얻었을 것이다. 영국이 모로코에서 프랑스를 도운 것처럼, 제국주의 강국들은 동맹국의 식민지 획득을 종종 도와주었다. 이렇게 되었다면 독일의 위신과 경제성장이 꽃을 피웠을 테고, 여기에 만족한 독일은 1914년에 전쟁을 벌이지 않았을 것이다.

오늘날 태평양의 상황은 무척 다르다. 이미 중국의 일부가 아닌 대만과 싱가포르를 제외하면, 중국계가 다수를 차지하는 나라는 전무하다. 하지만 말레이시아, 베트남, 인도네시아, 필리핀 등에서 중국계 시민들은 수적으로나 경제적으로나 중요한 역할을 한다. 싱가포르에서는 중국계가 다수이다. 물론 말레이계와 인도계 역시 인구에서 두드러진 비중을 차지하긴 하지만 말이다. 종종 이런 재외 중국인들이 중국 기업, 투자, 생산 등과 연계하는 방식으로 본토의 경제적 이익에 기여하리라고 기대할 수 있다. 그렇지만 체코슬로바키아 주데텐란트Sudetenland에 거주하던 독일인들의 경우와 달리, 재외 중국인들은 아직 국가 정책을 결정하는 위치에 있지는 않다. 하지만 중국이 이 지역에서 정치, 경제, 군사 면에서 한층 더 중대한 세력이 됨에 따라 그들은 지방 정치에서 큰 영향력을 발휘할 테고 시간이 흐르면서 영향력이 더 커질 것이다.

나중에 자세히 설명하겠지만, 이런 사실은 제쳐두고라도 중국은 국제 생산 연쇄의 최종 조립 단계를 점차 다른 나라들로 역외 이전하는 중이다. 중국은 광둥이나 다롄에서 제품을 조립하는 대신 말레이시아나 필리핀, 태국 등지로 보내서 더 저렴한 비용으로 최종 조립 한다. 그리하여 현지 고용은 상승하고 해당 지역 내 정부들은 이를 주목한다. 중국의 경제적 영향력은 커지고 서양의 영향력은 줄어든다.

개별 아시아 나라들은 중국의 관행에 현혹되지 않는다. 인도는 중국과 경제 유대가 거의 없으며 독립적인 과정을 계획한다. 인도는 중국과 주요한 국경 분쟁을 겪고 있으며 미국과 연계할 필요가 있다. 일본은 중국의 시장에 유혹을 느끼지만, 시장에 접근하려면 중국에 첨단 기술을 이전해야 한다는 점을 잘 알고 있으며 이런 이전을 내켜하지 않는다. 영토 문제에서 일본은 원유 매장 가능성이 있는 센가쿠열도를 원하며, 중국이 남한에 대한 북한의 기습공격을 용인하는 것을 보고 당혹스러워한다. 또한 일본은 중국의 대양함대를 미국의 제7함대에 대한, 그리고 일본이 세계와 교역하는 데 필요한 대양 항로에 대한 도전 및 위협으로 간주한다. 남한은 중국이 북한을 지지하기 때문에 기본적으로 반중국 입장을 견지하고 있다. 베트남은 역사적으로 중국과 맞서왔으며 1979년에 중국군의 공격을 받았을 때 강경하게 대응했다. 필리핀은 군사적으로는 중요하지 않지만 어쨌든 중국과 영토 분쟁을 겪어왔으며 최근에 미국에 군사시설을 제공한 바 있다.

게다가 유럽에서 그러했듯이, 동아시아에서도 세력균형의 난점이 더욱 확대된다. 아시아 국가들은 과거 유럽 국가들에 비해 직접 나서서 '공공재 문제'를 해결하기를 훨씬 더 꺼린다. 예를 들어, 2차대전 이후 대서양 조약*에 비견할 만한 태평양 조약 같은 것은 없었다. 아시아의 강국들은 개별로든 집단으로든 러시아나 중국에 대항한 적이 없었고, 다만 미국이 앞장서서 자신들을 방어해주기를 기다렸다.

따라서 향후 10년 안에 동아시아 강국들이 부상하고 팽창하는 중국에 자발적으로 대항할지 여부는 분명하지 않다. 모든 것은 미국과 유럽의 정책에 달려 있다. 그리고 어떤 결과를 얻기 위해서든 서양의 응집력이 필요하다. 서양이 약해지거나 움츠린다면, 향후 등장할지도 모를 아시아의 균형 세력은 군사적으로 책임을 지려 하지 않을 것이다. 미국이 후퇴한다면 지역 당사자들은 중국에 '편승하는' 쪽으로 나아갈 뿐이다.

유럽과 미국은 이런 충돌에 대해 중요한 답변을 아직 내놓지 않았다. 이 답변은 전쟁을 억제하기 위해 국제 정치체제에 필요한, 믿을 만한 세력불균형을 창조하는 것이다. 과거에는 부상하는 도전자에게 대항하는 효율적인 불균형이 거의 존재하지 않았다. 이런 불균형의 창조는 결코 정해진 결론이 아니다. 아마 서양이 단결하고 오래지 않아서 일본도 서양에 가담하겠지만, 미국은 과연 1914년에 존재했던 것보다 더 강력한 조정 움직임을 기대할 수 있을까? 중국의 경제력이 커짐에 따라 중국은 러시아와 동맹을 맺어 서양에 대항하려고 할 수 있다.

---

* 북대서양조약기구를 가리킨다.

새로운 1차대전을 피하기

＼

1차대전—이와 함께 영국-독일의 협정을 통해 세계대전을 피할 수도 있었던 역사의 다른 가능성—을 보면 오늘날 서양이 어떻게 중국에 대처해야 하는지를 묻게 된다. 유럽과 미국은 아직 전쟁 억제에 필요한 신뢰할 만한 세력불균형을 창조하지 못했다. 이런 불균형을 달성하기 위해서는 서양의 양대 세력—유럽연합과 미국—이 경제적, 정치적으로 하나로 합쳐야 한다. 일본도 끌어들인다면, 서양은 도전을 허락하지 않는 체제를 구축하게 될 것이다.

　　그런 다음에는 어떻게 될까? 국제 관계 이론 특유의 사고 중 하나는 중국은 서양의 우월한 결합에 대항하기 위해 동맹을 구할 거라는 생각이다. 상하이협력기구Shanghai Cooperation Organization(러시아, 중국, 타지키스탄, 우즈베키스탄, 키르기스스탄, 카자흐스탄 등이 속해 있다)가 존재한다는 점 때문에 러시아가 그럴듯한 후보가 된다. 지정학의 논리는 이런 선택을 뒷받침할지도 모른다. 모든 지리학자는 세계 정치에서 지배적인 땅덩어리는 유라시아라는 세계도World Island임을 잘 알고 있다〈그림 4〉. 유라시아에는 인구와 자원과 기술이 한데 밀집해 있다. 만약 어떤 단일한 연합이 칼레Calais에서 캄차카 반도에 이르기까지 세계도 전체를 장악한다면, 다른 어떤 집단도 이 연합에 맞서지 못할 것이다. 하지만 서양이 응집을 유지하는 한 그런 일은 생길 수 없다.

　　러시아와 중국이 결합할 가능성은 극히 희박하다. 두 나라는 한 번도 우방이었던 적이 없다. 두 나라는 아시아에서 경쟁자이며, 이 경쟁은 심해질지도 모른다. 중국이 결국 서양에 가담할 가능성이 훨씬 더 높

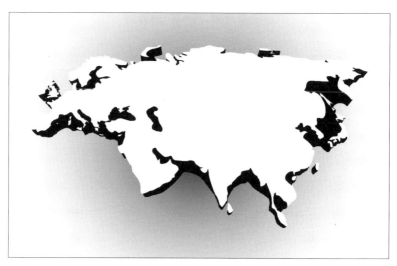

그림 4 | 유라시아 지도
(Maxx-Studio/Shutterstock)

다. 아무튼 중국은 산업적으로 서양과 결합되어 있기 때문이다. 이렇게 되면 세계 정치에서 '거대한 덩어리'가 생겨나서 균형의 필요성 자체가 사라질 것이다. 나중에 살펴보겠지만, 잠재적인 공격자에 대항하기보다는 그를 자기 연합으로 끌어들이는 쪽이 훨씬 더 효율적이다. 아마 영국은 독일을 끌어들일 수 있었겠지만, 그러기 위해서는 독일 황제가 변덕을 줄이고 해군 증강과 '자유 행동' 이론을 포기했어야 했다. 비록 아직 현실화되지는 않았지만, 중국은 여전히 궁극적으로 서양에 손을 내미는 구혼자이다.

결론

\

거대한 한 국가나 세력 중심부가 헤게모니 지도 세력을 추월하거나 추월할 징후를 보일 때 생겨나는 문제를 처음 정식화한 사람은 투키디데스이다. 펠로폰네소스 전쟁은 이런 현상의 한 결과였고, 1차대전 역시 마찬가지였다. 조만간 중국은 미국을 추월할 테고, 세계는 또 한 차례의 엄청난 군사 충돌이 일어나지 않을까 우려하며 촉각을 곤두세우고 있다. 하지만 세계에는 언제나 다른 수단이 있었다. 힘을 응집하고 부상하는 국가를 기존의 중심 연합 안으로 평화롭게 끌어들일 가능성 말이다. 이 책의 나머지 장에서는 이런 가능성을 살펴본다.

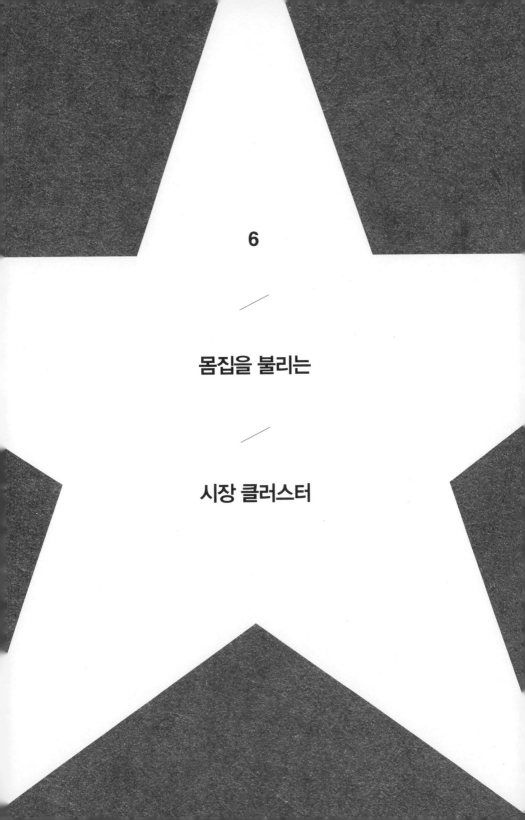

6

몸집을 불리는

시장 클러스터

부상하고 쇠퇴하는 주요 강국들이 근대국가의 핵심 지향인 경제적, 정치적 규모 확대를 달성하기 위해 책략을 부림에 따라 양쪽이 싸움을 벌이기 십상이다. 하지만 국제적 시장 덕분에 서양—미국과 유럽—이 중국에 접근할 수도 있다. 앞서 일본과 서양을 결합시킨 추세처럼 말이다. 이 장에서는 경제 요인들 때문에 중국과 서양이 가까워지고 전쟁 가능성이 줄어들 수 있다는 점을 주장하고자 한다.

어떻게 이런 일이 생길까? 미국과 서유럽은 두 경제권을 더 크게 응집함으로써 거대 시장을 형성한다. 이런 크기는 중국을 소외시키지 않고 오히려 끌어당길 것이다. 규모의 경제에 바탕을 둔 산업들을 손에 넣음에 따라 미국과 유럽은 더 커지고 국제적으로 더욱 매력적인 시장을 갖게 된다. 반대로, 국내시장이 더 커질수록 규모의 경제를 누리는 산업이 국내시장에 집중될 가능성도 더 커진다. 유럽연합 인구가 5억 명인 상황이라 유럽의 산업은 해외 판매는 둘째 치고 유럽연합 내에 거대 시장을 갖고 있다. 마찬가지로 미국 기업들은 3억 명으로 이루어진 국내시장에서 처음 경험을 쌓고 나서 해외로 진출할 가능성을 타진한다. 일본 기업들도 마찬가지이다. 제조 과정의 하층 연결고리에 해당하는 작업을 다른 곳에서 더 저렴하게 수행할 수 있을 때 해외 생산 연쇄가 생겨난다. 과거에, 그리고 오늘날에도 어느 정도 독일, 일본, 미국은 해외 판매를 가로막는 일부 제약을 극복하기 위해 생산 연쇄를 만들어 냈다. 중국은 신제품으로 조립해서 서양으로 다시 수출할 수 있는 경우에만 수입된 부품을 받아들일 것이다.

생산 확대는 유럽, 미국, 일본에서 산업력에 새로운 성채를 세운다. 규모의 경제를 누리는 산업은 특정 장소에 클러스터cluster를 이룬다. 중국은 이런 산업들에 매력을 느끼며 유대를 발전시키고 있다. 특히 생산성이 높은 현장은 다른 산업과 숙련 노동자들을 자신이 선호하는 장소로 끌어들인다. 컴퓨터 제품, 마이크로프로세서, 소프트웨어 등은 미국 태평양 연안의 실리콘밸리로 이주한다. 건강 제품, 의약품, 생명공학 등은 보스턴과 케임브리지 및 주변에 집중된다. 패션은 밀라노와 파리로 향한다. 그렇다고 해서 다른 곳, 이를테면 광둥이나 대만에는 이 산업들이 자리 잡을 수 없다는 말은 아니다. 하지만 규모의 경제가 지역적으로 집중될 거라는 점은 예상할 수 있다.

규모의 지역주의 대 산업의 확산

오늘날 일부 논평가들은 "세계가 평평하다"고 주장한다. 『뉴욕타임스』

칼럼니스트 토머스 프리드먼에 따르면, 동양이 과거에 서양이 획득한 우위를 누리고 있으며 조만간 모든 경제 지역이 똑같아질 거라는 확신을 많은 이들에게 심어주었다. 한 지역의 자본과 기술이 다른 지역들로도 균일하게 확산된다는 얘기다. 이런 견해에 따르면, 기술, 자본, 노동이 이전함에 따라 결국 실리콘밸리가 경제활동 면에서 이를테면 나미비아보다도 더 매력적인 장소가 되지 못할 것이다. 또한 노동 숙련, 교육 성과, 자본 등이 다른 장소들로 확산되고 있다. 문제는 새로운 동양이 기술과 산업력을 자유자재로 구사하는 측면에서 과거의 서양으로부터 완전히 독립할 수 있느냐 여부이다.

많은 나라들이 기술 독립을 추구했지만 실제로 이루지는 못했다. 스탈린은 서양과의 교역을 차단하면서 소련이 1930년대부터 완전히 자급자족할 수 있을 거라고 생각했다. 하지만 스탈린은 경제 독립을 달성하지 못했고, 이런 독립 시도는 오히려 소련의 발전을 방해했다. 소련은 민주주의국가들에서 발전한 최고의 기술을 활용할 수 없었다. 소련의 중공업은 1950년대와 1960년대에 계속 발전했지만, 이는 서양의 구식 설계와 공정을 모방함으로써 가능했고, 경제체제는 참혹할 정도로 비효율적이었다. 소련은 서양의 기술 발전을 따라잡지 못했다. 소련과 대조적으로, 일본은 1960년대에 연간 10퍼센트씩 성장했고 1980년대에는 4퍼센트씩 성장했다. 서양의 기술과 계속 연계하면서 이를 적극 활용한 덕분이었다. 1987년 이후 일본 자본주의는 고성장을 유지하지 못했다. 이유는 중산층이 이미 획득한 부에 만족했기 때문이다. 2000년 이후 다시 성장했을 때, 일본은 서유럽·미국과 이어주는 경제 연계를 유지했을 뿐만 아니라 더욱 강화했다.

더 일반화해서 말하자면, 만약 동양 국가들이 서양의 기술 수준을 따라잡기를 원한다면, 일본처럼 서양 경제와 연결될 필요가 있다. 경제적으로 역동성을 과시하는 유력한 중심지가 여전히 제자리에 머물러 있기 때문이다. 규모의 경제는 큰 국가의 대기업들에 이점을 제공한다. 생산되는 단위의 수가 늘어나면 단위당 비용은 줄어들며, 큰 시장에 접근할 수 있는 기업은 규모의 경제를 더 잘 활용할 수 있다. 지금까지 규모의 경제는 서양과 일본에 국한되었다. 중국, 남한, 베트남 등은 서양 기업들과 제휴하고, 서양 시장에 판매하는 생산 연쇄에서 연결고리를 형성하기 때문에 혜택을 누린다. 남한의 삼성과 현대 또한 규모의 효과를 달성했지만 서양 및 일본 기업들과 연계하고 있다. 만약 이런 유대를 지속하고 향상시키지 않는다면 결국 성공하지 못할 것이다.

거리가 멀어지면 더는 매혹적이지 않다

극단적으로 생각하면, "평평한 세계"는 "거리의 소멸"을 의미한다. 운송비는 낮고, 통신비는 더욱 낮다. 스카이프*가 널리 받아들여지는 상황을 보면 시각 접촉이 결코 사라지지 않음을 알 수 있다. 과연 우리는 모든 것이 추가 비용 없이도 어디에나 근거를 둘 수 있는 동질적인 세계에 도달한 걸까? 정말로 그렇지는 않다. 세계 산업의 미래를 규정하는 설득력 있는 연구 결과는 거리의 무의미가 아니라 장소의 승리를 말한

---

* Skype: 세계적인 무료 인터넷 전화 서비스로 유료로 화상전화 서비스도 제공한다.

다. 여기서 '장소'의 승리란 특정한 지점이 아니라 지리적 근접성, 유사한 제도, 언어, 문화, 교육 성과 등이 경제학자가 역설하는 '운송비'보다 경제적 성공에 훨씬 더 중요하다는 점을 말하는 것이다. 문화적, 기술적 장벽을 낮추지 않고서도 운송비와 통신비는 계속 낮아질 수 있다. 일단 규모의 경제를 누리는 산업들이 특정한 장소에 클러스터를 이루면, 제휴한 다른 기업들과 노동력도 그곳으로 옮겨갈 공산이 크다. 실리콘밸리와 보스턴의 128번 도로*만큼이나 방갈로르나 도요타豊田, Toyota 시의 경우도 마찬가지이다.

사회적 유사성 때문에 클러스터를 이룰 수 있는 이 지역들은 본질적이고 지속적으로 우위를 누린다. "모두 서로 연관되지만 가까이 있는 것이 먼 것보다 더 많이 연관된다"는 토블러의 법칙은 여전히 유효하다.[1] 데이터를 보면, 나라 사이의 지리적 거리가 1퍼센트 늘어나면 무역이 1퍼센트 줄어듦을 알 수 있다. 같은 언어를 쓰는 두 나라는 다른 언어를 사용하는 비슷한 나라들에 비해 무역량이 42퍼센트 더 많다. 같은 무역 블록 내부의 무역량은 무역 블록 외부의 비슷한 나라들과 행하는 무역량보다 47퍼센트 더 많다. 두 나라가 공동통화를 사용하는 경우에는 이 무역량이 114퍼센트 증가한다. 만약 이 나라들이 한때 같은 식민 행정기구의 일원이었다면, 다른 나라들보다 188퍼센트 더 많이 교역을 한다. 이웃한 나라들은 국경을 접하지 않는 국가들보다 무역량이 125퍼센트 더 많다. 지리와 문화는 결국 경제적 근접성의 정도를 규정하며, 이런 근접성은 성공을 뒷받침한다.[2] 유럽과 북미가 약 4,800킬로미터

---

* 보스턴 외곽 순환도로로, 컴퓨터와 전자 산업 등의 벤처 기업들이 몰려 있다.

떨어져 있지만, 미국과 중국은 서로 약 9,600킬로미터 떨어져 있다. 그렇다고 해서 서양 소비자가 생산 연쇄를 통해 태국이나 중국의 조립 공장에서 만들어진 장치를 사진 않을 거라는 말은 아니다. 또한 스타벅스나 맥도날드가 베이징의 고객들에게 음식을 제공하지 못할 거라는 말도 아니다. 내가 주장하는 바는 이전에 확립된 규모의 경제 산업의 생산 연쇄가 각 지역의 행동을 지배하거나 강한 영향을 미친다는 것이다.[3]

칼 도이치와 세계화

오늘날 우리가 직면하는 중요한 문제 중 몇 가지는 반세기 전에 민족주의와 사회 통합의 흐름들을 일목요연하게 정리한 하버드의 학자 칼 도이치가 예견한 바 있다. 도이치는 평평한 세계가 등장하는 일은 절대 없을 거라고 결론지었다. 평평함은 단순히 아주 낮은 수준으로 줄어드는 운송비나 제로 수준으로 떨어지는 인터넷 통신비에 의해 결정되는 것이 아니다. 나라와 도시—그리고 또한 그들의 경제적 관계—의 근접성은 가치관, 제도, 공통되거나 상이한 언어, 이주, 역사적 관습 등에 의해 결정된다. 실제로 이런 문화적, 정치적 특성은 결코 하나의 문화나 언어, 일단의 가치관들로 균질화되지 않는다.[4] 만약 그런 일이 생긴다면, 세계는 하나의 나라가 되겠지만, 이런 일은 일어나지 않는다.

도이치는 1950년대와 1960년대에 글을 쓰면서 일부 나라들이 서로 무척 가까워짐에 따라 그들 사이에 평화로운 변화가 지속되리라 기대했다. 그는 이미 평화에 도달한 세 경우를 나열했다. 바로 노르웨이와 스웨덴, 캐나다와 미국, 벨기에와 네덜란드와 룩셈부르크이다. 이들 나라는 가치관, 문화, 제도, 상이한 언어에 대해 공히 이해하고 있기에 전쟁은 결코 일어나지 않을 터였다. 서로 열심히 메시지(이민과 관광 포함)를 주고받음에 따라 각 나라는 서로 상대의 일부라고 느끼게 되었고, 이웃이라는 의식과 동료애에 가까운 감정이 생겨났다. 그들은 벨기에가 네덜란드를 상대로 반란을 일으키고, 두 나라 모두 나폴레옹의 프랑스에 점령당하고, 룩셈부르크가 오스트리아와 네덜란드와 독일의 일부였던 과거 역사를 이미 극복했다.

그렇다고 해서 민족의식이 결코 변하지 않는 고정 값이라는 말은 아니다. 사회 무대에 들어서는 신참자들이 정치적 태도를 바꿀 수 있다. 한동안 핀란드는 스웨덴의 지배를 받는 상황을 편안하게 느꼈다. 하지만 문자해득률과 정치 참여가 높아짐에 따라 숨어 있던 농촌 인구가 무리지어 활동하자 핀란드의 민족의식은 표면 위로 끓어올랐다. 독일어를 사용하는 오스트리아제국 치하에서 나타난 체코 민족의식의 경우도 마찬가지이다. 체코 민족주의의 고갱이는 1848년 혁명 속에서 탄생했다. 혁명을 거치면서 보헤미아 주민들은 오스트리아의 지배자들에 맞서 정치 활동에 나섰다.

내부에서 솟아나는 메시지가 열렬해지면 사람들이 자신들의 요구를 내세우게 되듯이, 외부 세계와의 거래와 메시지가 순전히 국내에 한정된 메시지를 압도하는 경우에는 민족의식이 허물어질 수 있다. 1980년대 내내 동유럽에서 소련의 지배를 겨냥해 벌어진 독립운동은 1991년에 마침내 소련 내부까지 침투했고, 그에 따라 소련의 국경선은 새롭게 바뀌었다. 세계화는 이런 일련의 메시지를 대표하며 이론상 민족의

식을 잠식할 수 있다. 그렇다면 프리드먼의 말이 옳을 수도 있다. 하지만 최근 연구에서 주요하게 밝혀진 결과는 이를 반박한다. 모든 국가가 하나의 거대한 평원에서 균질적으로 동등해지는 대신, 국가들은 강력한 클러스터를 형성해서 평원 위에 새로운 언덕을 세운 것으로 보인다. 유럽연합, 나프타*, 남아메리카의 메르코수르 등은 이런 지역적 이웃들을 더 밀접하게 하나로 묶고 있다.

유럽은 계속해서 영역을 넓혀가고 있으며, 한때 스칸디나비아와 베네룩스 국가들을 아우르던 '다원주의적 안보 공동체'는 이제 프랑스와 독일로까지 확대되었다. 다른 나라들이 유럽연합의 '공동체법 및 누적된 관행'을 받아들임에 따라 크로아티아와 세르비아 같은 예전의 적국들은 서로를 겨냥한 무기를 내려놓을 테고 보스니아도 이 대열에 합류할 것이다.

규모의 경제

\

폴 크루그먼, 브라이언 아서, 앨런 스콧 등은 도이치의 주장을 한층 더 진전시켜서 소수 대기업들이 지배하게 된 일부 산업의 응집 효과를 가정한다.[5] 일부 산업은 세계적인 차원에서 이런 경제를 달성한다. 민간 항공기, 소프트웨어, 마이크로프로세서, 금융, 재래식 무기 산업, 자동차 제조업, 보험, 그리고 영화-오락 분야에는 각각 세계적인 기업이 열 개

---

* 북미자유무역협정. 원문에는 'North American Free Trade Area'라고 되어 있는데 오기로 보인다.

미만이다. 현재 중국은 비록 이런 산업의 일부와 결합된 생산 연쇄에 참여하고는 있지만 자체 보유 산업은 전무하다.[6]

일단 한 지역이 규모의 경제를 달성하면, 지역적으로 연결된 산업들과 제휴된 도시들은 중력 효과를 통해 유대를 강화하며 한층 더 밀접하게 합쳐진다. 산업의 규모가 커지고 지리적으로 연결되는 경우에 한 산업 단지가 발전하면 다른 단지의 발전도 자극을 받는다. 보스턴에서 노스캐롤라이나에 이르는 북미 동부 연안이나 시애틀에서 샌디에이고까지 덩굴손처럼 뻗은 기술 단지를 거느린 실리콘밸리를 보라. 처음에 실리콘밸리는 스탠퍼드와 새너제이에 집중되었지만, 이내 북부와 남부로 확장되었다. 뉴욕의 금융 산업은 노스캐롤라이나 주의 샬럿을 포함할 정도로 넓어졌다. 의약품과 건강 제품에서 획득한 보스턴의 전문성은 남쪽으로 뉴저지와 펜실베이니아로까지 확대되었다. 산업이 특정한 장소에 집중될 때, 고급 기술자들은 고용 유연성과 확대된 기회를 얻기 위해 인근에 모여든다. 그러면 기업들은 가장 재능 있는 노동자들을 확보하기 위해 그곳에 집중된다. 이 과정은 자체 강화되는 성격을 띤다.

지구 전역에 전문 기술 역량을 균일하게 분배(평평한 세계)하면 특정 장소에 있는 정보의 클러스터가 증가함에 따라 생겨나는 규모의 경제가 손상될 것이다. 세계는 평평해지지 않았다. 오히려 전문성과 고용의 클러스터에 의해 생겨난 언덕과 계곡들이 언제나 우리 곁에 존재할 것이다. 한 국가 내부와 외부 모두에서 중력 효과가 작용한다. 내부에서는 중력 효과 때문에 산업들이 지리적 클러스터를 이루면서 한데 모인다. 외부에서는 중력 효과 때문에 큰 국가의 성장이 이웃 나라의 경제에 영향을 미친다. 국가 안에서 대도시와 그에 결부된 노동력은 여전히 경제적 발전기로 결합되어 있다. 현재 새로운 산업을 자극하고 수용하는 도시 지대는 전 세계적으로 20~40개가 있다〈그림 5〉.

이 도시 지대들은 아시아에 여덟 개, 라틴아메리카에 세 개, 서유럽에 열세 개, 북미에 일곱 개가 있다.[7] 이런 지역적 핵심부는 규모의 경제를 달성하려 한다. 다시 말해 새로운 산업을 자신들의 장소로 끌어들이려 한다. 이 경우 비용곡선은 하향한다.[8] 상하이, 선전, 베이징 등은 인구는 많지만 아직 이런 산업적 기준을 달성하지는 못했다.

하버드의 경제학자 에드워드 글레이저는 "우리 인간은 주로 동료 인간들이 내보내는 청각, 시각, 후각 단서들을 통해서 학습한다"고 주장한다.[9] 이런 학습을 위해서는 실재하는 개인들이 필요하다. 글레이저는 다음과 같이 말한다. "인터넷은 훌륭한 도구이긴 하지만, 방갈로르와 실리콘밸리에 모여 있는 인터넷 기업인들이 증명하듯이 인터넷은 대면 접촉을 통해서 얻는 지식과 결합될 때 가장 좋은 효과를 낸다." "장거리 연결 비용이 하락하면서 사람들은 더 가깝게 모여 살게 되었다." 그는 이런 말도 덧붙인다. "새로운 기술은 새로운 아이디어로부터 나오는 혜택뿐만 아니라 직접 협력으로부터 얻는 혜택도 늘려주었다."[10] 무역에 영향을 미치는 장벽은 단순히 거리나 운송비라고 말할 수 없다. 진정한 경제적 근접성을 얻으려면 나라들과 지역들 사이의 신뢰와 이해가 필요하다. 앤서니 베너블스는 다음과 같이 말한다. "대면 접촉을 통해 전자우편이나 전화, 화상회의보다 더 높은 빈도로 생각을 교환할 수 있다. 중간에 말을 막고 여러 소통 수단—구두 언어, 시각 언어, 신체 언어—을 함께 사용하지 못한다면 브레인스토밍을 하기는 힘들다."[11] 할리우드 제작자들이 새로운 모험을 계획하는 경우에 전화로 계획을 짤 수는

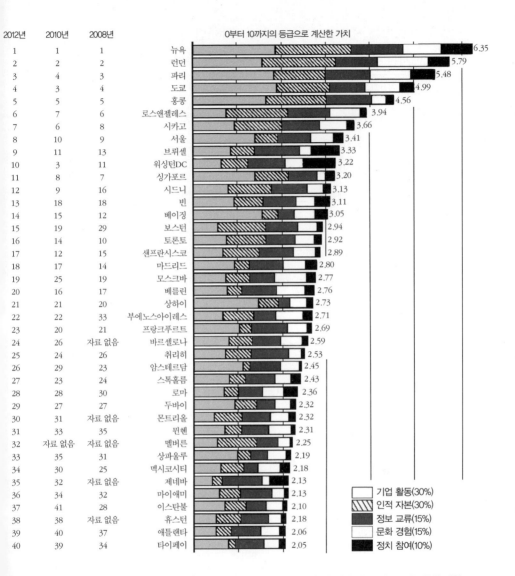

2012년	2010년	2008년		0부터 10까지의 등급으로 계산한 가치
1	1	1	뉴욕	6.35
2	2	2	런던	5.79
3	4	3	파리	5.48
4	3	4	도쿄	4.99
5	5	5	홍콩	4.56
6	7	6	로스앤젤레스	3.94
7	6	8	시카고	3.66
8	10	9	서울	3.41
9	11	13	브뤼셀	3.33
10	3	11	워싱턴DC	3.22
11	8	7	싱가포르	3.20
12	9	16	시드니	3.13
13	18	18	빈	3.11
14	15	12	베이징	3.05
15	19	29	보스턴	2.94
16	14	10	토론토	2.92
17	12	15	샌프란시스코	2.89
18	17	14	마드리드	2.80
19	25	19	모스크바	2.77
20	16	17	베를린	2.76
21	21	20	상하이	2.73
22	22	33	부에노스아이레스	2.71
23	20	21	프랑크푸르트	2.69
24	26	자료 없음	바르셀로나	2.59
25	24	26	취리히	2.53
26	29	23	암스테르담	2.45
27	23	24	스톡홀름	2.43
28	28	30	로마	2.36
29	27	27	두바이	2.32
30	31	자료 없음	몬트리올	2.32
31	33	35	뮌헨	2.31
32	자료 없음	자료 없음	멜버른	2.25
33	35	31	상파울루	2.19
34	30	25	멕시코시티	2.18
35	32	자료 없음	제네바	2.13
36	34	32	마이애미	2.13
37	41	28	이스탄불	2.10
38	38	자료 없음	휴스턴	2.18
39	40	37	애틀랜타	2.06
40	39	34	타이페이	2.05

기업 활동(30%)
인적 자본(30%)
정보 교류(15%)
문화 경험(15%)
정치 참여(10%)

그림 5 | 세계의 대도시들. 세계에서 경제적으로 가장 유력한 도시들의 기업 활동, 인적 자본, 정보 교류, 문화 경험, 정치 참여 등 다섯 부문에 걸친 전 지구적 영향력을 복합 측정하여 순서대로 나열했다.

(A. T. Kearney Global Cities Index, copyright A. T. Kearney, 2012, all rights reserved, adjusted and reprinted with permission을 바탕으로 빌 넬슨이 수정)

있지만 조정을 거쳐 궁극의 결론을 끌어내려면 만날 필요가 있다. 이런 교섭에서는 신체 언어가 전부를 차지할 정도로 중요하다.

산업 집중이 가능해진 것은 도시의 밀도 덕분이다. 전문적 제조업이나 틈새 소비재(수공구로 만든 부츠, 이동식 애완동물 미용실, 유라시아 퓨전 요리, 장인의 커피 등)가 존재하려면 한 장소에 다수의 전문 사용자가 있어야 한다. 런던의 저민스트리트Jermyn Street, 새빌로Savile Row, 시티City, 미국의 실리콘밸리, 로스앤젤레스의 주력 산업 등은 고객과 생산자를 서로 가까이에 모아놓는다. 그러면 생계비는 오르고 주택 가격도 상승할지 모른다. 조밀한 도시 지구에는 수요에 부응하기 위해 고층 아파트가 들어설 것이다. 맨해튼에서는 크로켓 잔디 구장을 갖춘 랜치하우스*를 갖기에는 토지가 너무 비싸고, 비벌리힐스도 점차 그렇게 바뀌고 있다.

인재들은 더 긴밀한 상호작용을 위해 조밀하게 정주하는 장소들로 끌리게 된다. UCLA의 경제학자 에드워드 리머는 특정한 장소에 문화적 유인이 전혀 없을 때 규모의 경제가 작동할 수 있다고 지적한다. 그는 다음과 같이 묻는다. "미국 안에 공간직-종족직 장벽이나 교통비 문제가 전혀 없다고 가정하면, 과연 얼마나 많은 할리우드가 존재할까?" 그의 대답은 "그래도 하나뿐"이라는 것이다. 여기서 중요한 점은 바야흐로 우리는 세계화의 점증하는 지역화increasing regionalization of globalization를 목도하고 있다는 것이다. 이 혼합물은 세계의 일부 지역이 다른 지역보다 더 집약적으로 세계화된다는 것을 의미한다. 할리우드에서 사실인

---

* 시골의 목장주 저택을 본떠서 폭은 넓지 않지만 옆으로 길게 지은 단층 주택.

것은 인도에서도 사실이다. 내적인 문화 차이가 없다 할지라도, 단 하나의 발리우드만이 존재할 것이며, 이는 여전히 콜카타가 아니라 뭄바이에 위치할 것이다. 세계화는 지역적인 규모의 경제가 집중되는 곳에서 작동한다. 대기업들이 비용 절감을 이루지 못하면 세계화는 실패한다. 세계 곳곳에서 일부 산업은 규모의 경제를 달성하는 반면 다른 산업은 달성하지 못한다. 지금까지 중국은 규모의 경제를 누리는 산업이 전혀 없었다. 경제학자 야오슈제는 다음과 같이 말한다. "중국이 야심을 충족시키고 부유하고 강한 나라가 되기 위해서는 중국 다국적기업들이 해외에서 번창해야 할 것이다. 하지만 높이 평가받는 자체 브랜드, 이를테면 중국의 도요타나 삼성을 갖지 못한다면 중국은 언제나 가치 연쇄의 맨 아래쪽에서 고생을 할 것이다."[12]

아시아의 많은 나라들은 산업 집중이 결여되어 있지만, 유럽과 미국은 항공기, 소프트웨어, 하드웨어, 사치품, 엔터테인먼트, 화학, 제약, 자동차, 보험, 금융 등에서 규모의 경제를 누리는 기업을 다수 보유하고 있다. 서양이 완전히 통일되면 기존의 세계화가 지역적으로 더욱 확장될 것이다. 공통의 언어, 문화, 제도, 민주주의 전통 등은 경제 연계를 더욱 강화하는 한편, 대서양 양쪽 모두에서 성장을 한층 더 자극하는 통합을 제공할 것이다.

유럽연합과 캐나다-미국이 더 밀접한 관세 협정을 맺으면, 외부의 관세 장벽과 내부의 비관세 편의 덕분에 이 연합 외부로 수출을 할 필요성이 줄어들 것이다. 2004년, 북미는 유럽연합의 해외직접투자 총액의 39퍼센트를 차지했다. 유럽연합은 어떤 대륙보다도 이곳에 많은 투자를 했다. 2007년 유럽연합은 미국 해외직접투자의 48퍼센트를 차지했다. 양자가 추가 무역 협정을 맺으면 향후 5년 동안 무역액이 1,200억 달러에 달하고 성장의 경우 1,800억 달러 증가할 것이다.[13] 이런 수치를 감안하면, 중국 및 동아시아와의 무역 균형이 별로 걱정되지 않을 것이다. 중국은 해외에 판매하는 양이 줄어들고 자체 판매가 늘어날 테지만, 수출을 가능케 하는 생산 연쇄에 대한 투자는 계속할 것이다. 따라서 중국은 서양의 시장과 계속 연결될 것이다. 『파이낸셜타임스』의 보도에서 암시하는 것처럼, 중국은 서양 기업에 대한 투자의 수익성을 확보하기 위해 첨단 기술을 얻으려고 노력할 것이다. 중국 회사 지리Geely가 볼보와 관계를 맺으려 하듯이 말이다.[14]

국가와 기업

오늘날 모든 주요 산업국은 다른 지역의 시장과 원료에 의존한다. 아마 러시아 정도를 제외하고는 어느 나라도 원료를 완전히 자급자족하지 못할 것이다. 그리고 러시아는 원료를 제외한 모든 영역에서 뒤처져 있다. 이런 상황에서 나라들은 어떻게 상호 의존을 관리할까?

우선 경제발전은 무역에서 유래한다. 어떤 시점에 이르면, 중국은 13억 인구의 내수를 이용해 발전하고 충분히 부유해질 것이다. 하지만 그때까지는 중국의 성장은 해외 판매에 의존할 테고 그후에도 국내에 없는 석유와 광물을 구입하기 위해 여전히 외화가 필요할 것이다. 중국은 해외 석유와 천연가스 의존도가 미국보다 높다. 기업이 그렇듯이 나라도 서로 의존한다. 기업은 경쟁하고, 상승하고, 쇠퇴한다. 어려움에 직면하면 기업은 새로운 먹거리를 찾기 위해 다른 기업과 합병한다. 국가도 비슷하다. 국가의 장기 지위는 부를 창출하고 경제성장을 달성하는 데 달려 있는데, 이를 위해서는 제품을 해외에 판매해야 한다. 국가는 자국 상품에 대한 관세를 피하기 위해 다른 나라에 생산 기반을 마련한다. 수익을 높이기 위해 해외에 투자도 한다. 세계화된 세계는 상이한 국가들 사이의 생산요소의 이동을 수반한다. 이런 생산요소를 획득하거나 잃는 것은 국가의 정책 결정권자들에게 무척 중요하다. 생산요소의 존재나 부재는 국가 차원의 고용이나 경제의 확대 혹은 축소를 의미한다. 1600년에 에스파냐가 네덜란드에게 당하거나 1650년 이후 네덜란드가 영국에, 1920년 이후에 영국이 미국에 당한 것처럼, 어떤 나라가 다른 나라에 생산요소를 빼앗기면, 정부는 권력을 잃고 국가의 통일성이 흔들린다. 길게 보아 서양이 직면하는 문제는 핵심 생산요소들—자본, 기술, 노동—을 어떻게 통제하고 국내에 유지할 것인가 하는 점이다. 서양은 여전히 이런 생산요소들—숙련노동, 자본, 기술—의 가장 중요한 부분을 장악하고 있는 것처럼 보인다. 하지만 서양 시장이 확대되고 수요가 증대되지 않는다면 이를 계속 유지하기는 힘들다. 요소들은 언제나 수익이 가장 높은 곳으로 이동하게 마련이다.

국가와 기업은 여러 면에서 다르다. 나라는 추정컨대 민주적으로 통제된다. 혹은 적어도 국민들에게 영향을 받는다. 하지만 기업은 주주들 말고 다른 이들에게는 거의 아무런 책임을 지지 않는다. 기업은 특정한 제품을 전문적으로 다루는 반면, 국가는 대개 국제분업을 수행하지 않는다. 그렇지만 기업은 생산을 해외 회사들에 아웃소싱하는 경우에 분업을 실행한다.

국가는 또한 다른 국가에 위치한 시장, 원료, 기술 등에도 의존한다. 기업들은 예전에 하던 활동의 많은 몫을 도급을 주면서 손수 하는 일이 줄어든다는 점에서 더 평평해졌다. 나라들 역시 필수 서비스를 위해 다른 국가들을 상대한다는 점에서 더 평평해졌다. 산업 동맹, 국제적인 생산 협정, 부품 생산 하청 때문에, 국가들을 '비슷한 단위'로 가정하는 고전적인 국제정치 이론은 현대 정치에서 점점 의미를 잃고 있다. 국가들은 점차 '상이한 단위'로 바뀌고 있다. 오스트레일리아나 러시아 같은 나라는 원료를 생산하고, 대만, 싱가포르, 홍콩, 방글라데시 같은 나라는 중간 부품을 생산한다. 중국, 남한, 멕시코, 폴란드 같은 나라들은 최종 조립을 담당한다. 유럽, 미국, 일본 같은 일부 국가는 제품을 설계하고, 시장을 찾고, 생산 자금을 조달하고, 전체 과정을 감독한다.

아마 현대 산업국가들의 경우 생산의 3분의 2는 다른 나라에서 실행될 것이다. 미국은 생산에서 규모의 경제를 증대하려고 시도하는 과정에서 일본, 멕시코, 캐나다의 산업 없이는 진척을 볼 수 없다. 한 나라는 다른 나라에 해외직접투자를 한다. 이를 통한 생산에 의존하는 나라는 이 원천이 차단되면 곤란해질 것이다. 다른 생산 단위를 찾는 것은 복잡하고 시간이 오래 걸리는 일이다. 만약 폭스콘―중국의 거대 부품 생산업체―을 활용할 수 없다면, 애플은 어디에 부품 제작을 맡길 것인가?

투자하는 나라가 국내에 유사한 역량을 보유하고 있지 않은 경우에 의존은 더욱 강화된다. 대만에 지진이나 태풍이 일어나면 전 세계의 관련 업체들은 평판 스크린 확보에 차질이 생길 수 있다. 일본에서 쓰나미가 발생하면 서양 생산업체들은 일본이 설계하는 핵심 제품들을 일시적으로 구하지 못한다. 태국에 홍수가 일어나면 일본에 수출하는 자동차 부품 생산이 중단된다. 금융 분야에서는 의존이 더욱 심할 수도 있다. 그리스와 포르투갈은 자국 채권을 사들이는 독일이나 미국 자본에 의존하기 십상이다. 다른 구매자는 (유럽중앙은행 말고는) 없을 것이다. 1927~29년에 바이마르공화국의 채권이 만기가 도래했을 때, 미국인들은 이 채권을 연장해주지 않았고, 다른 구매자는 전혀 없었기에 독일은 배상금을 지불할 수 없었다. 베를린 당국은 채권을 팔기 위해 금리를 올릴 수밖에 없었고, 결국 이 나라는 깊은 불황으로 빠져들었다. 결국 히틀러가 1933년 1월 30일에 권좌에 오르는 길을 닦아준 것이다.

좀 더 일반화해서 말하자면, 일부 효율적인 산업의 경우에 장기 비용곡선은 생산이 증가함에 따라 하향할 수 있다. 기업은 아웃소싱을 통해 가장 낮은 단가로 생산을 할 수 있다. 하지만 궁극적으로 한 기업의 특정 품목 생산이 현실적인 한계에 다다르거나 해당 제품의 수익이 감소할 수도 있다. 새로운 면도기는 날이 네 개나 다섯 개인 경쟁자의 면도기 때문에 구식이 될 수 있다. 이 기업은 면도기에서 벗어나 이를테면 식탁용 칼이나 헤어드라이어, 자전거—또는 스마트폰이나 태블릿 PC, 기타 장치—등으로 생산을 다변화하기를 원할 수 있다. 이 기업은 소규모 생산자와 합병을 통해 신기술 개발을 시도할 수도 있다. 또 해외의 새로운 시장을 찾을 수도 있다. 어쨌든 어떤 제품의 판매에서 불리한 입장에 직면한 생산자는 제품 목록을 확대하거나 다양화하려고 노력할 것이다. 프록터앤드갬블이 몇 년 전에 질레트를 사들였듯이, 이런 조치의 일환으로 시장 점유율을 회복하려고 해외 기업이나 생산 시스템을 합병할 것이다.

국가들도 비슷한 자극에 직면한다. 1880년 이후 관세 인상에 직면한 영국은 이제 더 이상 유럽 대륙에서 대부분의 자국 상품을 팔 수 없었다.[15] 영국은 다른 시장을 찾아야 했고, 자국 상품의 시장이 될 식민지 영토를 다시 탐색함으로써 활로를 찾았다. 오늘날 제국은 해결책이 아니지만, 다른 집단과의 관세동맹은 해결책의 중요한 일부가 된다. 이런 점은 사업체가 다른 기업과 연계할 필요가 있는 것처럼, 국가 역시 다른 국가와 연계할 필요가 있다는 사실을 암시한다. 국가는 사업체와 마찬가지로 새로운 시너지나 새로운 제품이 필요하다. 국가가 시장 지배력을 회복하고 자국 제품에 대한 새로운 수요를 찾으려면 다른 국가와 연합할 필요가 있을지도 모른다.

기업은 국내 고객을 만족시키지 않아도 된다. 하지만 국가는 경제적 결정을 통해 반드시 시민들의 정치적 욕구와 요구를 충족시킬 필요가 있다. 기업은 해외에 더 저렴한 생산라인을 설립할 때 망설이지 않는다. 주주들은 반대하지 않을 것이다. 하지만 만약 어떤 나라가 생산의 많은 부분을 해외 공급자들에게 이전한 결과 국내에서 일거리가 사라졌다 할지라도 국민들을 정리해고할 수는 없다. 그러므로 국가는 두 주인을 섬긴다. 국제시장의 요구와 자국 정치체제의 요구다. 한쪽 요구를 들어주면 다른 쪽을 실망시킬지도 모른다. 이런 이유 때문에 미국의 십대들은 프랑스어와 중국어를 배우고 있으며, 외국의 십대들은 영어를 배우고 있다.

예컨대 제너럴일렉트릭^{GE}으로 대표되는 미국 산업은 비용을 줄이기 위해 일자리를 아웃소싱으로 돌리는 데 아무 주저함이 없다. 하지만 미국은 이 일자리들을 국내에 유지하기를 바란다. 다른 한편, 만약 미국 기업들이 파산하면, 결국 미국도 함께 파산한다. 미국의 기술 우위는 미국 기업들이 수행하는 연구·개발에 의존한다. 미국 기업들이 파산하지 않으려면 해외에서 활동하고 제조하도록 허용해야 한다. 미국, 일본, 독일은 각기 다른 방식으로 이 문제를 풀려고 노력해왔다. 1990년대 중반 이래 일본은 경제적으로 줄곧 침체해 있다. 일본의 글로벌 기업들은 계속해서 첨단 기술 제품을 해외에 수출하고 있지만, 국내 수요는 일본 산업의 절반을 지탱하기에도 버겁다. 일본의 성장률은 하락하고 있다. 일본은 해외 노동자를 고용함으로써 국제적으로 성공을 거두면서 중국의 성장率長들과 미국의 주지사들에게 효율적인 새로운 공장들을 제공하고 있다.

미국은 금융에 지나치게 많은 투자를 하는 잘못을 저질렀다. 금융 부문은 신용부도 스와프 같은 난해한 상품을 만들어냈는데, 2008년에는 이 상품의 불가해한 조작 때문에 AIG가 붕괴하기도 했다. 헤지펀드들과 심지어 골드만삭스도 고객들에게 핵심 금융 상품을 판매하고는 대주거래를 함으로써(즉 가격 하락에 내기를 겲으로써) 이익을 얻었다. 미국의 물질적인 자본 스톡에 대한 금융의 순純기여도는 하찮은 수준이다. 미국의 많은 대학 졸업생들은 이 점을 고려하면서 금융에 등을 돌리고 실제로 가치를 창조하는 회사로 발길을 옮기고 있다. 거꾸로 독일은 (국제적 도움을 받아) 국내에서 일자리를 줄이지 않고서도 해외에 판매할 수 있는 실물 제품—자동차, 의약품, 보건의료 제품—을 만들었다. 독일은 보건의료 비용 일부를 정리하고 수습 요건을 바꾸는 방식으로 노동비용을 줄였다. 근면한 독일 노동자들은 실제로 더 적은 시간 노동하고도 동일한 양을 생산할 수 있었다.

이 마지막 이점은 미국과 관련이 있다. 생산성(노동시간당 산출량)이 향상될 때 노동비용은 줄어든다. 그리하여 생산성이 높아지면 고도로 생산적인 노동자를 계속 고용하고 일자리 아웃소싱을 줄일 수 있다. 성공의 열쇠는 부가가치의 양이다. 부가가치가 낮은 일자리를 해외로 옮긴다 하더라도 국내의 고도로 숙련된 노동자의 고용은 영향을 받지 않을 것이다. 독일과 미국 모두에서 중요한 점은 가치 스펙트럼에서 맨 위쪽에 있는 일자리들을 유지하는 것이다. 그러면 국내 고용을 줄이지 않고도 첨단 기술 제품 조립을 해외로 이전할 수 있게 된다. 이렇게 하려면 독일과 미국은 산업이 국제 경쟁에서 계속 앞서갈 수 있도록 연구·개발 지출을 지원해야 한다. 두 나라 모두 중국이나 베트남만큼 저렴하게 공급 연쇄의 일부 고리를 채우지는 못할 것이다. 하지만 관건은 상위 연결고리를 국내에 유지하는 것이다. 이렇게 하려면 생산과정의 전문적인 틈새 분야를 감당할 수 있도록 노동자들을 고도로 교육, 훈련시켜야 한다. 노동자-전문가들이 작업 현장의 공학을 이해할 뿐만 아니라 역량을 향상시켜야 하는 것이다.

오늘날 우리는 경제적 상호 의존을 어떻게 이해할 것인가. 해외에 수출을 하고 수출 흑자나 최소한 균형을 달성하는 것만으로는 충분치 않다. 모든 것은, 무엇을 수출하고 생산 연쇄에서 어떤 요소를 통제하는가에 달려 있다.

상호 의존과 생산 연쇄

현재 어떤 주요 산업국가도 제조업 제품의 모든 면을 책임지지 않는다. 주요 산업국가는 제품을 설계하고 판매하거나 연구·개발을 하고 생산 과정의 자금을 조달할 수 있다. 또 부품의 일부나 대부분을 제조하거나 조립해서 최종 소비재로 만들 수 있다. 제품의 최종 가격은 생산과정의 각 단계에서 이루어진 공헌이 반영돼 있다. 서양 회사들은 이 제품을 설계하고 작업을 통제하는 컴퓨터칩을 제공할 수 있다. 하지만 부품을 제조하고 이 부품들을 깔끔한 다발로 조립하는 일은 다른 이들의 몫이다. 대개 부품 제조업자와 조립업자는 제품 소매가의 50퍼센트 이하를 벌어들인다.

따라서 중국의 제조 작업은 제품의 최종 가격에 포함되지만, 중국은 보통 최종 가격의 30퍼센트 정도만을 받는다. 그러니까 예컨대 중국이 5,000억 달러를 수출했다고 해도 실제로는 1,500억 달러 정도를 받았다는 의미가 된다. 그러므로 가령 중국이 미국과 독일을 상대로 기록한 무역수지 흑자의 상당 부분은 주로 미국이나 독일 기업들의 소득에 해당하는 것일 수 있다. 중국 수출의 수입 의존도는 무척 높다. 서양(과 일본)의 생산 연쇄의 일부가 될 필요성이 있기 때문에 중국을 비롯한 나라들은 서양 국가들과 연결된다.

아웃소싱은 나라들이 잇달아 생산 연쇄에 참여함을 의미한다. 가장 세계화된 사회들은 다른 공급자들과 생산 연쇄를 통해 밀접하게 연결된다. 스티븐 브룩스의 말을 빌리자면, "생산의 세계화는 초강대국의 수정주의(즉 군사적 팽창)에 불리한 영향을 미치고 있다".[16] 가령 한 침략자가 다른 나라를 정복하면, 생산 연쇄의 일부만을 획득했다는 사실을 발견할 것이다. 만약 침략자가 최상위 부분—설계, 연구·개발, 마케팅 기술—을 차지한다 할지라도 제품을 완성하는 데 필요한 부품 제조업자와 조립업자를 보유한 다른 나라들을 찾지 못하면, 희생자의 제품을 실제로 소비하지 못할 것이다. 이처럼 생산 연쇄를 완성하는 일은 쉽지 않다. 가령 러시아가 유럽을 정복했다고 가정해보자. 크렘린은 유럽의 고도로 발달한 소비재 비축량을 활용하지 못할 것이다. 설계와 부품을 완성품으로 만드는 공급업자를 보유하고 있지 않기 때문이다. 또는 인도가 중국을 정복했다고 상상해보라. 델리는 최종 조립 기술과 부품은 보유하고 있을 테지만, 설계, 연구·개발, 컴퓨터 기술은 얻지 못할 것이다. 인도는 다른 나라로부터 이런 것들을 사들이거나 자체 개발해야 할 것이다. 어떻게 보더라도 외부자들은 이런 품목을 제공하려 하지 않을 것이다. 결국 산업 과정 전체를 지배하기 위한 침략은 헛된 계획이 되고 말 것이다.

게다가 침략을 하면 수출을 유지하는 데 필요한 연결고리가 끊길 것이다. 아시아의 수출 주도 발전은 서양과 일본 시장에 판매하는 것을 의미한다.(극동의 개발도상국 시장들은 현재 미국과 유럽에 공급되는 광범위한 제품을 흡수하지 못한다.) 미국과 중국의 전쟁을 가로막는 기본 제약은 중국이 조립한 상품을 유럽이나 미국에 팔아야 한다는 사실이다. 유럽이나 미국을 공격한다면 중국의 성장이 방해를 받을 것이다. 중국은 아직 자국민들에게 소비재를 파는 것만으로는 발전할 수가 없다.

독일과 중국은 둘 다 수입 의존도가 높은 제품을 수출한다. 두 나라의 차이점은 독일의 경우 수입이 부품이나 원료를 비롯하여 저기술에

수출의 수입 의존도, 2005년

단위: 퍼센트

	중국	독일
수출 전체	27.4	27.2
제조업 전체	30.4	30.9
저기술/중위 저기술 제조업	21.6	33.2
첨단 기술/중위 첨단 기술 제조업	37.5	27.8
정보 통신 기술(ICT) 제조업	48.5	29.0

출처: OECD Structural Analysis(STAN) Input-Output Database, Imports content of exports as % of GDP

집중돼 있다는 사실이다(독일은 제품에 첨단 기술 콘텐츠를 추가한다). 중국의 경우에 수입이 주로 첨단 기술과 중위 기술 제품—소형 컴퓨터, 감지 장치, 전자제품—에 치중된다(중국은 제품에 저기술 콘텐츠를 추가한다). 중국은 자국에서 조립하는 최종 제품에 이러한 외국의 핵심 콘텐츠가 포함되지 않으면 효과적으로 수출을 하지 못할 것이다. 이 콘텐츠 자체에 기여를 할 수 없는 중국은 따라서 제품 전체에 부가된 가치의 30퍼센트 정도만을 받는다. 독일은 저기술(수입) 콘텐츠를 수출품에 포함하지만 부가가치의 60퍼센트를 손에 넣는다. 독일은 마음만 먹으면 이런 부품이나 조립을 자체 조달할 수 있지만, 오로지 비용 문제 때문에 하청을 준다.

이런 차이는 국제정치에서 무슨 의미가 있을까? 이 차이는 개발도상국들이 국제시장의 규율에서 쉽게 자유로워지지 못함을 암시한다. 개발도상국이 자국 제품을 서양 시장에서 판매하려면 다른 나라들이 제공하는 높은 수준의 콘텐츠를 구현해야 한다. 따라서 중국의 성장은 상호 의존적인 성격을 띤다. 이런 식으로 중국의 성장은 역시 국제무역에 바탕을 두었던 19세기 후반 독일의 성장과는 다르다. 당시 독일은, 가치가 더해진 콘텐츠를 대부분 다른 나라가 제공하는 생산 연쇄에 참여하지 않고, 해당 콘텐츠를 제공했다. 그러므로 독일은 오늘날의 중국과 달리 국가 발전을 위해 국제 체제에 의존하지 않았다.

세계의 산업 구조는 동양과 서양을 어느 때보다 더 가깝게 만들었다. 발전은 국제 관계의 변천에도 불구하고 지속될 공산이 큰 동양과 서양 자본주의의 통합적 관계에 의해 결정되었다. 하지만 핵심 문제는 중국을 비롯한 부상하는 국가들이 자신들의 성장을 지배하고 자극한 중심 연계로부터 자유로워지고 이를 대체하려고 노력할 것인가 하는 점이다. 후발 산업 주자인 러시아는 19세기 동안 자본주의적 상호 의존의 그물망에 깊숙이 얽혀들었다. 볼셰비키혁명이 일어난 이후에도 러시아는 1921~28년의 신경제정책New Economic Policy, NEP 시기에 자본주의 시장과 기술에 여전히 묶여 있었다. 하지만 1933년 이후 공산주의 러시아는 자립의 길을 가기로 결정하고 서양과의 산업 연결고리를 끊어버렸다. 앞으로 중국도 비슷하게 행동할까?

결론

이 장에서는 국가가 훨씬 더 많은 생산량을 창출하는 규모의 경제가 필요한 산업을 통해 이익을 얻는다는 점을 보여주었다. 부상하는 나라들은 이런 산업과 연계되어 생산 연쇄에 참여하고 해외에 제품을 판매하기를 바랄 것이다. 중국은 특히 이렇게 해왔다. 개발도상국 세계에 시장 클러스터market clusters가 대규모로 이전된 적은 한 번도 없다. 시장 클러스터는 여전히 서양과 동료 산업국가인 일본에 남아 있으며, 이전 역사에서는 존재하지 않던 지역들 사이에 강력한 연결고리를 만들어내고 있다. 1914년에는 이른바 '생산 연쇄'가 전혀 존재하지 않았다. 오늘날 세계경제의 상호 의존은 제조업 장소들을 하나로 꿰고 있다. 이런 연계에서 떨어져 나간다면 어떤 나라든 경제성장과 기술 역량에서 고전을 면치 못할 것이다.

하지만 평평함의 유혹이 존재하기 때문에 새로운 나라들은 기존 산업의 상호 의존을 복제하거나 그것 없이도 헤쳐 나갈 수 있다고 믿을지 모른다. 어떤 이는 규모의 경제가 필요한 산업들이 갑자기 곳곳에서 자라날 거라고 생각할지도 모른다. 정보기술 분야에 종사하는 충분히 진취적인 기술자라면 집이나 컴퓨터 창고에서 어떤 일이든 할 수 있을 거라고 여길지도 모른다. 3D 프린팅 덕분에 광범위한 현장에서 모래, 에폭시 수지, 복합 재료를 사용할 수 있다. 이런 것들을 최대한 활용할 수 있다면 규모는 필요하지 않을 테고, (이론적으로만 따지면) 어디서든 설계하고 생산할 수 있다.

하지만 실제로는 장소가 여전히 지배한다. 재능과 기술을 갖춘 노동자들은 한데 모인다. 규모의 경제는 한 제품을 대량생산하기 위해 여전히 존재한다. 이런 효율적인 산업들은 서양과 일본에 있다. 중국은 성장과 생산성을 유지하기 위해 이런 강력한 시장 클러스터에 접근할 필요가 있을 것이다.

7

중국

문제

중국은 강대국들에게 가장 크게 의존한다. 중국은 석유나 철광석 등의 원료가 거의 없다. 또 첨단 기술 분야의 자체 역량도 아직 갖추지 못해서 산업 생산 과정을 대부분 서양과 일본의 혁신에서 끌어온다. 산업 설계 이외에도 중국이 필요로 하는 것은 대부분 인근에서 구하기가 힘들다. 광대한 석유 자원은 중국 주요 항구에서 약 9,600킬로미터 떨어진 중동에 있다. 철광석 같은 다른 원료는 역시 수천 킬로미터 떨어진 오스트레일리아와 브라질에 있다. 그러므로 중국의 안보와 경제적 복지에는 무역이 절대적으로 중요하며, 새로운 원료 공급원을 차지하기 위해 무력 침공을 감행하는 것은 거리 때문에 현실적이지 않아 보인다. 국제사회의 반대에 부딪힐 게 빤하기 때문에 중국은 장래에 세계에서 가장 강력한 해군이나 공군, 미사일 전력을 구축할 가능성이 거의 없다.

하지만 역사를 보면, 부상하는 국가들은 강대국들 및 다른 나라들에 대한 의존을 어느 정도 무시한다는 사실을 알 수 있다. 한창 근대화를 거치는 나라들은 빠른 발전에 흥분한 가운데 이런저런 제한에 분노한다. 미국도 19세기에 이웃들로부터 대륙의 영토를 빼앗거나 매입하면서 이런 모습을 보였다. 미국이 가차 없이 서쪽으로 나아가던 때에 일부 역사가들은 미국을 "위험한 국가"라고 부른 바 있다. 러시아도 비슷한 발전을 거쳤다. 러시아의 탐험가들과 일부 개척 정착민들은 17세기 말에 태평양에 도달했다. 영토의 대부분이 적도보다 북극에 가까워짐에 따라 러시아인들은 겨울에도 얼지 않는 항구를 원했고, 지중해로 나아가는 흑해의 관문인 콘스탄티노플*을 손에 넣으려고 했지만 실패했다. 19세기에 투르크제국이 약해지자 러시아는 발칸 지역에 있는 투르크의 옛 영토로 팽창을 시도했다. 하지만 이번에도 실패했다. 러시아가 대규모로 철도를 건설하면서 20세기 초에는 서유럽 영토가 러시아의 군사 행동 사정권 안에 들어오게 되었다.

중국도 비슷한 팽창의 충동을 느끼고 인근이나 멀리 떨어진 지역의 새로운 인구나 영토, 자원에 손을 뻗을지 모른다. 경제적인 역동성을 감안할 때, 중국은 새로운 수익을 얻기 위해 군사 침략에 의지할 수도 있다. 이런 가능성은 중국의 성장이나 중국과 서양의 관계에 따른 필연적인 결과가 결코 아니지만, 여전히 답을 내놓아야 하는 질문을 제기한다.

토인비는 『역사의 연구』에서 19세기에 확산일로에 있던 산업주의와 민족주의의 충돌을 묘사한다. 그는 산업주의가 결국 1890년대에 민

---

* 지금의 이스탄불.

족주의라는 병에 부어졌다고 결론지었다. 1820년대부터 1870년대까지 유럽의 발전을 특징지은 세계적 차원의 산업 변화를 끌어낸 정신은 1890년에 이르러 이제 더 이상 국가들을 하나로 묶거나 국가들 사이의 무역 통로를 열지 못했다. 대신 이 상업은 높아진 관세를 비롯한 여러 제한에 종속되었다. 뒤이어 제국주의가 새로운 시장과 원료를 찾는 수단이 되었다. 중국은 장래에 경제적 폐쇄에 대응해 군사적, 영토적 팽창의 길로 나아갈까?

중국의 통일

중국은 내적 통일을 창출하기 위해 팽창할 필요가 없다. 이미 통일되어 있기 때문이다. 중국 국민의 92퍼센트가 한족 혈통이다. 신장(위구르족) 과 티베트(장藏족)의 소수민족은 정부 방침에 따라 재정착한 한족을 받아들여야 했다. 동부의 소수민족인 객가客家와 더불어 이 사람들은 모두 중국의 역동적인 산업화로 인한 경제성장과 소득 증가의 혜택을 받았다.

중국은 무척 오래전에 통일되었다. 로마 제국이 4세기에 분해되던 때 중국은 단일민족으로 하나로 합쳐지기 시작하고 있었다. 마틴 자크가 상기시키듯, 다른 나라들과 달리 중국은 구성원들이 여러 언어를 사용하지 않는다는 점에서 '문명—국가civilization-state'이다. 중국에서는 문화적 민족이 곧 국가이다. 유구한 시간이 흐름에 따라, 그리고 다른 종족 간 혼인을 통해 분리된 집단들이 하나의 민족, 즉 하나의 인종—종족 집

단을 이루게 되었다.[1]

만약 중국인들이 서로에게 불만을 품는다면, 이유는 종족적 차이 때문이 아니라 도시 인구와 농촌 인구 사이의 불평등 때문이다. 정권이 새로운 화력발전소를 세우거나 새로운 댐, 발전소, 운하 등을 만들기 위해 사람들을 이주시켰을 때 대개는 한족 농촌 인구가 피해를 본다. 해마다 이런 토지 강탈에 대항하는 대중 저항이 10만 건 이상 벌어지고 있다.

이런 분쟁은 계속될 공산이 크다. 중국의 대기오염은 비단 베이징만이 아니라 다른 곳에서도 계속 심해지기 때문이다. 중국의 상수도는 생산 공장의 부적절한 하수나 폐기물 처리 때문에 독소에 오염되는 일이 빈번하다. 비록 인터넷을 통해 서로 소통하는 능력이 점차 증대되고 있지만, 중국인들은 서비스의 분배에 만족하지 못하며 자기 의사를 분명하게 표현한다. 때로 이런 표현은 1989년 학생 시위를 노골적으로 가리키는 "나는 베이징의 톈안먼을 사랑한다네" 같은 반어적인 노래처럼 유머러스하게 나타난다. 중국 공산당 지도자들은 이런 불만의 표현에 관심을 기울이며, 정권은 비판론자들을 달래려고 노력한다. 국가 차원의 선거는 존재하지 않지만, 정부는 여론조사를 통해 국민들의 바람을 계속 주시한다. 그렇지만 정권은 초엘리트 집단 내의 분열이나 반체제 인사의 활동을 완전히 차단할 수는 없었다. 충칭의 보시라이가 몰락한 사건은 공산당 정치국 9인 상임위원회가 어떻게 굴러가는지 외부 세계에 노출시키는 계기가 되었다.

역사적 변화의 윤곽

대규모 정치제도가 중국에 자리를 잡은 시기는 기원전 3세기로, 이는 서양보다 한참 앞선 것이었다. 하지만 법의 지배나 정치적 책임성 등은 아직 자리 잡지 못했었다. 중국 역사는 끊임없이 변해왔지만 전제주의로 점철되었다. 그리스와 로마가 고전적 공화주의—많은 사람들이 배제되었기 때문에 민주주의는 아니다—의 한 형태를 발전시키는 동안 서양의 이 고전적 체제는 소규모로 잘 작동했다. 개인들이 서로를 알고 존중하는 한, 폴리스나 로마 원로원의 대의제는 효율적인 통치로 이어질 수 있었다. 하지만 로마의 영토가 넓어지고 많은 대표자들이 새롭게 포함되자 입법부의 견제는 효율성을 잃었고 특정한 개인의 전제주의가 들어서게 되었다. 그리스와 로마의 제도와 달리, 중국의 제도는 거대한 영토와 인구를 관리하기 위해 만들어졌다. 어떻게 보면, 중국은 거대한 인구와 영토로 행정이 확장되는 막스 베버의 '관료제'를 처음으로 창조한 나라였다. 관료들은 계급이나 카스트가 아니라 능력을 바탕으로 발탁되었다. 하지만 서양과는 달리 관료들의 지배력은 종교나 법의 지배에 의해 제한되지 않았다. '두 개의 칼' 교의, 즉 영적 칼과 세속적 칼이 있다는 교의는 유럽 국가의 권력을 제한했다. 기독교는 일찍이 서기 3세기에 (신민들의 충성의 대상이라는 측면에서) 국가의 경쟁자로 등장했다. 그후 모든 시민은 두 영역 사이에서 충성의 균형을 잡아야 했다. 반면 중국에서는 그런 선택을 할 필요가 없었다. 국가의 권위를 위협하는 어떤 종교도 없었기 때문이다. 같은 이유로 전제주의는 중국에만 국한되지 않았다. 중국에서는 '법의 지배'가 관철된 적이 없었다. 이 개념이

의미가 있으려면 국가보다 우월하거나 적어도 국가와 다른 권위 있는 존재가 필요했기 때문이다.

하지만 중국에서는 조상과 연결되는 무언가—이른바 '족보'—가 또 다른 충성의 초점을 만들어냈다. 만약 어떤 통치자가 죽은 조상들의 정신을 대변한다고 믿어지면, 그는 복종을 명령할 수 있었다. 이와 대조적으로, 서양 전통을 이끈 추진력은 정치적, 행정적 결정을 내리는 과정에서 족벌주의nepotism를 공명정대한 조치로 대체하려고 노력하는 것이었다. 적어도 이론상으로는 인척이나 친구에게 보상을 주는 것은 엄격하게 금지되었다. 1517년 마르틴 루터는 가톨릭의 족벌주의 관행, 즉 인척에게 직책을 보상으로 주는 관행을 통렬히 비난했다. 그후 애국주의, 마르크스주의, 기독교 등은 의사 결정과 충성에 있어서 가족의 유대를 초월하도록 시민들을 설득하려고 했다. 대신 공동체 규범이 주입되었다.

예를 들어, 영국에서는 정치 활동과 적절하다고 여겨지는 행동방식이 언제나 군주정과 제도적 기구—의회, 귀족계급, 영국국교회—의 영향을 받았다. 이런 제도들이 일반적으로 수용됐다는 사실은 영국의 평범한 유권자가 반란이나 이탈, 다른 국적 선택 등의 극단적인 대안을 생각해볼 필요가 없었음을 의미한다.[2] 시민들은 오래전부터 내려온 선례들을 따르면서 여왕이 탄 마차가 지나갈 때 해야 한다고 들은 대로 행동한다. 정치생활의 아주 많은 부분이 대중들에 의해 결정되고 받아들여진다는 것은 절대 불리한 조건이 아니다. 이런 사실 때문에 일반적인 유권자는 어떤 당이 영국의 경제성장을 가장 잘 이끌고 소득 평등을 더 확대할 수 있는가 같은 중요한 문제들에 충분히 집중할 수 있다. 전통적인 제도들은 소시지 기계와 같다. 일반적으로 받아들여지는 결정과 관행, 늘 그렇기 때문에 생각할 필요가 없는 결정과 관행을 만들어내는 것이다. 이런 전통적인 결과를 역사적으로 받아들였기 때문에 영국 의회를 폭파해버리려는 제2, 제3의 가이 포크스가 거의 등장하지 않는다.[3]

중국에서는 조상과 가족에 대한 복종을 제외하면, 국가권력이 무한정 확대될지도 모른다. 전통적인 관습이 대중적인 관행을 지배하는 경우는 거의 없다. 하지만 중국의 권력은 완전히 합리화되거나 전적으로 받아들여지진 않는다. 1911년 만주족 왕조가 무너졌을 때나 1949년 중국 공산당이 권력을 잡았을 때처럼 '하늘의 명령(천명)'은 언제든 철회될 수 있기 때문이다. 두 경우 모두 기존의 정치체제가 붕괴하거나 공격을 받아 패배했다. 중국에서는 정권이 거부를 당하면 사회 질서의 전반적인 토대가 파열된다. 이와 대조적으로 유럽에서는 이런 변화들이 대부분 이전의 권위와 충성 양상을 여전히 받아들이는 새로운 정부를 등장시킨다. 올리버 크롬웰의 시기를 제외하면, 영국인들은 정치적 변화를 거듭 겪으면서도 군주제를 유지했다. 프랑스인들은 군주제에서 공화제로 옮겨갔지만 권력 이행 과정에서 옛 체제의 여러 측면을 유지했다.

프랜시스 후쿠야마가 정치제도의 발전을 개관한 권위 있는 연구에서 입증하는 것처럼, 전 세계의 사회조직은 경쟁의 결과로 점점 커졌다. 개인들의 경쟁하는 무리는 결국 더 큰 조직인 부족의 형성으로 이어졌다. 뒤이어 경쟁하는 부족은 근대국가를 만들어냈다. 물론 파푸아뉴기니나 아프리카 일부 지역에서는 이 과정이 아직 완결되지 않았다.[4] 많은 나라에서는 부족적 혈족 관계의 영향력이 여전히 남아 있다. 일부 지역에는 10만 명의 혈족을 거느린 부족들이 있다. 부족 집단에는 근대국가의 위계적 권위가 결여되어 있다. 부족 집단은 합의에 도달하기 위해 합법화된 무력보다는 협상을 활용해야 한다. 인류학자 E. E. 에번스-프리처드가 보여준 것처럼, 수단의 누에르족Nuer은 수백 년에 걸쳐 딩카족 Dinka과 싸움과 교섭을 계속했다. 역시 부족 사회의 유산인 중국의 족벌주의는 여전히 지역과 가문을 선호하고 심지어 부패에도 눈을 감는다. 중국의 억만장자들은 대부분 전직 당·국가 지도자의 인척들이다. 그들은 '태자당太子黨'이라고 불린다.

유럽에서 정치 영역에 진출한 종교는 기존 충성 관행을 허무는 경향이 있었고, 고전 시대 다신교의 관점은 기독교의 일신론에 밀려났다. 그후 정치는 경쟁하는 단일한 신념 체계와 다뤄야 했다. 로마 시대에 기독교는 정치적 정통성을 나누어 가졌고, 16세기에 기독교가 분열함에 따라 정치적 충성은 더욱 잘게 분화되었다. 모든 부족들이 동의하면 아주 커다란 정치체가 생길 수 있다. 하지만 유럽에서는 그런 동의가 구현되지 못했다. 종교개혁을 통해 등장한 원형국가proto-state들은 시민들에게서 조건 없는 충성을 받지 못했고, 지리적 구분선뿐만 아니라 종교적 구분선에 따라서도 균열되었다. 어느 역사가는 "국가는 전쟁을 낳고, 전쟁은 국가를 만들었다"고 주장했다.[5] 부분적으로 형성된 정치체들은 국민 정체성과 통일을 달성하기 위해 자기들끼리 싸워야 했다.

16세기 유럽에는 아주 다양한 정치체들이 존재했다. 제국들은 무역 도시들과 다투었고, 무역 도시들은 다시 농업 군주국들과 경쟁했다. 전쟁이 일어나지 않는 한 어떤 형태의 정치체도 압도적인 우위를 차지하지 못했다. 더 크고 강력한 권력 응집체가 점차 작은 도시국가를 물리칠 수 있었던 수단은 오로지 전쟁뿐이었다. 중국의 경우도 마찬가지였다.

12세기 말과 13세기 초에 칭기즈칸은 유력한 군국주의의 대표자가 되었다. 칭기즈칸이 이끄는 유목 침략자들은 근동 지역에서 러시아, 몽골, 중국까지 뻗은 광대한 지리적 영역을 지배했다(또는 더 정확히 말하자면 위협해서 복속시켰다). 그들은 정복지의 사람들을 죽이고 강간하고 약탈했으며, 오늘날 과거에 칭기즈칸이 점령했던 지역에 살고 있는 인구의 약 8퍼센트에서 칭기즈칸 계통의 DNA가 발견된다. 칭기즈칸은 다음과 같이 주장했다. "가장 커다란 기쁨은 …… 적을 격파하고 눈앞에서 쫓고, 적의 재물을 빼앗고 적이 사랑하는 이들이 눈물 흘리는 모습을 보고, 적의 말을 빼앗고 적의 부인과 딸을 품안에 끌어안는 것이다."[6]

하지만 중국은 이미 전쟁에 익숙해져 있었다. 전국시대(일명 주나라 시대)에, 즉 기원전 770년부터 서기 256년까지 각지의 제후들이 천하통일을 이루기 위해 싸웠다. 결국 진나라를 세운 시황제가 승리해서 다른 나라들은 진에 합쳐졌다. 실로 유혈이 낭자한 싸움이었다. 110개의 정치 단위가 완전히 사라졌다. 포위 공격이 몇 달 동안 지속되면서 50만 명에 달하는 병사가 싸움에 참여했다. 전투는 귀족의 전차 싸움에서 평민의 보병과 기병 전투로 이어졌다. 이렇게 싸움이 벌어지는 동안 경쟁하는 여러 사상이 나왔다. 법가法家—역설적으로 법적 규제의 토대를 허문 철학이다—가 등장해서 가문의 전통을 존중하는 사고의 집성인 유가와 경쟁했다. 진나라가 승리를 거둔 이유 중 하나는 백성들에게 땅을 줌으로써 백성들과 더 탄탄한 연결고리를 만들었다는 점이었다. 진나라 통치자들은 또한 흔적으로 남아 있는 귀족 집단의 토대를 허물었다. 진 왕조가 받아들인 법가는 친족에 기반한 충성을 비난했고, 통치 체제는 군대에서 능력주의에 따른 인사 체제를 확립했다. 이런 인사 방식은 관료 집단에도 적용되었고, 관직을 얻으려는 모든 이들은 경쟁 시험을 치러야 했다.

후쿠야마는 다음과 같이 말한다. "가족과 국가 사이의 이런 긴장, 그리고 정치적 의무보다 가족적 의무에 도덕적 정당성을 부여하는 유교적 이데올로기는 중국 역사 내내 지속되었다. …… 가족의 힘과 국가의 힘 사이에는 역상관관계가 존재했다."[7] 유가를 거의 인정하지 않았던 법가는 추상적인 행정 규범보다 순전히 가족의 의무와 가치만을 고수하는 사람들은 벌을 주어야 한다고 믿었다. 이런 의미에서 법가의 이념은 1949년에 권력을 잡은 중국 공산당의 방침 속에 반영되었다. 법가는 공적 책임과 사적 책임 사이에 아무런 구별을 두지 않았다. 또한 사생활을 인식하지 못했고, 신분 고하를 막론하고 똑같이 국가에 복종할 의무가 있다고 보았다.

기원전 206년에 세워진 한나라는 중국을 단일 제국으로 통합하면서 앞선 전국시대에 종지부를 찍었다. 한편 유럽에서는 훨씬 뒤까지도 유력한 거대 국가들의 체제가 등장하지 않았다. 서기 1500년에 이르러서도 유럽 정치에는 400개의 독자적인 기관instrumentality들이 존재했다. 하지만 대규모 조직들의 힘이 더 컸기 때문에 1900년에 이르면 몇몇 해외 제국을 포함한 스물다섯 개의 국가로 통합 정리되었다. 유럽에서는 지배적인 단 하나의 국가가 등장한 적이 없다. 유럽은 강과 산의 장벽들에 의해 분리되었다. 지방에 따라 언어와 방언이 달라서 유럽의 통일은 무척 어려운 일이었다.

하지만 중국에는 유럽에서 단일한 정치체가 형성되는 것을 가로막은 요인들이 대부분 부재했다. 중국 동부에는 배가 쉽게 통행할 수 있는 강과 평야가 있다. 복종시켜야 할 강력한 지주 귀족 집단도 전혀 없었다. 유럽에서는 사회적·경제적 근대화가 근대적 영토국가보다 먼저 나타났고, 무역 도시들이 대안적인 중심점 역할을 했다. 한편 중국에서는 가족관계나 국가보다 우선권을 주장할 수 있는 독립적인 상업 부르주아지가 전무했다. 이런 점에서 중국에서는 훨씬 뒤까지도 사회적·경제적 근대화가 일어나지 않았다고 볼 수 있다.

또한 통치자의 권력에 대한 공식적이거나 법적인 견제도 전혀 없었다. '부당한 황제'에게 제재를 가할 수 있는 유일한 방도는 무장 봉기뿐이었다. 황제나 왕조가 '천명'을 잃었을 때에만 이런 봉기가 일어날 수 있다. 공자는 모름지기 제왕은 백성을 위해 통치해야 한다고 가르쳤지만, 제왕이 그런 통치를 못한다고 해서 서양의 사상가나 제퍼슨이 선언한 바, 인민들에게 "반란할 권리"가 주어지는 것은 아니었다. 권력을 잡고 있는 정치권력보다 우월한 도덕적 권위는 존재하지 않았다. 아주 나중에 또 다른 선택지가 등장했다. 중국이 '무역 국가'가 될 가능성이 대두된 것이다. 중국은 해외무역에 성장을 의존하는 수출의 낙원이 될 수 있었다. 덩샤오핑이 주도하는 가운데 자유화 세력 연합이 확립되면서 이런 가능성이 생겨난 것이었다.[8] 그후 경제적 성공은 국가 정책의 주요 목표로서 군사적 발전과 나란히 주요 좌석을 차지하게 되었다. 1978년 이후 중국은 18세기 유럽이 경험한 것과 흡사한 여러 자극에 직면했다. 앨버트 허시먼이 말한 것처럼, 유럽에서는 '정념'이 대부분 경제적인 측면에서 정의되는 "이해관계에 길을 내주었다". 중국에서도 사정은 마찬가지였다. 이제 베이징과 상하이를 비롯한 여러 도시에서 상업의 이해관계가 지배적이다.

하지만 유럽은 19세기 말에 제국주의와 전쟁의 시대로 진입하면서 평화로운 경제적 교섭이라는 제약을 벗어던졌다. 중국도 세계 다른 지역들과 통합을 더욱 진척시켜야만 경제성장을 이룰 수 있을 만큼 전 지구적인 서양 경제에 얽히지 않은 상태라면 똑같은 모습을 보일 수 있다.

중국의 선택

1978년 이후 중국의 경제발전은 확대되는 해외무역이 주도했다. 중국은 해외시장, 자본 접근성, 특히 석유와 철광석 등의 원료를 얻고자 했다. 이런 자원을 얻기 위해서는 문호를 개방하고 해외 자본의 진출을 장려해야 했다. 높은 경제성장률이 뒤를 이었다. 그렇지만 수출 흑자가 유일한 경제발전 수단은 아니다. 조만간 중국은 자국 시민들의 소비 증대를 통해 내부 발전을 장려해야 할 것이다. 외부 세계 의존도는 줄어들 테고 그때가 되면 더 이상 성장을 위해 엄청난 대외 흑자가 필요하지 않을 것이다. 중국 인구가 많은 상품을 구매해서 수출에 목매달지 않아도 되고 성장률이 높은 수준을 계속 유지할 것이기 때문이다. 외부인들이 중국의 정책에 미치는 영향력도 줄어들 것이다. 중국 중산층의 규모가 커짐에 따라 중산층이 더 부자가 되고 첨단 기술과 사치품에 대한 구매력도 커질 것이다. 중국은 여전히 해외로부터 석유와 천연가스, 원료, 심지어 콩까지 사야 하니 대외무역을 통한 수익이 필요할 테지만, 국내총생산의 4퍼센트에 달하는, 최근에 유지하는 수준의 무역흑자는 필요하지 않을 것이다.

하지만 만연한 수질오염과 대기오염 때문에 중국의 미래 성장을 둘러싸고 의문이 제기된다. 이미 온실가스를 비롯한 오염물질의 세계 최대 배출국인 중국은 매달 새로운 석탄 화력발전소들을 가동시키는 중이다. 온실가스 배출을 줄이려면 탄소 포집·처리 기술에 새롭게 투자를 해야 할 것이다. 무슨 말이냐 하면 발전소에서 이산화탄소를 빨아들여서 무한정 저장할 수 있는 지하 저장소까지 파이프를 통해 이동시켜야 하는 것이다. 배출량을 줄이려면 발전 비용이 20퍼센트 늘어나야 할 것이다(전통적인 석탄 화력발전소와 비교해서). 중국이 경제성장을 좀 더 에너지 효율적인 방식으로 바꾸는 데 성공하면, 경제발전에 가해지는 제약이 줄어들 것이다. 하지만 에너지원 단위*가 증가하거나 동일한 수준을 유지한다면, 오염 방지 때문에 경제성장이 3~5퍼센트 정도 감소해서 현재의 연 10퍼센트에서 6~7퍼센트로 줄어들 것이다.** 이렇게 되면 실업이 늘어날 것이다.

국제경제학자들은 중국이 이른바 '중진국의 함정'에 빠지고 있다고 말해왔다. 개발도상국은 급속한 성장을 영원히 유지하지 못한다. 이는 오래전부터 이어져온 중론이다. 노동자의 수가 정점에 달해서 임금 상승을 유발하고, 새로운 제조업 역량을 추가하기가 점점 어려워지며, 생산성 향상이 점차 둔화되기 때문이다. 새로운 공장에 투자해도 수익성이 떨어지며, 경제가 서비스 부문으로 이동하기 시작한다. 경제학자 아

---

* energy intensity: GDP 1,000달러를 생산하기 위해 투입되는 에너지의 양. 에너지 집약도라고도 한다.

** 2015년 중국의 경제성장률은 사실상 7퍼센트 아래로 떨어졌다.

이켄그린은 다음과 같이 말한다. "경기 후퇴는 성장 과정의 한 시점, 즉 농업 부문에서 추가로 노동자를 이동시킴으로써 생산성을 끌어올리기가 더는 불가능하고 외국 기술 수입을 통해 얻는 이익이 감소하는 시점과 일치한다."[9] 중국의 이례적으로 빠른 성장, 인구의 노령화, GDP 대비 아주 낮은 소비율 등을 보면 "곧 경기 후퇴가 나타날 가능성이 높다". 중국의 1인당 GDP는 2007년 현재 8,511달러였다. 현재와 같은 9.8퍼센트의 성장률이 지속되면, 2015년에 1만 7,335달러에 도달할 텐데, 이 시점에서 내리막길을 걸을 공산이 크다. 이때 투자가 여전히 많고 소비가 적다면, 성장은 훨씬 더 감소할 것이다.

이런 결과는 국제적 의미가 있다. 임금이 상승하고 농촌에서 도시로 향하는 국내 이주의 흐름이 감소함에 따라, 제품 생산의 효율성이 점점 떨어진다. 노동력 비용이 높아지기 때문에 제품 가격도 올라간다. 중국이 '중진국의 함정'에 도달하기 전에도 서양의 제조업은 이미 생산을 다시 자국으로 옮기기 시작했다. 경기 후퇴가 심해짐에 따라 새로운 공장들은 다른 곳, 즉 멕시코, 미국, 방글라데시, 베트남, 태국 등으로 옮겨 갈 것이다. 미국은 고품질 작업의 많은 부분을 여전히 국내에서 진행하고 있다. 소생산자들은 특히 근거지에서 제조하길 원한다. 소요 시간이 중요하고 무엇보다 품질 향상 요구가 강하기 때문이다. 아마존은 창고 작업을 로봇으로 자동화하는 중이다. 뉴욕의 패션 산업은 현지 디자인 소매업자들을 더 많이 확보하는 중이다. 미국과 일본에서 설계하고 제조하는 로봇의 가격이 빠르게 떨어지는 한편 중국의 노동력은 점점 비싸지고 있다. 이 두 추세를 보면, 시간이 흐름에 따라 중국의 대외 수출과 미국의 수입이 조정될 것으로 보인다.

지난 몇 년 동안 인플레이션이 증대되고 임금이 상승함에 따라 중국의 기업가들과 국영 산업들은 수출을 자극하기 위해 GDP의 훨씬 더 많은 비율을 투자했다. 투자는 1990년대 GDP의 40퍼센트에서 2000년대에는 50퍼센트 가까이로 늘어났다. 생산은 증가했지만 가격 또한 상승했다. 생산성은 정점에 도달했다가 이내 떨어졌다. 동일한 산출량을 생산하기 위해 더 많은 투자가 필요했기 때문이다.[10]

그렇다고 중국이 더는 성장하지 못할 거라는 이야기는 아님을 강조해야 한다. 중국의 성장은 연간 5퍼센트 정도로 저하되겠지만, 이 정도도 서양이 달성할 수 있는 수준보다는 훨씬 높다. 중국이 전체 GDP나 나중에는 1인당 GDP에서도 미국을 능가하지 못할 거라는 이야기는 분명 아니다. 성장의 둔화는 두 나라가 만나는 교차점의 형성이 지연된다는 것을 뜻할 뿐이다.

성장률이 떨어짐에 따라 실업이 중국 체제에 문제가 될지도 모른다. 도시로 향하는 지속적인 이주는 소비자 생활을 개선하고 도시와 농촌의 심각한 소득 격차를 좁힐 수 있다. 위험한 문제는 충분한 보상이 빠르게 주어지지 못하는 순간 사회의 분열이 확대될지 모른다는 점이다. 어떤 시점에서 중국 국민들은 자신들에게 영향을 미치는 정부의 정책 결정에 더 많은 참여를 요구한다. 19세기 말에 빌헬름 황제 시대 독일에서 이런 일이 벌어졌을 때, 관료들과 군부는 국민들에게 거대한 해군을 새로 내놓음으로써 열광적인 반응을 끌어내기로 결정했다. 결과는 대성공이었고, 결국 잇따른 함대 확대안 통과를 제어할 수가 없었다. 독일의 무제한 해군력 증강에 따라 죽느냐 사느냐를 걱정해야 하는 다른 강국들과 독일이 충돌하기 시작했을 때, 티르피츠 제독과 황제, 베트만 홀베크 수상은 여전히 마비 상태였다. 국내의 반정부 세력의 도전을 극복하기 위해 민족주의와 애국심에 호소하는 중국 역시 비슷한 처지에 빠질지 모른다.

중국의 경우에 국력이 성장했다는 사실 자체 때문에 국민들은 국제 사회의 비판이나 좌절에 불만을 느꼈다. 수전 셔크는 "중국이 경제적, 군사적으로 더 강력해짐에 따라 국민들의 민족주의 정서가 강해졌다"고 지적한다. "100년 동안 굴욕을 당한 데" 대한 반응이라는 것이다.[11] 이런 정서는 학교와 공식 미디어에서 흔히 들을 수 있다. 세심한 중국 전문가인 토드 홀은 다음과 같이 말한다. "흔히 거론되는 악몽과 같은 시나리오는 중국 공산당 정권이—경기 후퇴 때문에 정당성의 위기에 직면한 나머지—권력을 유지하기 위해 공격적이고 팽창주의적인 민족주의 정서를 자극하는 상황이다."[12] 홀은 중국의 민족주의 서사는 세 가지 주제에 초점을 맞춘다고 지적한다. "비극적 분리"(대만 문제), "과거의 굴욕"(일본 문제), "영광의 회복"(중국 역사의 르네상스) 등이다. 중국이 사실상 서양이 주도하는 국제경제 체제의 일원으로 계속 남는 쪽이 이익인데도 이런 이야기들은 계속 되풀이된다.

중국과 지정학

일찍이 1904년에 핼퍼드 매킨더는 '제해권'만 있으면 어떤 강대국이든 전략적 영향력을 유지할 수 있다는, 국제 관계에서 흔한 통념을 비판한 바 있다. 항구와 강어귀에 대한 해군의 포격과 코펜하게닝

Copenhagening*—공격 함대를 적의 강으로 진입시켜 적의 선박과 해군 함정을 파괴하는 행위—때문에 해상 전력이 지상 전력보다 우월하다는 관념이 널리 퍼졌다. 사실 매킨더가 지적한 것처럼, 대초원 지대나 산악 지역의 자원은 해상 전력으로 빼앗거나 파괴할 수 없었다. 특히 철도 때문에 내륙이 활짝 열린 상황에서 지상 전력은 자원과 무역을 지배하는 데 결정적으로 중요했다. 1805년 10월 호레이쇼 넬슨 제독이 트라팔가르에서 프랑스를 상대로 승리를 거두었지만 두 달 뒤 나폴레옹이 아우스터리츠에서 대승을 거두는 것을 막지는 못했다. 또한 러시아가 아무리 해상전력을 보유하고 있다 해도 1812년에 프랑스의 침공을 저지하지는 못했다. 나중의 경우를 보면, 영국이 해상을 지배하긴 했지만 1940년 봄에 6주 만에 프랑스가 함락되는 사태를 막지는 못했다. 재키 피셔 제독은 영국인들에 관해 항상 이렇게 지적했다. "우리는 물고기들이라(!)" 땅위에서 뛰어다니는 데는 적합하지 않다고. 결국 어떤 나라가 엄청난 규모의 땅에 세계적인 우위를 점하는 데 필요한 압도적인 인구와 천연자원을 보유한다면, 해상력으로는 그 나라를 차지하거나 장악할 수 없다는 결론이 나왔다.

매킨더는 유라시아 세계도—칼레에서 캄차카에 이르는 거대한 땅덩어리—에 초점을 맞추었다. 이 세계도를 정복하는 이가 결국 세계를 장악하게 될 거라고 생각했다. 그 바깥의 경제적, 정치적 힘은 이 세력을 상쇄할 만큼 충분하지 않을 터였다. 미국의 전략가들도 1950년 이

---

* 1807년 코펜하겐 전투에서 영국 해군이 코펜하겐을 초토화한 뒤 덴마크 선박을 나포하고, 끌고 가지 못하는 배들은 파괴한 사건에서 유래한 표현이다.

후 소련의 서유럽 침공 가능성을 고려하면서 비슷한 생각을 했다. 두 손으로 유라시아의 힘을 한데 모으면 외부의 국가들이 아무리 연합을 해도 맞상대가 되지 못한다. 물론 중국과 러시아는 세계도의 동쪽 돌출부이다. 유럽은 대서양을 향해 서쪽으로 비어져 나온 대륙이고. 우리가 익히 아는 것처럼, 각 지역의 경제발전에는 기묘한 불균형이 존재해왔다. 유럽은 러시아와 중국을 합한 것보다 더 많이 발전했다. 이런 불균형이 계속되지 않을 수도 있지만, 애초에 왜 이런 불균등이 생겨났는지를 물어보는 것도 흥미롭다. 이제까지 많은 이론들이 등장했지만, 설득력은 제각각이다. 에릭 존스는 '유럽의 기적'은 이 아대륙이 수로와 산맥, 조밀한 숲 등에 의해 경계지어진 구획들로 분할된 결과라고 본다. 이 작은 구획들이 생존을 유지할 수 있었던 까닭은 아무리 만반의 준비를 하고 '공격'을 해도 '방어'할 수 있었기 때문이다. 분명 12세기와 13세기에 중국으로부터 화약이 전해짐에 따라 결국 이동식 대포가 등장했고, 근대에는 무한궤도 장갑차─탱크─가 나타났다. 탱크는 참호와 소규모 방어 시설을 가로지르고 멀리까지 화력을 쏟아낼 수 있기 때문에 넓은 영토를 정복할 수 있었다. 그렇다 하더라도 일부 작은 국가들은 산이나 해안, 강 등의 뒤편에 은신해서 웬만큼 독립을 유지할 수 있었다. 이런 소규모 정치 구획들은 입지를 안전하게 유지하면서 끊임없이 군사적·정치적 경쟁에 몰두하고 지식과 경제적 기술 분야에서도 비슷한 경쟁을 촉진함으로써 더 높은 성장을 누릴 수 있었다. 이 나라들은 정치적 독립을 바탕으로 왕실중상주의*나 사기업, 보조금, 자유시장 접근법 등

---

* royal mercantilism: 시민혁명이 일어나기 전 절대왕정 시대의 중상주의.

을 실험할 수 있었다. 서유럽에서 베네치아, 포르투갈, 네덜란드, 한자동맹 성원들 같은 작은 기관instrumentality들은 서로에게 각기 다른 발전 전략을 펼치면서 실험해볼 수 있었다.

하지만 유라시아의 동쪽 지역에서는 독립적인 도시국가나 공국의 수명이 길지 않았다. 칭기즈칸은 몽골 대초원 지대를 가로질러 중국까지 휩쓸면서 소규모 민족 집단을 말살하고 자신의 제국으로 융합해버렸다. 칭기즈칸보다 1,000년 전에 진나라는 다른 나라들을 상대로 승리를 거두고 전국칠웅戰國七雄을 오늘날 우리가 아는 중국으로 통일했다. 그렇지만 칭기즈칸과 후대의 쿠빌라이칸은 유럽의 역동적 활력에 필적하는 경제발전 전략을 찾지 못했다.

이런 차이가 나타난 이유는 소국들로 이루어진 체제에 의해 경쟁이 강요되었기 때문만은 아니었다. 유럽 국가들은 시장을 제국의 지배로부터 해방시키고 개인들이 스스로 투자하고 이익을 얻도록 허용했던 것이다. 앞서 살펴본 것처럼, 유럽의 왕들은 신민들의 충성을 교회와 나눠 가졌다. 백성들이 왕에게만 충성을 바친 것은 아니었다. 영국에서는 1215년 대헌장을 통해 존 왕이 귀족들과 계약을 맺음으로써 국왕에 대한 계약상의 복종 의무가 약해졌다. 종교적, 법적 상징들이 왕의 권위 및 정당성과 경쟁했다. 그리고 물론 누구든 프랑스의 통치가 마음에 들지 않으면 네덜란드나 영국으로 옮겨갈 수 있었다. 더 관용적인 다른 당국이 다스리는 영역을 찾기 위해 멀리 이주할 필요가 없었다. 그리하여 경제적 실험은 경제성장을 촉진했다. 중국은 1750년 산업혁명을 맞을 준비가 되어 있었지만 그런 일은 일어나지 않았다. 농업 생산이 여전히 후진적인 탓에 엄청나게 많은 농민들이 들에서 일을 해야 했기 때문이다. 이와 대조적으로 영국은 농업혁명을 겪으면서 농업 인구를 줄이고 많은 농부들을 도시로 보내 산업 노동자로 변신시켰다. 중국은 200년이 넘는 동안 여전히 생존경제subsistence economy에 머물렀다.

이제 중국은 세계 나머지 지역을 모방하면서 유라시아 대륙, 즉 세계도의 동쪽 영역에서 커다란 세력과 권위를 획득했다. 중국 경제는 10년 전만큼 성공적이지는 못하다. 수출은 감소하고 수입은 증가하고 있다. 대기오염과 수질오염뿐만 아니라 새롭게 획득한 중진국 지위도 성장에 제약이 될 것이다. 화석연료 사용을 줄이면 성장률도 떨어질 것이다. 고성장과 소득 증대에 익숙해진 국민들은 좀처럼 만족감을 얻지 못할 것이다. 그렇게 되면 공산당은 개방과 민주화―위험한 전략이다―를 감행하거나 다른 강국들을 희생시키면서 민족주의적인 애국가를 흥얼거리는 식으로 점점 커지는 불만을 누그러뜨려야 할지 모른다. 하지만 중국이 만약 민주화를 이룬다면, 여러 위험에도 불구하고, 서양이 부활하면서 제공하는 확대된 시장과 점차 긴밀한 유대를 확립해 중국 산업의 미래도 보장할 수 있을 것이다.

중국의 경제성장은 여러 이유 때문에 속도가 느려질 테지만, 그렇다고 해서 미국과 비슷하지는 않을 것이다. 중국은 여전히 미국을 앞지를 테지만 중국 산업의 미래는 서양 자본주의와의 연결고리로 묶일 것이다. 만약 이 연결고리가 끊긴다면 중국은 쇠퇴할 수밖에 없다.

8

대안들

동양과 서양의 경쟁에 대한 이전의 해석이나 정책적 접근들과 여기서 제시한 분석이 상충하진 않는다. 일부 전문가들은 미국이 어떤 도움 없이도 현재 직면한 경제적, 정치-군사적 도전에 대처할 수 있다고 주장한다. 또는 중국과 서양은 결국 전쟁을 벌일 수밖에 없다거나, 우리는 피할 도리가 없는 중국의 지배권에 굴복할 뿐 어떤 일도 할 수 없으며 중화인민공화국이 어떤 선택을 하든 순순히 따라야 한다고 단언한다. 물론 모든 게 좋고 아무 일도 할 필요가 없다고 믿는 이들은 몇 가지 단서를 붙인다. 미국은 동맹국이 필요하고, 다른 나라들은 미국을 지지할 것이다. 중국 자체는 커다란 위협을 제기하지 않는다. 중국은 '세계화'되었고 따라서 글로벌 체제 안에서 어느 정도 책임 있게 행동하기 때문이다, 라는 식으로 말이다.

이런 견해를 받아들이는 이들은 왜 다른 나라나 연방이 중국의 성장에 대응하여 몸집을 키우고 새로운 동맹을 모으는지를 설명하지 못한다. 답은 세계가 완전히 개방되어 있지 않고 서양 국가들은 아시아의 개발도상국들에 상품을 수출할 수 없기 때문이다. 중국의 경우에 서양의 기업들은 중국 측 파트너들과 현지에서 생산을 해야 한다. 그렇지 않았다면 국제 관세 인하에 관한 도하라운드^{Doha Round}가 성공을 거두어 세계경제가 더 개방되었을 것이다. 하지만 그렇게 되지 않았고, 지금 상황으로 볼 때 앞으로도 어려울 것이다. 동아시아인들은 자국민들의 요구에 따라 외국 상품이 자국 시장에 밀어닥치는 것을 원치 않는다. 아시아 나라들은 스스로 노동력을 창출하고 자국 상품을 소비하길 원한다. 결국 서양의 수출은 아시아에 의존하지 않은 채 더 큰 무대를 찾아야 한다. 세계에는 개방된 경제가 존재하지 않기 때문에 각국은 자신들에게 부족한 경제적 규모를 창출하기 위해 잇달아 관세동맹을 교섭하고 체결해왔다. 1980년 이래 양자간 협정을 주축으로 40건 정도의 자유무역협정이 체결되었다. 미국은 20건 정도를 체결한 상태고 유럽은 26건을 체결했다. 세계무역기구에 따르면, 319건의 자유무역협정이 현재 발효 중이며, 200건이 제안된 상태이다.

다른 나라들과 손을 잡는다고 해서, 그것이 곧 개별 국가가 쇠퇴를 완화하기 위해 아무 일도 할 수 없다는 것을 의미하지는 않는다. 각국은 악화되는 기반시설과 교육 체계를 새롭게 대체할 수 있다. 새로운 이민자들을 받아들일 수도 있다. 인구가 늘어나면 국내 수요도 증가한다. 기술 투자를 늘릴 수도 있다. 이 모든 조치는 성장과 소득을 증대시킨다. 그렇지만 이런 조치들로는 중국의 성장에 균형을 맞추지 못할 공산이 크다. 여전히 상대적으로 쇠퇴일로를 걸을 것이다. 중국의 성장이 5퍼센트로 떨어진다고 하더라도 3퍼센트를 기록할 미국보다 높을 것이기 때문이다.

요컨대 미국에게는 강력한 파트너가 필요하다. 어떤 이들은 중국 자체나 동아시아, 인도 등이 이런 파트너가 될 수 있다고 주장할 것이다. 장기적으로 보면, 그들의 말이 맞을지도 모른다. 하지만 지금으로서는 중국이나 인도 모두 쇠퇴하는 미국, 아니 이미 퇴락한 미국과 경제적으로 손을 잡는 데 별 관심이 없다. 중국과 인도는 스스로 잘 해나가고 있으며 도움이나 경제적 동맹국을 필요로 하지 않는다. 두 나라는 높은 성장을 구가하고, 수출 전망이 밝으며, 앞으로 10년 동안 생산성과 비용은 여전히 경쟁력을 유지할 것이다. 두 나라는 자국 시장을 서양의 산업 제품에 개방하기를 원치 않으며, 현재 활용 가능한 수준을 넘는 투자나 시장도 거의 필요로 하지 않는다.

또 다른 선택지는 미국이 명백히 불가피한 하락에 굴복하고 세계 정치에서 뒷자리로 물러나 앉는 것이다. 비록 중국은 아직 민주주의 국가가 아니지만, 경제 자유화를 본능적으로 추구하며 정복이 아니라 무역을 통해서 발전하기를 원하는 것처럼 보인다. 미국은 이 새로운 세계화 주창자와 제휴하고 이익을 나눌 수 있다. 그렇게 되면 대외관계에서 군사적 해법의 비중을 줄이고, 이라크나 아프가니스탄 등지에서 노출된 일부 진지에서 철수할 수도 있다. 군사 지출을 축소하는 데 따른 평화 배당금은 적자폭을 줄이고 교육, 연구, 첨단 기술에 활용할 수 있는 더 많은 재원을 조성하는 데 도움이 될 것이다. 그리고 평시의 투자는 고용을 창출하는 데 도움이 된다.

이 모든 것은 사실이며 미국의 전략적 위치와 관계없이 유효하다. 하지만 미국은 다른 나라들과 손을 잡음으로써 지위를 강화할 수 있다.

경제적 연합체는 미국에 부족한 자극을 제공한다. 새로운 수요, 확대된 시장, 국제적 재원과 기술에 대한 접근성 확보 등은 유럽연합 및 일본과 새로운 경제 관계를 맺음으로써 생겨날 이익의 일부에 불과하다. 미국보다 세 배나 큰 시장의 경제적 자력(磁力)은 고립 상태로는 달성할 수 없다. 동아시아나 아프리카, 라틴아메리카나 중동과 관세를 인하한다고 해서 얻을 수 있는 것도 아니다. 이 지역들 중 어느 곳도 미국이나 유럽의 상품에 대한 관세를 인하할 준비가 되어 있지 않다. 세계무역기구가 이끈 무역 자유화가 실패한 사실은 이 점을 아주 분명하게 보여준다.

중국과의 직접적인 친선 관계

지난 몇 년 동안 미국은 관심도 없고 열의도 없는 중국과 G2를 만들려고 노력하면서 자신의 지위를 향상시키기 위해 애를 썼다. 현재 미국과 중국은 여러 가지 문제—무역, 통화 조작, 지구온난화, 군사적 조치, 영유권—에서 의견이 일치하지 않기 때문에 양국 정부가 더 일반적인 합의에 도달하기는 힘들다. 미국은 현재 중국의 움직임에 성공적으로 대응할 확실한 협상 카드를 갖고 있지 않다. 미국은 무역균형, 지출, 위기에 대한 정부 대응 등에서 취약하다. 중국은 2008~2009년의 불황에서 회복했지만, 미국은 여전히 높은 실업률과 지지부진한 성장으로 고통받고 있다. 게다가 미국은 중국의 전통적인 적수들—일본, 인도, 활기를 찾은 대만, 남한, 인도네시아—과 밀접한 관계를 맺고 있다. 중국은 세계 정치에서 상승하는 세력과 쇠퇴하는 세력 사이의 역사적 경쟁을 감지하고 있으며, 미국과 합의에 이르기 위해 자신의 주장을 감출 생각이 없다. 또한 중국 국민들이 이렇게 주장을 감추기를 바라는지도 분명하지 않다. 적어도 베이징과 워싱턴의 합의는 미뤄질 것이다.[1]

어쨌든 어떤 이는 현재 유럽과 합의에 이를 가능성이 낮다고 말할지 모른다. 유럽연합은 지금 정신이 없는 상황이다. 그리스의 위기는 이탈리아, 포르투갈, 에스파냐로 확산될 수 있다. 유로를 완전히 보호할 수 있으려면 재정동맹으로 통화동맹을 떠받쳐야 한다. 그때까지는 (아마 아이슬란드를 제외하고는) 어떤 나라도 유럽연합에 새로 가입하지 못한다.

곧 드러나겠지만, 이런 대응은 근시안적인 것이다. 유럽의 동쪽 국경에서 러시아연방은 동방 국가들에게 자국의 관세·통화 협정에 가입하라고 손짓을 하고 있다. 그리하여 벨라루스, 우크라이나, 몰도바, 카자흐스탄, 조지아 등은 쉽게 손에 넣을 수 있다. 아제르바이잔과 아르메니아는 고립 상태지만, 러시아는 두 나라를 모스크바와의 연방 관계로 끌어들이려고 애쓰고 있다. 유럽연합이 방심한 채로 가만히 있으면, 우크라이나같이 심각하게 분열된 나라들은 러시아의 궤도에 빨려 들어갈지 모른다. 따라서 유럽연합이 크렘린의 명단에 올라 있는 나라들을 포함하는 쪽으로 유럽 근린 정책European Neighborhood Policy, ENP을 펴고 유럽의 정치적 외피를 확대할 공산이 크다. 이 나라들은 민주적 개혁 조치를 시행한 뒤 유럽연합 가입 후보국이 될 것이다. 동유럽을 괴롭히는 재정·부채 위기는 유럽연합 가입을 가로막는 영구 장벽이 되지는 못할 것이다.

다른 논평가들은 미국이 지금 건강한 상태이기 때문에 아무것도 할 필요가 없다고 주장한다. 중국이 GDP 측면에서 앞서나가고 있긴 하지만, 1인당 GDP는 여전히 뒤진다. 중국은 억제된 인플레이션과 은행들이 암암리에 지닌 부채 때문에 새로운 경제위기에 빠지기 쉽다. 결국 부실 채권을 인정하고 등급을 낮춰야 할 것이다. 중국의 국영기업들은 정치 지도자들의 지시에 따라 자본을 받지만 채무 상환 능력이 없을 수 있다. 그러므로 중국의 총부채는 미국에 맞먹거나 더 큰 규모일 것이다. 중국은 연구·개발 또한 불충분하며 이런 사정이 개선되고 있지도 않다. 중국은 뒤처지지 않기 위해 기술을 사들여야 하며, 고속철도 사고의 예에서 드러나는 것처럼, 중국 당국은 유럽과 일본의 기술을 자국에서 실행하는 능력이 부족하다. 제대로 훈련되지 않은 노동자들은 고속 열차의 최대 속도를 충분히 지탱할 수 있는 수준으로 노반을 만들거나 철로를 깔지 못할지도 모른다.

장기적으로 보면, 중국 인구가 노령화함에 따라 은퇴자 대비 노동자 수가 줄어들어 어쩌면 노인들의 미래 안전이 위험해질지 모른다. 농민들이 시골을 등지고 도시로 옮겨오는 상황에서 대기오염과 수질오염 때문에 일부 도시 지역은 생존에 부적합한 지경이 될 것이다. 석탄을 연료로 하는 발전소는 이산화황을 제어하게 될지 모르지만 아직 이산화탄소를 지하 저장소까지 보내지는 못한다. 화학산업에서 나오는 폐수는 여전히 중국의 수계로 흘러든다. 중국은 오염 방지를 위해 성장률을 낮춰야 할 것이다.

중국의 교육 체계 역시 서양 경쟁자들에 필적하지 못한다. 표면상으로는 다수의 엔지니어들을 훈련시키고 있지만, 이 사람들 대부분은 사실 단순 기술자technician에 가깝다. 그들은 특히 신제품을 만들어내는 데 있어서 아직 다른 산업국가의 동료들과 경쟁하지 못한다. 혁신보다는 복제에 익숙하기 때문이다. 하지만 소련이 예전에 경험했던 것처럼, 역공학*으로는 중국은 한계에 직면할 것이다.[2]

이런 주장들은 모두 어느 정도 타당성이 있지만, 그렇다고 미국인들이 중국의 부상과 그에 따른 도전을 무시해서는 안 된다. 중국의 연구·개발은 불충분하지만, 지난 10년 동안 산업 생산성이 상당히 증가한 것은 사실이다. 중국은 임금이 상승했고, 급속하게 중산층 국가로 변신하는 중이다.[3] 중국의 성장률은 계속 저하되었고 앞으로 더 낮아질 테지만, 그렇다고 해서 성장률이 연간 0~1퍼센트 수준으로 지속되는 일본식의 "잃어버린 10년"을 맞이할 것이라는 말은 아니다. 중국 인구의 30퍼센트 이상이 농업에 종사한다. 모든 선진국의 경우처럼 이 수치가 10퍼센트 아래로 떨어질 때, 중국은 새로운 노동력이 산업 프로젝트로 유입되는 혜택을 볼 테고 도시와 제조업 역량도 확대될 것이다. 중국의 정치체제도 발전에 방해가 되지 않는다. 중앙 정권과 성장*省長들은 서양과 일본을 따라잡기 위해 함께 노력하고 있다. 서양 도시들과 학문 기관들을 드나드는 중국 학생들의 물결은 서양의 활동과 계획에 관한 광범위한 정보를 소통시킨다. 중국의 학자들은 미국과 다른 나라들에서 최고 수준의 업적에 기여하고 연구 성과를 인정받고 있다. 그들은 중국으로 돌아가 본토의 기관들에서 서양의 연구와 기술 발전을 따라잡을 수 있었다. 중국은 현재 노벨상 수상자를 열두 명 보유하고 있으며, 과학기술에 관한 연구 수준이 탁월하다.

중국은 이전의 도전자들을 모방하지 않았지만, 부지불식간에 19세

---

* reverse engineering: 다른 회사의 제품을 분해해 생산방식을 알아낸 뒤 복제하는 것.

기에 독일이 걸었던 길을 따르고 있다. 지배적인 세계경제의 맥락 안에서 발전하면서도 군사 지출과 무장에도 초점을 맞추고 있는 것이다. 영토에 대한 중국의 폭넓은 관심은 카이저 빌헬름 2세 시절 베를린의 관심과 다르지 않다. 1914년 영국은 독일의 도전을 피하는 방향으로 효과적으로 대응하지 못했고, 독일은 영국의 우려를 누그러뜨리지 못했다. '세력균형'은 전쟁을 방지하기는커녕 오히려 초래했다. 중국과 미국의 관계에서 이런 결과를 되풀이하기를 원하는 사람은 분명 없을 것이다.

의회의 방해

어떤 독자들은 지금처럼 구성된 미국 의회가 유럽연합에 경제적 연계와 친선의 손길을 뻗을지 궁금해할지 모른다. 하지만 유럽연합의 대다수 회원국(스웨덴, 핀란드, 아일랜드 제외)은 나토의 회원국이기도 하다는 사실을 유념해야 한다.[4] 미국과 맺은 관계는 확고하며, 나토는 (유럽연합과 마찬가지로) 동유럽의 새로운 국가들을 포함함으로써 회원국 수를 늘려왔다. 미국 의회는 노동자 보호 조항이 포함되는 한 자유무역협정을 다른 나라들로 확대할 수 있음을 입증한 바 있다. 유럽연합 나라들이 이미 미국과 비슷한 노동 기준을 보유하고 있기 때문에 유럽연합과도 자유무역협정을 체결할 수 있다. 남한과 자유무역협정을 체결했을 때와 달리, 미국은 유럽 국가의 저임금 때문에 미국 노동시장이 약화될 거라는 걱정을 할 필요가 없다. 유럽의 노동력은 미국보다 더 비싸기 때문이다. 오히려 유럽연합 나라들이 미국의 부채 때문에 유럽 자본이 미국으로 더 빨려 들어갈 수 있다는 이유를 대며 미국과의 자유무역협정에 반대할 공산이 크다. 하지만 오늘날과 같은 높은 수준의 자본 이동성을 감안하면, 이미 사람들이 자유무역협정의 가능성을 직시하고 이를 받아들이고 있다. 게다가 메르켈 총리는 유럽의 동료들을 대변하면서 이런 유럽과 미국의 연합을 제안한 바 있다.

유럽과 미국 모두 국내에 눈길을 돌리고 있는 것은 사실이다. 국내 문제가 외부 문제보다 더 두드러진다. 두 대륙 모두에서 일자리, 기술, 교육, 투자 등이 뒤처지는 상태다. 유럽인들과 미국인들 모두 아직 풀지 못한 내부 문제들에 몰두하느라 새로운 외부 과제를 떠안기를 주저한다. 하지만 두 지역 모두 (냉전 시대에 그랬던 것처럼) 새로운 통일 노력을 불러일으키는 것은 다름 아닌 국제적 도전일 것이다. 나토와 유럽연합은 소련의 도전에 직면해서 번성했다. 대서양 양쪽에서 내적인 힘이 커졌다. 어떤 이들은 냉전이 종식됨에 따라 나토와 유럽연합 모두 뚜렷한 방향성을 상실한 무의미한 연합이 될 거라고 주장했다. 하지만 오늘날의 경제적, 정치적 요인들 때문에 양쪽 지역에서 더 큰 목표를 달성하려면 서양이 통합해야 한다. 유럽이나 미국이나 연합을 통해 경제적, 정치적 몸집을 키우지 못한다면 버티기 힘들다. 새로운 연합으로 자금 수요와 공급이 확대될 테고 여기에 필요한 제조업 역량도 자극될 것이다. 1945~73년에 유럽과 북미 모두 유예된 소비와 되살아난 투자를 통해 막대한 동력을 얻었다. 세계화가 진전되고 무역이 되살아났다. 미국이 유럽과 일본의 수출에 문호를 개방함에 따라 산업국가들은 새롭게 더 높은 생활수준을 추구하고 달성했다. 1990년대에 소련제국이 붕괴한 뒤 서양에 새롭게 진입한 나라들은 더욱더 번영해 나아갔다.

　물론 2000년의 경기 거품과 2008년의 심각한 불황 때문에 성장이 쇠퇴하고 번영이 저지되었다. 하지만 이런 일들은 금융이 제조업에 대해 지탱할 수 없는 가짜 승리를 거둔 결과이다. 이런 승리가 다시 일어나는 일은 없을 것이다. 자본과 교육받은 노동력이 제조업과 기타 서비스업으로 돌아가기 때문이다. 현재의 소득 불평등은 가장 소비율이 낮은 최부유층의 손에 돈을 맡기는 결과를 낳았다. 역사적인 추세를 보면, 시간이 흐름에 따라 보상이 더 공평하게 주어질 것이다.

　미래에는 소득이 균등해질 공산이 크고, 과거의 저발전 국가경제들도 성장해서 일부는 경제협력개발기구에 합류할 것이다. 이미 아시아는 이런 확대의 혜택을 받았다. 조만간 캅카스, 북아프리카, 그리고 어쩌면 중동에도 이런 확대의 손길이 뻗을 것이다. 이제까지 아프리카의 수억 인구가 낡은 정치와 불충분한 교육 때문에 근대적 생활의 혜택을 누리지 못했다. 북아프리카, 아라비아반도의 일부 지역, 심지어 중앙아시아 국가들도 결국 세련된 소비재를 얻기 위해 서양 시장을 파헤치기 시작할지 모른다. 이런 변화 때문에 서양 생산물에 대한 세계 수요가 높아질 것이다. 동양 또한 이익을 얻겠지만, 서양의 재정비된 산업이 특히 유럽 가장자리를 중심으로 국제적으로 지체된 소비를 자극하는 핵심 역할을 할 것이다. 서양의 산업은 또한 중국의 수출품에 대해서도 기술적 토대를 제공할 것이다.

　서양의 통합은 원하는 것처럼 금세 이루어지지 않을지 모른다. 대불황의 여파 속에서 대다수 나라들의 정부는 공적·사적 부채와 불충분한 성장에 초점을 맞추고 있다. 특히 미국보다 실업률이 높은 유럽에서는 실업 문제가 시급히 해결해야 하는 과제이다. 많은 나라가 오랫동안 예산을 과다 지출하거나 시민들에게 세금을 적게 걷었다. 적자에서 헤어나지 못하는 나라들은 대외 구입과 국내 소비를 억제해야 하고 흑자를 기록 중인 나라들은 이를 늘려야 한다. 세계적인 재조정을 하려면 중국의 지출을 확대해야 한다. 서양 내부의 재조정을 위해서는 독일의 경제 팽창이 필요하다. 중부 유럽의 부유하지 않은 나라들로부터 제품을 사들여야 한다는 말이다.

존 메이너드 케인스가 생각한 것처럼, 수출 흑자를 통해 여유가 생기지 않으면 나라들이 다른 국가에 자금을 이전할 수 없다.[5] 만약 독일이 동유럽의 수출품 유입을 허용하지 않는다면, 대신 자국이 보유한 장기 자본을 동유럽에 투자해야 한다. 독일은 이탈리아와 그리스의 방탕한 정부 지출에 불만을 표출하지만, 이 때문에 유로의 가치가 크게 낮아져서 독일 수출업체들의 해외 판매로 혜택을 보았다는 사실을 인정해야 한다. 그리스의 재정이 방탕하지 않다면, 인위적으로 방탕을 조장하기라도 해야 할 것이다. 이제 독일은 유럽과 유로존 내에서 방정식을 재조정해야 한다.

미국은 붕괴할까?

어떤 이들은 유로가 실패하고 유로존이 해체될 것이고 개별 국가들은 통화 주권을 회복해야 한다고 믿는다. 이런 주장을 하는 사람들은 애초에 단일통화를 만든 근본 이유와 미국의 통화 관행을 숙고해야 한다. 캘리포니아나 매사추세츠가 다른 주들과 다시 균형을 이루고 연방의 다른 주들에 수출을 하기 위해 자기 주의 통화를 평가절하하고 싶어 하지 않을까? 이론상으로는 그렇게 하고 싶겠지만, 이렇게 하면 애초에 미국이 공동통화를 채택한 이유 자체가 손상된다. 단일 통화가 존재하기 전의 미국 연합규약* 시절에, 매사추세츠의 산업 제조업자들은 가치가 절하된 네덜란드 통화나 나중에는 콘티넨털을 받는 대가로 버지니아에 직물을 보내는 과정에서 돈의 가치를 제대로 인정받을지 확신할 수 없었다. 통화를 관장하는 연방 당국이 없고 경쟁하는 통화 발행 중추가 여럿 있는 상황에서는 자칫 잘못하면 "콘티넨털의 가치에 미치지 못하는" 통화를 받을 수 있었다. 경제발전이 계속되려면, 매사추세츠와 캘리포니아 모두 서로 거래하는 과정에서 동일한 가치 기준을 사용할 필요가 있었다. 유럽에서 유로를 옹호하는 주장은 본질적으로 미국에서 달러를 옹호하는 주장과 동일하다. 나라들 사이의 생산, 교역, 노동 요소들의 이동을 촉진함으로써 경제성장을 증대한다는 것이다. 유럽에서 이런 요소들의 이동에 참여하기를 바라는 나라는—스위스나 영국처럼 자국 통화가 대외적인 측면에서 높은 가치를 인정받지 못하는 한—유로존의 일원이 되기를 원할 것이다. 스위스와 영국은 대외무역과 유형, 무형의 수출품 품질로 유명하다. 하지만 슬로베니아는 이런 경쟁력이 없을 테고, 기꺼이 경화로 투자를 받아들이고 상환하고자 함을 보여줄 필요가 있을 것이다. 전 세계에서 얼마나 많은 연기금 운용자들이 유로 투자를

---

* Articles of Confederation: 1777년 대륙회의에서 임명된 위원회가 초안을 작성하여 1781년에 비준된 미국 최초의 헌법. 1789년에 새로운 헌법으로 대체되었다.

그리스 드라크마나 핀란드 마르크 투자로 바꾸려 하겠는가? 얼마나 많은 미국인들이 연방의 달러보다 캘리포니아 통화를 더 좋아하겠는가?

물론 여기서 개략적으로 살펴본 전망과는 다른 대안들도 존재한다. 역사를 돌이켜보면, 아무것도 하지 않는 디폴트 옵션에 의지하는 경우가 다반사였다. 국가나 국민이 기본적인 면에서 자신들이 지닌 행운을 바꿀 가능성을 누린 적은 거의 없다. 변화를 추구한다 하더라도 국제 체제 속에서는 제한된 방식으로 추진할 수밖에 없다. 전쟁이나 경제위기가 벌어진 뒤에야 각국이 국제적 사업을 수행하는 방식을 근본적으로 바꾸는 방안을 고려하게 된다. 지금이 바로 그런 시기이다. 적으로 바뀔 수 있는 경쟁자들이 존재하지만, 세계 각국은 정치에서 더 큰 규모로 힘을 응집하면서 잠재적인 적을 끌어들임으로써 이런 위험을 초월할 수 있다. 지속적인 세력불균형의 가능성이 우리 앞에 놓여 있다. 우리는 이 가능성을 잘 활용하기만 하면 된다.

결론

\

비록 주저하거나 반대하는 견해들이 있기는 하지만, 여기서 내놓은 전망은 이루어질 수 있고 서양의 부활에 필요하다. 이 전망은 유럽과 미국 정치가 직면한 여러 한계에 조응하며, 서양의 양대 경제에 확대된 수요와 발전된 첨단 기술을 안겨줄 필요성을 강조한다. 순전히 일국적인 자극으로는 결코 충분하지 않을 것이다. 19세기에 미국이 팽창하면서 미국 서부의 인구로부터 새로운 상품 수요가 나타났다. 현재의 불황과 저성장에도 불구하고, 유럽에 합류하는 새로운 국가들은 유럽의 공장과 광산에서 나오는 산업 생산물에 대한 수요를 늘린다. 규모 확대를 달성하면 대서양 양쪽에서 경제성장이 자극을 받는다.

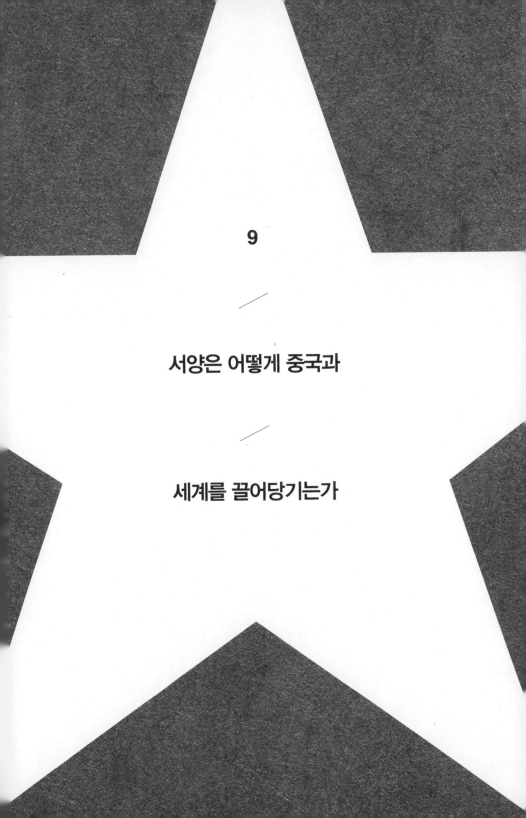

9

서양은 어떻게 중국과

세계를 끌어당기는가

서양의 의미

\

'서양'을 어떻게 정의할 수 있을까? 충분히 만족스러운 답은 없다. 서양은 순전히 지리적인 개념이 아니다. 오스트레일리아나 뉴질랜드, 남아프리카공화국같이 동쪽에 있는 나라들도 서양의 제도와 종교적 배경을 공유하기 때문이다. 그리니치자오선을 동양과 서양을 가르는 경계선으로 본다면, 유럽의 거의 전부가 동양에 속할 테고 서양은 서반구에 국한될 것이다. 첨단 기술 산업 보유 여부를 서양의 일원이 되는 데 적절한 기준으로 본다면, 으레 그렇듯이 경제협력개발기구(서양 지위를 결정하는 공식적인 주체)는 일본과 남한을 포함할 것이다. 영국식 의회제도가 두드러진 특징이 된다면, 인도는 서양의 제도를 갖춘 나라로 포함되어야 하지만 미국은 제외된다. 하지만 인도는 또한 독특하다. 인도에서는 영어가 공용어이다. 벵골 사람들은 힌두어를 구사하지 못하고, 힌두 사람들은 동부 동포들의 언어를 전혀 모르기 때문이다.

새뮤얼 헌팅턴은 서방 기독교와 동방 기독교의 문명 경계선을 세르비아, 폴란드, 러시아의 국경선에 두었다. 이에 따르면, 크로아티아의 가톨릭교도들은 서양인이고, 세르비아의 러시아정교회 신자들은 동양인이다. 그렇지만 기독교 내의 차이는 힌두교도와 서양인, 중국의 불교도와 영국의 기독교도 사이의 차이와 비교가 되지 않는다. 후쿠야마가 분명하게 밝히듯이, 절대주의냐 제한 정부와 법의 지배냐 하는 것은 동양국가와 서양 국가를 역사적으로 구분하는 중요한 특성이다.

분명 시간이 흐르면서 동양이 서양이 될 수 있다. 일본은 여전히 문화적으로 다르지만, 경제와 정치 제도 때문에 서양의 동쪽 경계가 된다. 소련 시절의 동유럽이 유럽연합에 가입하면서 서양이 될 수 있었듯이, 이슬람 국가지만 점차 유럽에 필적하는 민주적 제도를 갖추면서 유럽에 가까워지고 있는 터키도 서양이 될 수 있다.[1] 칼 W. 도이치가 브르타뉴와 가스코뉴의 시골 사람들이 같은 언어를 쓰기 시작하면서 프랑스인이 되는 모습을 보았을 때 바로 이런 변화를 간파한 바 있다. 유진 웨버도 농민들이 프랑스의 도시 중간계급 성원들과 합쳐져서 하나의 프랑스 민족이 되었을 때 일어난 정서적 변화를 강조했다.[2] 도이치가 보기에 이런 이행은 민족적 메시지의 흐름이 순수하게 지방적인 의사소통을 압도한 1789~99년에 급속하게 이루어졌다. 근대화는 우선 민족화 현상이고 그다음에 국제화 현상이다. 국가들 내부에서, 이어 국가들 사이에서 필수적인 의사소통 양상을 확장하기 때문이다. 러디어드 키플링의 말과 달리, 동양과 서양은 만날 수 있다.

현재의 논의와 관련해서 동서양의 구분은 전통적인 정의에 국한해야 할 것이다. 동양은 러시아 국경에서 시작해서 베링해협까지 이어진다. 서양에는 유럽 전체와 남북 아메리카, 알래스카가 포함된다. 이런 경계선은 분명 변할 수 있다. 예전의 공산주의 국가들이 유럽연합에 가입하고, '서양'이 동쪽으로 이동해서 일본을 포함하기 때문이다.

국제적 과정

알다시피 '서양'과 '동양'은 하나로 결합할 수 없는 서로 다른 문화와 경제체제를 나타낸다. 그렇다고 해서 서양과 동양이 서로 비슷해지거나 가까워질 수 없다는 말은 아니다. 지난 20년 동안 세계화가 영향력을 발휘하고 민주적 가치가 확산됨에 따라 많은 국가들이 서양 쪽으로 방향을 잡았다. 일본, 남한, 그리고 점차 중국 같은 명목상 비서양 국가들이 국제무역 체제의 규칙을 받아들이고 있다. 도이치의 말이 맞다면, 의사소통 양상의 변화 때문에 이 나라들은 더욱 가까워질 것이다.

그렇지만 국제적 통치의 양상을 관찰해보면, 이제까지 동양과 서양은 온전히 연결되지 못했다. 유엔, 유엔 안전보장이사회, 유엔 총회, G7, G20 등은 회원국들 사이의 차이를 지속적으로 조정하지 못했다. 이 포럼들은 각각 토론을 허용하지만 합의를 도출하는 경우는 드물다. 합의에 도달하는 경우에도, 유엔 안전보장이사회의 기록에서 드러나는 것처럼, 최소공통분모 수준일 뿐이다. 유엔이 승인한 제재 중에서 침략자나 일탈 국가에 실제로 타격을 입힌 사례는 드물다. G7(러시아나 중국은 회원국이 아니다)은 간혹 순전히 서양 강국들에 관련된 경제적 결정을 개선한 바 있다. 하지만 주요 동양 국가들(일본 제외)은 이런 결정을 함께 하지 않는다.

제도주의 이론

국제 질서나 거버넌스에 대한 이론적 접근법으로는 크게 세 가지가 있다. 첫 번째는 영국의 분석가 헤들리 불과 더불어 현실주의자들이 제시한 것으로, 질서는 세력 관계에서 나온다고 주장한다. 이 접근법에서 규범이 도출될 수도 있지만, 이 규범은 세계 정치에서 군사 공격에 대한 세력균형 측의 저항에 좌우된다. 이런 관점에서 보면, 심지어 전쟁도 민족국가들 사이에 '질서'를 달성하려는 시도이다. 1차대전과 2차대전은 정당한 기존 질서를 전복하려고 하는 이들에게 가해진 체계적인 제재 조치이다. 전반적인 '균형'으로 복귀하려는 시도는 1918년 이후에는 실패했지만 1945년 이후에는 성공했다. 그후 각국은 대체로 평화로운 체제 안에서 움직였고, 이 체제는 소규모 강국들 사이의 다툼에 시달리거나 가끔 두절되었다.

세력불균형이 형성된 상황에서 무력에 의존하지 않고서도 냉전을 끝낼 수 있었다. 하지만 세력균형을 국제질서의 보증자이자 보호자로 활용하는 방안의 문제는 궁극의 목적을 달성하기 위해 군사력의 무질서에 의존한다는 점이다. 민족과 나라들 사이에 질서를 재확립한다는 이름 아래 무수히 많은 사람들이 목숨을 잃는다. 이런 방안은 국제 체제에서 무정부 상태에 대한 만족스럽지 못한 대응이다.

두 번째 대응은 더 평화롭지만 대체로 비효율적인 것이었다. 1차대전과 2차대전 같은 대규모 충돌이 끝났을 때, 각국은 전쟁을 미연에 방지하기 위해 대규모 국제조직을 설립했다. 1945년 10월 유엔이 창설되면서 50여 국가가 한데 모였지만, 안전보장이사회와 총회는 다른 원리에 따라 움직였다. 총회에서는 다수결 투표로 결정을 내릴 수 있었다. 안전보장이사회에서는 사실상 5대 강국(러시아, 중국, 미국, 영국, 프랑스)의 합의에 따라 안건이 결정되었다. 이 다섯 나라가 각각 거부권을 행사할 수 있었기 때문이다. 총회는 따라서 안전보장이사회의 합의 없이는 결정을 집행할 수 없는 잡담 장소로 전락했다. 이데올로기적 갈등 때문에 강대국들은 대부분의 문제에 대해 합의를 보지 못했다. 그리하여 모든 나라를 아우르는 국제기구들은 문제를 포괄적으로 다루면서 국제적인 사건을 지도하거나 심지어 영향력을 미치는 데도 커다란 어려움에 직면했다.

전 세계적인 기구를 통한 거버넌스 시도가 좌절됨에 따라 더 집중된 책임을 가진 조직들이 전면에 등장했다. 세계은행, 세계무역기구, 국제통화기금은 각각 무역과 통화 문제에 관심을 집중했다. 세계은행은 개발도상국을 도우려고 노력했다. 세계무역기구는 관세와 통상에 대한 통제를 줄이려고 노력했다. 국제통화기금은 국제수지 균형 문제를 완화하는 수단과 환율을 주로 다루었다. 이론상 국제통화기금은 채무국이 통화를 평가절하하거나, 관세를 인상하거나 통제를 강화하지 않고서도 난관을 헤쳐 나올 수 있도록 금융을 제공하는 기구였다. 국제통화기금은 지원을 결정할 때 채무국이 금리 인상이나 정부 지출 축소 같은 개혁을 수행하는 것을 조건으로 달 수 있었다. 대신 국제통화기금은 해당

국가 통화의 평가절하를 받아들일 수 있었다. 추가 지원은 수혜국이 구제금융 약속을 이행하는지 여부에 좌우되었다. 대체로 국제통화기금이 추구하는 목표는 국제경제 체제가 마비되는 사태를 방지하는 것이었다. 따라서 국제통화기금은, 가령 1931년에 오스트리아가 붕괴할 때처럼, 주요 국가가 채무를 불이행하는 사태를 막기 위해 언제라도 자본을 빌려줄 용의가 있었다. 오스트리아의 채무 불이행은 독일에 이어 영국과 세계 전체에까지 위기를 전염시키면서 국지적 위기를 국제 금융 체제 전체의 교란으로 탈바꿈시켰다. 다른 국제기구들과 대조적으로, 국제통화기금은 규정을 무척 효율적으로 집행해왔다. 물론 채무 불이행 사태를 한결같이 막지는 못했지만 말이다. 러시아는 1998년에, 아르헨티나는 2001년에 채무 불이행을 선언했다. 국제통화기금은 유럽중앙은행을 지원하면서 그리스와 이탈리아에서 채무 불이행 사태를 피하는 데 조력했다. 유럽이나 아시아의 주요 국가 가운데 국제통화기금의 지원을 받지 못해 붕괴한 사례는 없다. 미국과 국제통화기금은 손을 잡고 행동했다. 미국은 국제통화기금 신용 확대에 거부권을 행사할 수 있기 때문이다. 하지만 국제통화기금은 정치적·군사적 문제는 다루지 않으며 제한된 외교적 역할만을 할 뿐이다.

G7이나 G8(러시아 포함)은 주요국 사이의 국제경제 관계에 초점을 맞춰왔다. 미국, 독일, 일본, 캐나다, 프랑스, 영국, 이탈리아는 주요한 경제문제에 초점을 맞추었지만, 비시장 경제체제를 운용하는 국가(중국 같은)는 가입이 허용되지 않았다. 그러므로 어느 기구에서 내린 결론이든 국제체제 전반에 대해 정당성을 갖지는 않는다.

지나치게 큰 새로운 기구인 G20은 시장 지향적이지 않은 경제를 운용하는 국가들을 끌어들이기 위해 설립되었다. 이 기구는 브라질, 아르헨티나, 오스트레일리아, 남아프리카공화국, 인도네시아, 사우디아라비아, 멕시코뿐만 아니라 인도와 중국까지 아우르는 이점이 있었다. 하지만 이 기구는 워낙 거대해서 구체적인 쟁점에 대해 합의에 도달할 수 없었다. 회원국이 워낙 다양한 탓에 가령 에너지에 관한 교토의정서를 계속 준수하기 위해 내놓은 제안은 지나치게 모호하고 부정확하기 일쑤였다. 어떤 나라도 온실가스 생산의 구체적인 감축을 책임지지 않았고, 중국과 인도는 여전히 개발도상국에게 허용되는 재량권을 확대해줄 것을 고집했다. 결국 이번에도 최소공통분모의 기준조차 설정하지 못했다.

연속적인 밀착

대규모 충돌 이후에 각국은 머리를 맞대고 앉아서 앞서의 위기를 되풀이하지 않도록 새로운 조직을 창설하는 데 익숙하다. 모든 승자들이 참여해서 대체로 패자들에게 조건을 지시한다. 그 결과 규모는 클지언정 패자들과 방관자들이 보편적으로 정당하다고 인정하지 않는, 한쪽으로 치우친 조직이 탄생한다. 1713년 에스파냐 왕위 계승 전쟁 이후 수립된 위트레흐트조약으로 루이 14세의 도전은 끝났지만 프랑스가 기존 국제 체제에 동화되지는 않았다. 프랑스는 다시 일어서서 영국과 네덜란드의 권리 주장에 도전할 수 있었다. 나폴레옹 치하에서 바로 그런 일이 벌어졌다. 1815년 빈Wien 타협은 그에 비해 '적당한' 합의였다.[3] 지나치지도 않고 부족하지도 않은 이 타협은 프랑스를 억제하면서도 다시 이 나라를 국제 체제로 복귀시켰다. 이 체제는 강대국 간의 지속적인 타협에 대해 프랑스의 동의를 끌어냈고, 이런 타협은 '정당한' 질서를 유지한다는 기획이 1848년 혁명으로 뒤엎어질 때까지 이어졌다. 1919년 초 몇 달에 걸쳐 파리에서 작성된 베르사유조약안은 적당함과 억제라는 전통적인 개념을 어지럽혔다. 이 조약은 독일의 전쟁 책임을 물으면서 독일의 많은 영토를 빼앗고 지나친 배상을 요구함으로써 독일 국민들을 자극하는 한편 훗날 조약이 폐기되는 빌미를 제공했다. 1945년 이후 평화 시기에 각국은 이중 어느 것도 하지 않았다. 독일을 물리친 승자들이 분열됨에 따라, 2차대전이 끝나고도 강대국들 사이에 지속적인 조정이 전혀 이루어지지 않았다. 무기력한 유엔이 설립되기는 했지만, 유엔은 간혹 5대 강국이 하나로 뭉칠 때에만 제 기능을 발휘했다.

하지만 유럽 국가들은 냉전의 부상에 대응하면서 기본적으로 미국과 연결된 독자적인 경제·정치 세력을 만들기 시작했다. 이는 정치·군사 양면에서 서양을 재결합하려는 초기 시도였다. 또한 소련이 세계를 지배하려고 움직일 가능성에 대비해 세력불균형을 공고히 하려는 노력이었다.

아마 더 흥미로운 문제는 이런 재결합이 어떻게 달성되었는가 하는 점일 것이다. 처음의 6개국은 공동시장을 계획했다. 궁극적으로 이 공동시장을 더 통합된 조직으로 바꾸어서 유럽이라는 가족의 다른 성원들을 끌어들이려는 의도였다. 하지만 유럽공동시장, 그리고 나중의 유럽연합의 관건은 참여하는 국가의 수가 아니라 주권을 융합해 더 큰 연합체로 변신하려는 의지를 가진 나라들의 중핵을 창출하려는 의도였다.

이 중핵이 다른 어떤 나라가 가담할 수 있는지를 조정하고 결정할 터였다. 그들은 통합된 전체에 대한 '공동체법 및 관행의 집적'을 받아들이는 나라들에만 관심이 있었다. 이런 접근법의 강점은 그것이 "최소공통분모" 수단이 아니라는 사실이었다. 27개국을 한데 모아 각국이 허용할 수 있는 최소한을 요구하는 대신, "중핵 접근법"은 새로 참여하는 개별 나라가 높은 수준의 의무에 동의하지 않으면 가입할 수 없다고 규정했다. 나중에 참여하는 나라들은 조건을 정하지 않았다. 유력한 기존의 중핵 국가들이 이미 정해놓은 것이다. 그러므로 시간이 흐르면서 많은 신규 회원국들을 커지는 통합에 결합시킬 수 있었다. 실제로 27개국이 이제 더 이상 만장일치에 의존해서 결정을 내릴 수 없었기 때문에 더 수준 높은 통합이 요구되었다. 따라서 통합의 확대는 통합의 심화를 수반했다. 공동의 역내 자유무역은 공동의 대외 관세로 이어졌다. 환율 체제는 공동통화 채택에 이르렀다. 유럽중앙은행 설립은 필연적으로 국가 예산 지출을 삭감하거나 심지어 지휘하는 권한을 가진 재정동맹으로 귀결되었다. 유로존 회원국이라면 수지 균형을 맞추는 데 어려움을 겪는 나라들의 문제를 처리해주어야 했다. 통합의 각 단계는 필연적으로 다음 단계를 예비했다.

국제적 응집

서양 내부에 적용된 방식을 바깥으로 확장할 수 있을까? 이론상 국제적 응집은 세력균형의 대안으로 언제나 내세울 수 있었다. "한 부분 한 부분씩" 평화를 달성할 수 있었다.⁴ 즉 이미 가동 중인 통합된 조정 방안을 다른 나라들로 확대할 수 있었다. 그렇지만 실제로는 균형을 유지하기 위한 동맹이나 무장을 강화하는 방법으로 충돌을 억제했다. 그런데 응집이 효과를 발휘하면, 전쟁 및 전쟁과 관련된 대규모 군비 경쟁에 드는 비용을 들이지 않을 수 있다. 1815년 이후 유럽의 강대국들에게는 민족주의적인 프랑스에 계속 반대하느냐, 아니면 프랑스를 대륙의 연합으로 끌어들여 모든 성원들이 영토적, 정치적 안정을 유지하는 데 전념하느냐 하는 두 가지 선택지가 있었다. 메테르니히, 캐슬레이, 차르 알렉산드르 1세는 탈레랑과 루이 18세가 이끄는 프랑스를 끌어들였다. 그들은 프랑스를 속박하는 압도적인 연합을 형성함으로써 막대한 비용을 아꼈다. 비스마르크도 1871~90년에는 거의 비슷하게 행동했다. 서너 개의 주요 강국들로 거대한 연합을 이루어서 프랑스가 비록 영토 문제에 불만이 있더라도 자신에게 대항해서 공격적 균형을 형성하려는 시도를 차단한 것이다. 하지만 1890년 이후, 앞서 살펴본 것처럼, 삼국동맹과 삼국협상 사이의 균형조차도 서로를 억제하는 데 실패했고 곧이어 1차대전이 터졌다.

1945년 프랭클린 D. 루스벨트는 네 경찰관(중국, 미국, 소련, 영국)을 아우르는 협정으로 스탈린을 끌어들이려고 했지만, 이 협정은 유지될 수 없었고 동구 공산주의 정권들과 서구 민주주의 국가들이 서로 맞서는 균형이 뒤따랐다. 나중에 드와이트 D. 아이젠하워와 존 F. 케네디는 사실상 소련이 이끄는 어떠한 집단보다도 우월한 연합을 구축했다. 이런 세력불균형은 결국 효력을 발휘했고, 미하일 고르바초프는 소련을 더 큰 집단으로 끌어들이는 합의안에 동의하려고 했다. 그렇지만 이 시도는 부분적인 성공만을 거두었다. 소련의 개혁은 여전히 불완전했다.

현재와 미래의 세계는 신흥 강국인 중국을 다루기 위한 두 가지 가능성을 제시한다. 하나는 전통적인 균형인데, 이런 방침은 으레 그렇듯이 온갖 군사적, 경제적 소모를 수반한다. 두 번째는 중국을 더 넓은 연합, 즉 중국이 대항해서 균형을 맞추기 힘들 정도로 거대한 연합으로 끌어들이는 것이다. 자신만만한 압도적 힘은 자석 역할을 할 수 있다. 서양에서 성공을 거둔 유럽연합의 방식을 활용해서 중국을 더 거대한 국가들의 연합으로 끌어들일 수 있을까? 이런 접근법은 실제로 전 세계적인 연합을 만들기 힘들다는 단점이 있을 것이다. 적어도 우선 200개 국가가 하나로 결합하기란 불가능하거나 불확실해 보인다. 하지만 그렇다고 해서 비슷한 생각을 가진 국가들이 서로 평화와 경제적 유대 강화에 합의할 수 없다는 말은 아니다. 얼마나 끌어들일 수 있는지가 중요하다. 유럽연합과 같은 관세 블록은 통합되지 않은 국가들이라면 불가능한 방식으로 나라들을 끌어들일 수 있다. 또한 유럽연합은 이미 역내 자유무역, 공동화폐, 공동 재정 접근법을 운영하고 있다. 문제는 두 번째 강대국이나 국가 집단이 첫 번째 블록에 참여함으로써 이득을 볼 필요가 있다고 느끼는지 여부이다. 만약 그런 필요성을 느낀다면 다자적 기반에서, 아니 심지어 다문화적 기반에서 통합이 성사될 수 있다. 일본이 점진적으로 서양에 포함되면서 보여주는 것처럼 말이다. 만약 미국과 유럽이 관세동맹—범대서양자유무역동맹transatlantic free-trade alliance, TAFTA—을 만든다면, 서양 시장에서 완성품을 판매하는 데 익숙한 극동 국가들의 무역이 영향을 받을 것이다. 서양이 자유무역 블록을 만들면, 동양에 장벽이 생기는 셈이고, 이 블록에 참여를 약속하는 동양의 한 나라나 여러 나라만이 이 장벽을 넘을 수 있다. 순수하게 서양만 연합해도 37조 달러의 재화 및 서비스와 8억 명의 인구를 확보하게 된다. 일본이 여기에 참여하면 거의 10조 달러의 가치와 1억 이상의 인구가 더해져서 전 세계 GDP의 절반 이상이 단 하나의 연합에 집중될 것이다.

　그렇게 되면 민족주의적이고 권위주의적인 중국은 어떤 정책을 펼까? 물론 중국은 이 연합에 참여하는 데 필요한 정치적, 법적 요건을 충족시키지 못할 것이다. 하지만 길게 보아 중국 경제의 미래는 서양 시장 및 기술과 지속적으로 제휴하는 데 달려 있을 것이다. 이 과정은 유럽연합 회원국 후보에게 적용되는 것과 유사할 것이다. 권위주의적인 세르비아는 가입할 수 없었지만, 민주적인 슬로베니아는 가입할 수 있었다. 그리스는 대령들이 지배할 때는 가입할 수 없었지만, 민주화된 뒤에는 가입이 허용되었다. 중국은 상업 거래와 정치적 자유를 관장하는 폭넓은 법치주의를 확립하고 경제를 개방해야 할 것이다. 이런 기준을 세우는 일은 불가능하지 않다. 이 기준은 에스파냐, 포르투갈, 그리스, 터키, 불가리아, 루마니아, 헝가리 등의 변화에 영향을 미쳤다. 인종적, 종교적 갈등으로 고통받는 보스니아도 조만간 회원국이 될 것이다. 그러므로 이미 미국과 유럽연합, 그리고 범태평양 차원의 세력 확산을 통해 일본까지 포괄한 범대서양자유무역동맹에 중국이 절대 가입할 수 없다고 누가 장담할 수 있겠는가? 1978년에 덩샤오핑은 중국을 자극해서 경제 혁명을 일으켰다. 훗날의 중국 지도자는 21세기에 서양과 손을 잡기 위해 경제적, 정치적 혁명을 일으킬 수 있다. 만약 이런 혁명이 일어난다면, 경제적·정치적 인력引力 때문에 확고한 토대가 생겨나서 강국들 사이의 전쟁은 과거지사가 될 것이다. 국제정치에서 경제적, 정치적 규모가 더욱더 커지면, 도처에 존재하는, 서로 충돌하려는 유혹을 견뎌내는 평화로운 국가들의 중핵이 형성될 것이다. 통합된 세력의 점진적인 응집을 통해 국제주의가 민족주의를 극복할 것이다. 마지막이지만 필수적인 요소인 중국과의 이런 유력한 결합으로 지속적인 국제 평화를 달성할 수 있을 것이다.

| 감사의 말 |

나는 오랜 세월 동안 여러 조력자들과 동료들에게 직접 도움을 받거나 이론적으로 영향을 받았다. 랜디 퍼치아Randi Purchia, 토니 골드너Tony Goldner, 올리버 멜턴Oliver Melton 등은 통합에 관한 여러 관점과 데이터를 제공했다. 유즈루 쓰야마津山謙와 마유미 후쿠시마는 중국과 일본에 관한 연구를 도와주었다. 루이시타 코르데로Luisita Cordero는 국가들 사이의 산업 연쇄에 관한 데이터를 다듬어주었다. 에즈라 보걸Ezra Vogel, 토니 사이치Tony Saich, 칼 카이저Karl Kaiser, 얀 질롱카Jan Zielonka 등은 아시아와 유럽을 바라보는 데 필요한 관점을 제공했다. 제프 프랭클Jeff Frankel, 칼 케이전Carl Kaysen, 데이비드 리처즈David Richards 등은 국제경제와 국가들의 전략적 관계에 관한 개략적인 그림을 제공해주었다. 외교사와 지성사를 전공한 역사학자들인 폴 슈로더Paul Schroeder, 프랜시스 후쿠야마Fransis Fukuyama, 찰스 메이어Charles Maier, 그레이엄 앨리슨Graham Allison 등은 지난 여러 시대에 국가들의 운명을 결정한 대조적인 패턴을 제시해주었다.

국제적인 경제, 정치 관계가 미래에 어떻게 흘러갈 것인가, 이것이 이 책의 주요 주제인 만큼 그들에게 많은 도움을 받았다. 국내 정치는 중요한 변수를 나타내는데, 존 오언 4세John Owen IV와 아콘 펑Archon Fung은 시간의 흐름에 따른 국내 정치의 점진적 변화에 관해 가르침을 주었다. 자라 스타이너Zara Steiner와 니얼 퍼거슨Niall Ferguson은 현대사에 관한 나의 이해에 영향을 미쳤다. 스티브 밀러Steve Miller, 스티브 월트Steve Walt, 션 린-존스Sean Lynn-Jones 등은 지난 몇 년에 걸쳐 '국가의 규모'에 관한 내 시각이 점진적으로 변화하는 것을 기분 좋게 봐주었고, 왕지시王缉思, 자칭궈贾庆国, 둥젠화董建華 등은 중국에 관한 나의 시각을 바로잡아주려고 애썼다. 에마 벨처Emma Belcher, 에털 솔링전Etel Solingen, 짐 시비니어스Jim Sebenius 등은 올바른 방식으로 추구하기만 한다면 국가들의 응집이 여전히 가능하다는 확신을 주었다. 앨런 알렉산드로프Alan Alexandroff와 아트 스타인Art Stein은 오랜 세월 동안 내게 수많은 논평과 비평을 해주었다. 빌 프룩트Bill Frucht는 내 글을 솜씨 좋게 다듬어주었다. 이 책의 내용 대부분을 검토하고, 고쳐 쓰고, 세련되게 다듬어준 바버라 로즈크랜스Barbara Rosecrance는 가장 큰 은인이다. 하지만 그녀는 공저자로 이름을 올리려고 하지 않았다.

16세기 이후 근대 세계 경제사와 지정학을 압축적으로 훑어보면서 시작하는 이 책에서 지은이는 무엇보다도 중요한 교훈이라고 생각하는 바를 끄집어낸다. 특히 헤게모니 국가의 경우에 경제 단위의 규모가 커야만 성장과 번영의 기틀을 유지할 수 있다는 것이다. 그리고 에스파냐, 포르투갈, 네덜란드, 영국, 미국 등으로 이어지는 근대 자본주의 세계체제 헤게모니의 계보를 훑으면서 지은이가 끌어낸 결론은 세력균형은 충돌을 낳는 반면, 세력불균형은 다른 국가들을 경제 핵심부로 끌어들여서 안정된 이행을 예비한다는 것이다. 16세기 근대 자본주의가 싹트기 시작한 이래 자본주의 세계체제의 헤게모니 이행은 크고 작은 충돌로 점철되었다. 그리고 20세기 들어서 인류는 두 차례의 세계대전이라는 미증유의 참화를 겪어야 했다.

2세기 동안 승승장구하던 미국이 지속적인 쇠퇴에 직면한 지금, 우리는 이런 교훈을 다시 돌아보아야 한다. 지은이는 미국의 쇠퇴는 예정된 운명이고, 앞으로 중국, 그리고 어쩌면 인도가 세계 경제의 지배권을 이어받을 것이라고 본다. 이 과정이 지난 역사처럼 파국적인 충돌로 이어지는 사태를 막으려면 연착륙이 필요하다. 지은이가 미국이 무역·경제 통합을 위한 원대한 전략을 추구해야 한다고 조언하는 것은 미국이나 나아가 서양이 천년만년 영광을 누리기 위해서가 아니다. 세계 경제의 안정된 구조 변화를 준비하기 위한 고언인 셈이다. 따라서 지난 역사에서 지은이가 특히 주목하는 부분은 100년 전 유럽을 지배한 세력균형과 20세기에 유럽이 야심차게 추진한 유럽연합의 형성 과정이다. 세력균형이 헤게모니 이행의 충돌로 이어진 반면교사의 사례라면, 유럽연합은 경제와 정치의 덩치를 키워서 공동의 번영을 연장한 배울 만한 본보기이기 때문이다.

한편 특히 2008~2009년의 금융위기 이후 미국의 버락 오바마 대통령과 독일의 앙겔라 메르켈 총리는 몇 년 전부터 유럽과 미국을 하나의 거대한 자유무역지대로 묶는 경제 공동체를 창설하려는 논의를 지속해왔다. 전 세계적인 자유무역 질서를 확립하려 한 세계무역기구WTO 체제가 미국의 힘이 약해진 틈을 타 회원국 사이의 이해관계가 충돌하는 가운데 지지부진한 진척을 보임에 따라 1990년대 말부터 양자간 자유무역협정FTA의 시대가 활짝 열렸다. 그런데 가령 한국이 칠레와 자유무역협정을 맺고 일본 역시 칠레와 협정을 맺었지만, 한국과 일본 사이에는 협정이 체결되지 않는 경우처럼 양자간 자유무역협정이 뒤죽박죽 엉켜서 비효율적인 문제가 생기는 일이 많았다. 그러자 요즘은 미국, 유럽연합, 중국 등 몸집이 큰 세력을 중심으로 지역 차원의 다자간 자유무역협정을 체결하는 방식이 대세가 되었다. 일찍이 1994년 출범한 북미

자유무역협정NAFTA을 필두로 얼마 전 타결된 미국 중심의 환태평양경제
동반자협정TPP, 미국과 유럽연합이 교섭 중인 범대서양무역투자동반자
협정TTIP 등이 대표적인 사례이다. 한편 중국은 환태평양경제동반자협
정을 중심으로 오바마가 "아시아로 선회"하는 것을 두고 신경질적인 반
응을 보이고 있다. 중국을 포위하고 배제하려는 시도라고 보기 때문이
다. 이런 시도에 맞서 중국은 역내포괄적경제동반자협정RCEP을 추진 중
이다. 지은이가 책에서 예상한 것과 달리, 미국은 "새로운 서양 연합"의
첫 단계인 거대 자유무역협정에서 유럽보다는 일본과 먼저 손을 잡았
다. 그렇다고 해서 지은이의 예상이 틀렸다고 보기는 어렵다. 현실적인
어려움을 감안해서 유연하게 대처했다고 볼 수 있기 때문이다.

범대서양무역투자동반자협정 참가국의 경제 규모는 전 세계 국내
총생산의 절반에 육박하는 33조 달러에 이르고, 환태평양경제동반자협
정과 역내포괄적경제동반자협정의 경제 규모는 각각 27조 달러와 21조
달러(각각 세계 국내총생산의 37퍼센트와 29퍼센트)에 달한다. 사실상 주
요 산업 국가는 모조리 어떤 형태로든 거대한 몸집의 지역적 자유무역
협정에 참여할 것으로 보인다. 바야흐로 더 많은 인구와 부와 지리 공간
이 엄청난 규모로 집중되는 시대가 도래했다. 그렇다면 이런 몸집 키우
기는 과연 안정된 발전과 성장을 보장할 수 있을까? 일단 미국과 유럽
이 힘을 합쳐서 서양을 부활시키는 게 과연 순탄한 과정을 거칠까?

미국이 유럽과 추진하는 범대서양무역투자동반자협정 앞에는 첩첩
산중의 난관이 놓여 있다. 자유무역협정이 높은 수준으로 체결되기 위
해서라도 유전자 변형 제품 교역, 투자자 정부 제소, 환경·안전 등의
규제 문제 등 비관세 장벽 분야에서 이견을 좁혀야 한다. 그리고 설령

이런 경제적 연합을 형성하는 데 성공한다 할지라도 유럽연합과 같은 정치적 통합으로 가는 길은 멀고 험할 것이다.

한편 지은이가 주장하는 바나 미국이 추구하는 목표가 동양 또는 중국을 상대로 경제 전쟁을 선포하려는 것은 아니다. 지은이가 누누이 강조하는 것처럼, 세력불균형과 몸집 키우기가 필요한 까닭은 동양 세력의 부상이 전쟁과 같은 충돌로 이어지지 않도록 하기 위해서이기 때문이다.

최근 일본과 한국이 미국 중심의 TPP와 중국 중심의 RCEP 사이에서 고심하고 있는 데서 알 수 있듯이, 그리고 이 책에서 일본을 서양 세력에 포함시키는 데서 드러나듯이, 동양과 서양이라는 잣대는 새로운 세계질서를 상상하는 범주로는 낡은 것처럼 보일지 모른다. 동양은 서양의 침략과 강압에 의해 근대 자본주의를 이식받고 이 체제에 편입되었다. 그리고 이제까지 서양의 타자로서 가상적으로 존재했을 뿐 유의미한 대항 세력은 아니었다. 그나마 비교적 자주적인 근대 산업화에 성공한 일본은 20세기 초반 제국주의 대열에 합류해서 대동아공영권을 꿈꾸다가 좌절했기 때문에 동양의 지도자로 나서기에는 결격사유가 많고, 중국은 과거 중화제국의 영광을 되살리기에는 경제적 영향력은 물론이고 정치적, 문화적 지도력도 한참 부족하다. 무엇보다도 민주주의와 인권이라는 잣대에서 자유롭지 못하다. 그렇다 하더라도 서에서 동으로 글로벌 패권의 방향이 이동하는 것은 주지의 사실이다. 지은이는 국제정치학의 거인답게 거시적인 시야에서 이 이동의 맥락을 보여주고 앞으로 펼쳐질 미래를 그려준다. 많은 독자가 지은이의 어깨에 올라타서 세계를 바라보는 시야를 성큼 높였으면 좋겠다.

| 주 |

들어가는 말

1. 2011년 현재, 미국 기업들은 1조 8,000억 달러를 유휴 잔고로 보유하고 있다. *Financial Times*, "Wealth," June 24, 2011, 52쪽을 보라.

2. 경제적 우위에 관해서는 특히 Klaus Desmet and Stephen L. Parente, "Bigger Is Better: Market Size, Demand Elasticity, and Innovation," *International Economic Review* 51, no. 2(May 2010): 319~333쪽을 보라.

3. 이 과정에서 국내 정치에서 정치적으로 곤란한 문제들이 생길 수 있다. 헤이즈와 얼리크, 페인하트Hays, Ehrlich, and Peinhardt는 다음과 같이 말한다. "무역은 경제적 혼란을 야기하고 노동자들을 더 큰 위험에 노출시키기 때문에 민주적으로 선출된 지도자들이 위험을 무릅쓰고 정치적 반대 움직임을 불러일으킨다. 그리하여 …… 정치 지도자들은 경제 개방을 위한 공적 지원을 인식하고 적극 관리해야 했다. 이런 지원을 하기 위해 각국 정부는 국제경제의 변덕스러운 변화에서 자국 시민을 보호하는 복지국가 정책을 포기하고 개방을 위한 공적 지원에 주력하고 있다." Ronald Findlay and Kevin O'Rourke, *Power and Plenty*(Princeton, N.J.: Princeton University Press, 2007)[로널드 핀들레이, 케빈 오루크 지음, 하임수 옮김, 『권력과 부』, 에코리브르, 2015] 538쪽에서 재인용.

4. 특히 W. Brian Arthur, *The Nature of Technology*(New York: Free Press, 2009), 그중에서도 10장을 보라.

1 | 국가의 크기

1. 어느 평자는 다음과 같이 말한다. "경제의 규모가 커질수록 복지 수준도 높아진다. …… 복지 수준은 생산의 다양성이 확대되고 혁신의 수준이 높아진 데 따른 결과이기 때문이다."

2. Findlay and O'Rourke, *Power and Plenty*; Crane Brinton, *From Many One: The Process of Political Integration, the Problem of World Government*(Cambridge: Harvard University Press, 1948).

3. F. Crouzet, "Aggression and Opulence," in *Leading the World Economically*, ed. Francois Crouzet and Armand Clesse(Amsterdam: Dutch University Press, 2003)

을 보라.

4. Brinton, *From Many One*.

5. Ronald Findlay, "Towards a Model of Territorial Expansion and the Limits of Empire," in *The Political Economy of Conflict and Appropriation*, ed. Michelle R. Garfinkle and Stergios Skaperdas(New York: Cambridge University Press, 1996) 을 보라.

6. Geoffrey Parker, *The Army of Flanders and the Spanish Road, 1567~1659: The Logistics of Spanish Victory and Defeat in the Low Countries' Wars*(Cambridge: Cambridge University Press, 2004)를 보라.

7. "나토를 자세히 연구해보면 …… 민주주의국가들이 자국의 정치체제를 다스리는 것과 동일한 민주적 원리에 바탕을 두는 안보 공동체를 형성할 수 있다는 기대가 확인된다." Helene Sjursen, *On the Identity of NATO*(London: Royal Institute of International Affairs, Blackwell, 2004), 689쪽.

8. "후추 등 육류 보존에 필요한 양념에 열광하는 유럽의 수요에 입각한 향신료 무역은 여러 세기 동안 수익성 좋은 무역이었다. …… 향신료 무역은 거대 해양 공화국Great Maritime Republic(베네치아)이 보유한 …… 전대미문의 부의 …… 토대였기 때문에 베네치아는 자기 몫을 잠식해 들어오는 제네바에 맞서 이 무역을 지키는 데 열심이었다." Ronald Findlay, "The Roots of Divergence: Western Economic History in Comparative Perspective," *American Economic Review* 82, no. 2(May 1992).

9. Richard Freeman, "Are Your Wages Set in Beijing?" *Journal of Economic Perspectives*(Summer 1995): 17~19쪽.

10. Alberto Alesina and Enrico Spolaore, *The Size of Nations*(Cambridge: MIT Press, 2003)을 보라.

11. Karl August Wittvogel, *Oriental Despotism: A Comparative Study of Total Power*(New Haven, Conn.: Yale University Press, 1957)[카를 아우구스트 비트포겔 지음, 구종서 옮김, 『동양적 전제주의』, 법문사, 1991].

12. Mary Boatwright, Daniel Gargola, and Richard Talbert, *The Romans: From Village to Empire*(Oxford: Oxford University Press, 2004), 136쪽.

13. 교황 그레고리오 1세는 다음과 같이 주장했다. "지상의 왕국이 천상의 왕국에 봉사하게, 또는 천상의 왕국의 노예가 되게 하자."(하나의 신성Unam Sanctum) "교황들이 비잔티움제국과 관계를 끊은 8세기에 교회는 국가보다 우위에 있었기 때문에 서방에서 세속 권력을 획득할 수 있었다." Deepak Lal, *Unintended Consequences:*

The Impact of Factor Endowments, Culture, and Politics on Long-Run Economic Performance(Cambridge: MIT Press, 1998), 78쪽.

14. Mancur Olson, *Power and Prosperity: Outgrowing Communist and Capitalist Dictatorships*(Oxford: Oxford University Press, 2000)[멘슈어 올슨 지음, 최광 옮김, 『지배권력과 경제번영』, 나남, 2010]을 보라.

15. "베네치아는 중세시대에 무역만 해서 먹고산 첫 번째 도시였다." Robert-Henri Bautier, *The Economic Development of Medieval Europe*(New York: Harcourt Brace Jovanovich, 1971), 65쪽.

16. Robert S. Lopez, "The Trade of Medieval Europe: The South," *Cambridge Economic History of Europe*, vol. 2(Cambridge: Cambridge University Press, 1987).

17. 제국 조직의 문제에 관해서는 Samuel E. Morison and Henry Steele Commager, *The Growth of the American Republic*, vol. 1(New York: Oxford University Press, 1950) 을 보라.

18. Bouda Etemad, *Possessing the World: Taking the Measurements of Colonisation from the Eighteenth to the Twentieth Century*(New York: Berghahn Books, 2007).

19. Sally Marks, *The Ebbing of European Ascendancy: An International History of the World, 1914~1945*(London: Arnold; New York, Oxford University Press, 2002).

20. 일본, 중국, 유럽 각국, 심지어 미국 같은 큰 경제를 지닌 많은 국가가 관세 인하에 관한 도쿄라운드(Tokyo Round: '관세 및 무역에 관한 일반협정^{GATT}' 각료회의의 도쿄선언에 따라 1973년부터 1979년까지 진행된 다국간 무역협상 – 옮긴이)에서 줄어든 부분을 벌충하기 위해 비관세 장벽을 활용했다.

21. *New York Times*, April 30, 2011, B1쪽.

22. 대만, 이스라엘, 싱가포르 같은 일부 작은 국가들은 강대국과 방위 협력을 강화함으로써 살아남았다.

2 | 동양의 부상

1. W. 아서 루이스^Arthur Lewis는 다음과 같이 말한다. "1880~1913년은 열대 지역 나라들이 여러 산업국들만큼이나 빠르게 성장한 시기로 보아야 한다." Findlay and O'Rourke, *Power and Plenty*, 415쪽에서 재인용.

2. 한스 징거^Hans Singer를 비롯한 이들은 이미 교역 조건이 개발도상국에 불리한 쪽으로 바뀌었다고 주장했다.

3. 핀들리와 오루크는 다음과 같이 말한다. "많은 개발도상국에서 수입 대체를 통해 초기에

성장 동력을 얻을 수 있었지만, 결국 국내시장이 포화 상태에 이르고 성장이 감퇴했다." Findlay and O'Rourke, 앞의 책, 526쪽. Bela Balassa et al., *Development Strategies in Semi-Industrial Economics*(Lonodn: World Bank, 1982)도 보라.

4. 그렇지만 닷선 280Z 모델의 힘과 핸들링은 닛산이 어디서든 성공할 수 있음을 입증했다.

5. Raymond Vernon, *Sovereignty at Bay*(New York: Basic, 1971)을 보라.

6. 『이코노미스트Economist』는 다음과 같이 말한다. "제품 제조에 직접 고용된 사람의 수가 줄어듦에 따라 총 생산 비용에서 노동비용이 차지하는 비율 역시 감소할 것이다. 따라서 제조업자들이 작업의 일부를 부자 나라들로 다시 옮겨갈 동기가 생겨난다." *Economist*, "The Third Industrial Revolution," April 21, 2012, 4쪽.

7. Ezra Vogel, *Deng Xiaoping and the Transformation of China*(Cambridge: Harvard University Press, 2011)[에즈라 보걸 지음, 심규호·유소영 옮김, 『덩샤오핑 평전』, 민음 사, 2014]을 보라.

8. Richard Baum, *Burying Mao: Chinese Politics in the Age of Deng Xiaoping* (Princeton, N.J.: Princeton University Press, 1996)을 보라.

9. Paul Krugman, "The Myth of Asia's Miracle," *Foreign Affairs* 73, no. 6(November-December 1994): 62~78쪽.

10. Mengkui Wang, ed., *China in the Wake of Asia's Financial Crisis*(Abingdon, Oxon, and New York: Routledge, 2009), 64쪽.

11. 중국의 경우 여전히 자본의 자유로운 이동과 환율, 이자율이 상쇄하는 상황에 직면해 있다. 경제학자들이 이미 보여준 것처럼, 정부는 세 가지 선택지 중에서 두 개만을 행사할 수 있다. 지금까지 중국은 환율과 이자율을 둘 다 조종하려고 노력했는데, 이런 노력은 자본 흐름이 자유롭게 이 나라를 드나들 수 없음을 의미했다. 중국은행(Bank of China: 교통은행, 공상은행, 농업은행, 건설은행과 함께 중국 5대 은행의 하나. 국유 상업 은행으로 중앙은행인 중국인민은행의 외환 업무 일부를 대행한다 - 옮긴이)은 국내로 들어오는 자금이 결국 국민들의 주머니로 흘러들어가서 수입품을 구매하거나 소비를 늘리는 일이 없도록 이 자금을 '격리'한다. 만약 중국이 환율이 자유롭게 변동하도록 놔두면, 인민폐가 오르거나 떨어질 때 이 나라에 들어오거나 나가는 자본 흐름에 의해 통화정책이 결정될 것이다. 국내 통화 기반이 하락하면 이자율이 오를 것이다. 실제로 중국은 환율을 비교적 고정된 수준으로 유지해왔으며, 따라서 중국은행은 금리를 자유롭게 올리고 내릴 수 있다. 하지만 이런 정책이 지속될 것 같지는 않다.

12. 벤저민 프리드먼Benjamin Friedman 교수는 중국 경제가 빠르게 발전하면 보통 한국, 대만, 인도네시아에서 그랬던 것처럼 점진적인 민주화로 나아갈 거라고 주장한 바 있다.

November 12, 2010, conference, Harvard University.

13. 하지만 싱가포르나 홍콩에서는 1인당 소득이 높음에도 불구하고 민주주의가 완전히 달성되지 않았다. 중국의 1인당 소득 4,400달러는 민주주의 이행 시기의 인도네시아와 필리핀, 브라질보다 높다. 그렇지만 사우디아라비아나 쿠웨이트(두 나라는 아직 민주주의 이행을 거치지 않았다)보다는 훨씬 낮다.

14. Manjeet Pardesi in *India Review*(July-September 2007)에서 재인용.

15. 유럽산 자동차에 비해 충분히 좋은 차라고 여겨지지 않기 때문이다.

16. Erich Weede, "The Rise of India: Overcoming Caste Society and Permit-License-Ouota Raj, Implementing Some Economic Freedom," *Asian Journal of Political Science*(August 2010): 131쪽에서 재인용.

17. Bill Emmott, *Rivals: How the Power Struggle Between China, India, and Japan Will Shape Our Next Decade*(Orlando, Fla.: Harcourt, 2008)[빌 에모트 지음, 손민중 옮김, 『2020 세계경제의 라이벌』, 랜덤하우스코리아, 2010], 106쪽에서 재인용.

18. 동남아시아국가연합, 일명 아세안Association of Southeast Asian Nations, ASEAN은 원래 태국, 말레이시아, 필리핀, 인도네시아, 싱가포르로 구성되었다. 버마, 베트남, 브루나이, 캄보디아, 라오스 등은 나중에 추가되었다. 아세안+3에는 일본, 중국, 남한이 포함된다. 아시아태평양경제협력체Asia-Pacific Economic Cooperation, APEC는 유엔 총회처럼 많은 대륙의 국가들을 한 덩어리로 만드는 거대한 조직이다. 이 조직은 뉴질랜드, 대한민국, 러시아, 말레이시아, 멕시코, 미국, 베트남, 브루나이, 싱가포르, 오스트레일리아, 인도네시아, 일본, 중국, 중화민국(대만), 칠레, 캐나다, 태국, 파푸아뉴기니, 페루, 필리핀, 홍콩 등 21개 회원국을 아우른다.

3 | 서양의 쇠퇴와 부활

1. Richard Morse, "The Heritage of Latin America," in Louis Hartz, *The Founding of New Societies: Studies in the History of the United States, Latin America, South Africa, Canada, and Australia*(New York: Harcourt, Brace and World, 1964), 124~25쪽을 보라.

2. Louis Hartz, *The Liberal Tradition in America: An Interpretation of American Political Thought Since the Revolution*(New York: Harcourt, Brace, 1955)[루이스 하츠 지음, 백창재·정하용 옮김, 『미국의 자유주의와 전통』, 나남출판, 2012]를 보라.

3. 구버너 모리스Gouverneur Morris는 다음과 같이 말했다. "유럽인들은 미국식 헌법을 원하면서도 자신들에게는 이런 헌법을 지지할 미국인들이 전무하다는 사실을 깨닫지 못한다."

앞의 책, 38쪽에서 재인용.

4. 해리엣 비처 스토 지음, 이종인 옮김, 『톰 아저씨의 오두막』 1·2, 문학동네, 2011.

5. 남성 참정권의 경우에 "프랑스는 1875년에 재확인했고, 영국은 1867년에서 1918년 사이에 세 단계를 거쳐 실행했으며, 독일은 1871년에, 이탈리아는 1912년에 실시했다." Arno J. Mayer, *The Persistence of the Old Regime: Europe to the Great War*(New York: Pantheon, 1981), 163쪽.

6. 앞의 책, 이곳저곳.

7. Lewis Mumford, *Technics and Civilization*(Chicago: University of Chicago Press, 1934)[루이스 멈퍼드 지음, 문종만 옮김, 『기술과 문명』, 책세상, 2013]를 보라.

8. 개인적인 대화. Robert Mundell, "The Euro and the Stability of the International Monetary System," paper presented at a conference on the euro as a stabilizer in the international economic system, December 1~3, 1998, Luxembourg, Luxembourg Institute for European and International Studies and the Pierre Werner Foundation(Columbia University, January 1999)도 보라.

9. Glyn Morgan, *The Idea of a European Superstate: Public Justification and European Integration*(Princeton, N.J.: Princeton University Press, 2007)을 보라.

10. 예를 들어 누리엘 루비니Nouriel Roubini가 『파이낸셜타임스』에 기고한 글을 보라.

11. Halford J. Mackinder, "The Geographic Pivot of History," *The Geographic Journal, Royal Geographical Society*(April 1904), 435쪽.

12. Nicholas J. Spykman and Helen R. Nicholl, *The Geography of the Peace*(Hamden, Conn.: Archon, 1969).

13. Clyde Prestowitz, *Three Billion New Capitalists*(New York: Basic, 2005)[클라이드 프레스토위츠 지음, 이문희 옮김, 『부와 권력의 대이동』, 지식의숲, 2006], 244쪽. 괄호 안의 수치는 갱신된다.

14. 권터 페어호이겐Gunter Verheugen은 유럽의 이런 거대한 확장을 진두지휘한 유럽연합 관리이다. 페어호이겐은 자신이 독일인이라는 사실을 자랑스러워하지 않았다. 하지만 그는 2004년에 자신이 10개 나라를 새롭게 유럽연합으로 이끌면서 진행된 유럽의 확대 과정을 자랑스럽게 여겼다. 이 과정을 통해 세계 최대의 단일 시장이 생겨났고, 유럽이 외부 나라들을 받아들인다는 점이 다시 확인되었다.

15. Alkuin Kolliker, "Bringing Together or Driving Apart the Union? Towards a Theory of Differentiated Integration," *West European Politics* 24, no. 4(October 2001)을 보라. 콜리커는 다음과 같이 말한다. "강한 구심력을 바탕으로 유연하게 조정하

면 대다수 성원이나 모든 성원의 참여로 이어질 수 있고, 이와 더불어 대부분의 자발적인 성원들이 비교적 높은 수준의 통합을 선택하는 가운데 장기적인 통일의 확립으로 이어지게 마련이다."(126쪽).

16. 공공재는 일단 만들어지면 외부인에게도 이익이 돌아간다. 이와 달리 클럽재의 경우 성원들만 이익을 얻는다.

17. Stephen Walt, *The Origins of Alliances*(Ithaca, N.Y.: Cornell University Press, 1987)을 보라. 월트에 따르면, "국가들은 가장 큰 위협을 제기하는 국가들에 맞서 균형을 맞추는데, 후자의 국가들이 반드시 체제 내에서 가장 강한 국가들일 필요는 없다." 더 나아가 그는 다음과 같이 덧붙인다. "세력균형 이론에서는 국가들이 세력불균형에 반응을 보일 거라고 예상하는 반면, 위협 균형 이론에서는 위협 불균형이 존재할 때(즉 한 국가나 연합이 특히 위험해 보일 때) 국가들이 취약성을 줄이기 위해 동맹을 형성하거나 더욱더 내부 노력을 기울일 것으로 예상한다."(263쪽).

18. Stephen Toulmin, *Cosmopolis*(Chicago: University of Chicago Press, 1992)[스티븐 툴민 지음, 이종흡 옮김, 『코스모폴리스』, 경남대학교출판부, 2008], 208쪽.

19. 때로는 국제통화기금의 도움을 받았다.

20. 찰스 틸리는 17세기에 잇달아 벌어진 전쟁 때문에 유럽 국가들의 행정 역량이 높아졌다고 결론 내린 바 있다. 쇼군 시대의 일본에서는 행정, 운송, 여행 등의 서비스가 이런 역할을 했을 것이다. Charles Tilly, "War Making and State Making as Organized Crime," in *Bringing the State Back In*, ed. Peter Evans, Dietrich Reuschemeyer, and Theda Skocpol(Cambridge: Cambridge University Press, 1985)를 보라.

21. Mayumi Fukushima, Richard Rosecrance, and Yuzuru Tsujyama, "Rising Sun in the New West," *The American Interest* 7(May-June 2012)를 보라.

22. Francis Fukuyama, *Trust: The Social Virtues and the Creation of Prosperity*(New York: Simon and Schuster, 1996)[프랜시스 후쿠야마 지음, 구승회 옮김, 『트러스트』, 한국경제신문, 1996], 163쪽을 보라.

23. 최근의 한 분석에서는 다음과 같이 설명한다. "자동차 계열 조직의 최대의 장점 중 하나는 기업이 시장에서 실패하지 않도록 보호하고 금융 리스크를 완화한다는 점이다. 기업 간 협정에 따른 계열 동맹은 또한 불완전 시장에서의 조정 비용, 계약 위반 리스크, 탐색 비용, 제품 품질 테스트 같은 거래 비용을 낮추는 데 기여한다. 일본 자동차 연쇄 조직은 미국의 연쇄 조직에 비해 거래 비용이 더 적다는 점이 입증되었다." Norifumi Kawai, "Shifting Gears: Keiretsu Corporate Networks Are Innate to the Japanese Auto Sector, but Could This System Finally Be Changing?" *Japan Inc*. 85(Spring 2009):

10쪽.

24. Hartz, *The Liberal Tradition in America*를 보라.

25. 존 퀸시 애덤스John Quincy Adams는 1825년에, 러더퍼드 B. 헤이스는 1877년에 대통령이 되었다.

26. Anthony Downs, *An Economic Theory of Democracy*(New York: Harper, 1957)[앤서니 다운스 지음, 박상훈·이기훈·김은덕 옮김, 『경제 이론으로 본 민주주의』 후마니타스, 2013]을 보라.

27. *New York Times*, September 4, 2011, 6쪽.

28. 라이시는 다음과 같이 말한다. "심지어 중역 계급도 [불평등을 확대하는] 추세를 역전시키려는 계몽된 자기이익을 추구한다. 밀물이 되면 모든 배가 떠오르는 것처럼, 썰물이 된 지금은 많은 요트가 뭍에 얹히기 일보직전이기 때문이다"(6쪽).

29. Thomas L. Friedman and Michael Mandelbaum, *That Used to Be Us: What Went Wrong with America and How It Can Come Back*(London: Little Brown, 2011)[토머스 L. 프리드먼·마이클 만델바움 지음, 이은경·강정임 옮김, 『미국 쇠망론』, 21세기북스, 2011]을 보라.

30. Zocalo Public Square, April 1, 2012.

31. Pew Research Center, March-April 2011.

32. Wang Jisi and Kenneth Lieberthal, Brookings paper(2011)을 보라. Cui Liru, "Peaceful Rise: China's Modernisation Trajectory," *Quarterly Journal of International Affairs*(Istituto Affari Internazionali) 47, no. 2, special issue, *A Rising China and Its Strategic Impact*(June 2012)도 보라.

33. 인간 유전체 분석whole genome sequencing의 전문가인 레이드 디머낵Rade Drmanac의 연구를 보라. 디머낵은 유전체 분석 과정을 더 빠르고, 효율적으로 만들고 비용을 절감하기 위해 유전체 분석을 혼성화hybridization하는 방법을 연구하는 중이다.

34. P. Raimondos-Moller and Alan Woodland, "A Note on Two Elementary Propositions on Customs Unions"(2001)을 보라.

35. "2005년 현재 대서양을 가로지르는 무역은 재화만 따져도 5,000억 달러에 육박하는 기록적인 규모이다. 유럽인들은 1,860억 달러 상당의 미국 수출품을 샀는데, 이는 중국인들보다 네 배 많고 인도인들보다 스물세 배 많은 금액이다. 마찬가지로, 유럽연합은 미국에 2,510억 유로어치 상품을 팔았는데, 이것은 중국에 판매한 액수보다 다섯 배 많고 인도에 판매한 액수보다 열두 배 많다. 하지만 대서양 양안의 관계를 움직이는 추진력은 다름 아닌 해외 투자이다. 2005년 유럽의 대미 투자는 총 660억 달러에 달했는데, 이것은 2004

년 수준보다 130억 달러 이상이 늘어난 규모이다. 그리고 2000년대 전반기 내내 유럽의
투자는 미국에 유입되는 외국인 직접투자 총액의 75퍼센트 이상을 차지했다. 같은 기간
미국의 해외직접투자 유출량의 57퍼센트 이상이 유럽이 종착지였다. …… 가령 2005년
을 보면, 미국이 벨기에 한 나라에 한 투자만도 대중국 투자보다 네 배가 많았다. 미국의
대프랑스 투자는 미국 기업들이 그해에 인도 전역에 한 투자보다 더 많았다. 그리고 이런
투자는 무척 큰 성공을 거두었다. 2005년에 미국 기업들은 유럽에서 1,060억 달러의 수
익을 올렸고, 유럽 기업들의 미국내 수입은 770억 달러에 육박했다." "Completing the
Transatlantic Market," February 2007, Transatlantic Policy Network, Brussels and
Washington, D.C., 8쪽.

36. *Financial Times*, October 28, 2011, 11쪽에서 재인용한 오바마 대통령의 말.

37. Henry Kissinger, *The Troubled Partnership: A Re-Appraisal of the Atlantic
Alliance*(Garden City, N.Y.: Doubleday, 1966), 251쪽. 키신저는 다음과 같은 말을 덧
붙인다. "서양 역사에서 역동적인 시기는 다양성을 바탕으로 통일이 이루어진 때였다. 다
시 한 번 이런 통일을 과제로 삼아야 한다. 위신과 영향력을 얻기 위한 싸움이 공동체 의
식을 높이는 결과로 이어진다면, 이런 싸움은 유익하다. 거꾸로, 만약 이 과정에서 서양이
산산조각이 난다면, 지금으로부터 50년 뒤 당대의 헤드라인을 장식하는 쟁점들과 관련하
여 누가 '옳았는지' 아무도 신경 쓰지 않을 것이다"(250쪽).

38. Martin Jacques, *When China Rules the World: The End of the Western World and the
Birth of a New Global Order*(New York: Penguin, 2009)[마틴 자크 지음, 안세민 옮김,
『중국이 세계를 지배하면』, 부키, 2010년], 227쪽.

39. 앞의 책, 419쪽.

4 | 미국의 통일과 서양의 통합

1. 로버트 고든은 다음과 같이 말한다. "유럽이 미국에 뒤처졌다가 따라잡은 긴 역사를 돌
아보면, 이 주제가 정치나 역사보다는 경제학과 더 관련이 있다는 결론을 피하기가 어
렵다. 1913년 이전 미국이 우위에 선 원인을 살펴보면 건국의 아버지들이 이룬 업적
인 국내 공동 시장이 중심에 있다." Robert J. Gordon, "Two Centuries of Economic
Growth: Europe Chasing the American Frontier," paper prepared for Economic
History Workshop, National Bureau of Economic Research(NBER), Northwestern
University, October 17, 2002, 38쪽.

2. Barry Eichengreen and Andrea Boltho, "The Economic Impact of European
Integration," Centre for Economic Policy Research(Discussion Paper), May 2008.

3. Jack A. Goldstone, Eric P. Kaufmann, and Monica Toft, *Political Demography: How Population Changes Are Reshaping International Security and National Politics*(Boulder, Colo.: Paradigm, 2012)를 보라. Mark L. Haas, "America's Golden Years: U.S. Security in an Aging World," 49~62쪽은 이 문제와 관련하여 유용한 데이터를 제공한다.

4. Jacob Viner, *The Customs Union Issue*(New York: Carnegie Endowment for International Peace, 1950)에 담긴 핵심 연구 성과를 보라.

5. 한층 더 높은 추정치로는 J. Antal, "Transatlantic Free Trade Agreement − Still a Live or Dead Concept in EU-US Relations?" *International Journal of Social Sciences and Humanity Studies* 3, no. 2(2011): 287~293쪽을 보라.

6. 여기에는 나프타도 덤으로 포함될 것이다.

7. Jacques Servan-Schreiber, *The American Challenge*, trans. Ronald Steel(New York: Atheneum, 1968)[J. J. S 시라이버 지음, 김붕구 옮김, 『미국의 도전』 상·하, 서문당, 1976]을 보라.

8. 로버트 고든은 유럽이 미국의 생산성을 따라잡은 현실을 주목하면서 다음과 같이 말한다. "유럽 국가들이 차례로 미국의 생산성 수준을 따라잡고 추월함에 따라 10년 안에 미국 대학들에서 '유럽 우위의 원천'에 관한 학술회의가 조직될 것이다." Gordon, "Two Centuries of Economic Growth," 39쪽.

5 | 패권 이동의 트라우마

1. 열세 개의 역사적 사건은 다음과 같다. (1) 1500년대 초 프랑스가 이탈리아 영토를 놓고 합스부르크 왕가에 도전했을 때 전쟁이 발발했다. (2) 스웨덴이 30년전쟁 중에 독일의 패권을 차지하기 위해 합스부르크 왕가에 도전했다. (3) 네덜란드가 독립을 얻기 위해 에스파냐에 도전했을 때(1560~1609년), 전쟁이 발발했다. (4) 부상하는 영국이 네덜란드에 도전했을 때(17세기 중반) 전쟁(1650~64년)을 수단으로 삼았다. (5) 프로이센이 오스트리아에 도전했을 때, 독일의 지배적 지위와 슐레지엔을 둘러싼 오랜 전쟁(1740~63년)으로 이어졌다. (6) 프랑스가 영국에 도전했을 때 긴 싸움이 벌어졌다(1770~83년과 1798~1815년). 프랑스는 첫 번째 전쟁에서 이겼지만 두 번째 대결에서는 패배했다. (7) 프로이센이 나폴레옹 3세의 프랑스에 도전했을 때 전쟁으로 이어졌다(1870~71년). (8) 독일이 대영제국에 도전했을 때 전쟁으로 이어졌다(1914~18년). (9) 1차대전 전에 미국이 영국에 도전했을 때, 전쟁으로 이어지지는 않았다. (10) 독일이 소련에 도전했을 때 전쟁(1941~45년)을 수단으로 삼았다. (11) 독일과 일본이 미국에 도전했을 때 전쟁

(1941~45년)을 수단으로 삼았다. (12) 냉전 중에 소련이 미국과 서방에 도전했을 때 전쟁으로 이어지지는 않았다. (13) 1983년 일본이 소련을 경제적으로 추월했을 때 전쟁으로 이어지지는 않았다.

2. 1632년, 스웨덴 국왕은 가톨릭교도들에 대해 승리를 거둔 것처럼 보였다. 뤼첸^{Lützen} 전투에서 구스타부스 아돌푸스는 죽음을 맞았지만, 그는 오스트리아에 대항해서 프로테스탄트의 대의를 통합하는 데 성공했다. 그의 승리는 30년전쟁 중에 스웨덴의 힘이 절정에 이르렀음을 나타냈다.

3. 1896년, 영국은 베네수엘라 국경선(영국령 기아나와 접하는) 문제에 관해 미국(과 그로버 클리블랜드)에 양보했다. 영국은 또한 파나마 운하를 건설하려는 미국의 계획과 미국 해군력 강화를 묵인했다.

4. 조지 모델스키와 로버트 길핀의 연구를 보라. George Modelski, "The Long Cycle of Global Politics and the Nation-State," *Comparative Studies in Society and History* 20, no. 2(April 1978); Robert Gilpin, War and Change in World Politics(Cambridge: Cambridge University Press, 1981).

5. 미국은 1917년까지 기다리다가 영국과 프랑스 편에서 1차대전에 참전했다.

6. 유명한 중국 전문가 C. P. 피츠제럴드^{C. P. Fitzgerald}가 사립학교 다니던 시절에 경험한 일화이다.

7. Paul Kennedy, "German World Policy and the Alliance Negotiations with England, 1897~1900," *The Journal of Modern World History* 45, no. 4(December 1973): 618쪽에서 재인용.

8. Pauline R. Anderson, *The Background of Anti-English Feeling in Germany, 1890~1902*(Washington, D.C.: American University Press, 1939)를 보라.

9. 홀데인과 수상이 나눈 대화는 나중에 『뉴욕타임스』 1918년 1월 2일자에 인용되었다.

10. 만약 영국 해군이 영국해협에서 다른 어떤 함대보다도 우월하지 않다면, 영국 본토가 침략당할 수 있다. 따라서 영국 해군 장교들은 국가의 생존 문제가 "오후 한나절 동안에" 결정될 수 있는 상황에서 해군만이 영국이 힘을 발휘할 수 있는 유일한 도구임을 알고 있었다.

11. 이 문제와 관련해서 위협을 받는 국가들이 택할 수 있는 일련의 대안적 전략들을 서술하는 폴 슈로더의 연구를 보라. Paul W. Schroder, "The Nineteenth Century System: Balance of Power or Political Equilibrium?" *The Review of International Studies* 15 (1989): 135~53쪽.

12. Robert Powell, *In the Shadow of Power: State and Strategies in International*

Politics(Princeton, N.J.: Princeton University Press, 1999)와 Glenn Snyder, Alliance Politics(Ithaca, N.Y.: Cornell University Press), 51쪽을 보라.

13. John Arquilla, Dubious Battles(London, 1992); R. Rosecrance and Chih-Cheng Lo, "Balancing Stability and War: The Mysterious Case of the Napoleonic International System," *International Studies Quarterly* 40, no. 4(December 1996). 세력균형이 일상적으로 이루어지지 않는 이유에 관해서는 많은 문헌이 있다. John Vasquez, "The Realist Paradigm and Degenerative Versus Progressive Research Programs: An Appraisal of Waltz's Balancing Proposition," *American Political Science Review* 91, no. 4(December 1997): 899~912쪽을 보라. J. Vasquez and Colin Elman, eds., *Realism and the Balancing of Power: A New Debate*(Saddle River, N.J.: Prentice-Hall, 2003)도 보라. Richard Rosecrance, "Is There a Balance of Power?" in *Realism and the Balancing of Power*, ed. Vasquez and Elman도 보라.

14. F. H. Hinsley, *Power and the Pursuit of Peace: Theory and Practice in the History of Relations Between States*(Cambridge: Cambridge University Press, 1963)과 Paul W. Schroeder, "Balance of Power and Political Equilibrium: A Response," *The International History Review* 16, no. 4(November 1994): 661~880쪽을 보라.

15. 1875년 독일이 프랑스에 대해 행동에 나서겠다고 위협했을 때 영국이 보인 반응을 보라.

16. 중국의 첫 번째 항공모함이 2012년에 취역할 예정이다.

17. Niall Ferguson, *The Pity of War: Explaining World War I*(London: Allen Lane, 1998), 특히 "Alternatives to Armageddon"을 보라.

6 | 몸집을 불리는 시장 클러스터

1. Edward Leamer, "A Flat World, A Level Playing Field, A Small World After All, or None of the Above"(review of Thomas Friedman, *The World Is Flat*), UCLA paper, 2007을 보라.

2. 여기서 거론한 데이터는 Pankaj Ghemawat, *World 3.0: Global Prosperity and How to Achieve It*(Boston: Harvard Business Review Press, 2011)[판카즈 게마와트 지음, 김홍래·이영래 옮김, 『월드 3.0』, 지식트리, 2012]에서 가져온 것이다.

3. 아래에서 살펴볼 텐데, 중국은 자동차 산업의 일부 과정을 탄탄히 다져놓았다. 하지만 중국은 어디에서도 생산 연쇄의 모든 요소를 자체 조달하지 못한다.

4. Karl W. Deutsch, *Nationalism and Social Communication: An Inquiry into the Foundations of Nationality*(Cambridge: MIT Press, 1954)를 보라.

5. W. Brian Arthur, *Increasing Returns and Path Dependence in the Economy*(Ann Arbor: University of Michigan Press, 1994); Paul Krugman, *Geography and Trade*(Cambridge: MIT Press, 1991); Allen J. Scott, *Regions and the World Economy: The Coming Shape of Global Production, Competition, and Political Order*(Oxford: Oxford University Press, 1998) 등을 보라.

6. Shujie Yao, "To Reach Its Full Potential, China Must Create Its Own Brands," *Financial Times*, June 8, 2011, 11쪽을 보라.

7. 유럽에서 금융·산업 서비스와 역량은 런던에서 프랑크푸르트까지 활 모양으로 뻗은 첨단 기술 지역에 있다. 마찬가지로 유력한 기술, 산업, 금융 복합단지가 취리히에서 밀라노까지 비슷한 모양을 형성하면서 자리 잡고 있다.

8. 특히 Leamer, "A Flat World"를 보라.

9. Edward Glaeser, *Triumph of the City*(New York: Penguin, 2011)[에드워드 글레이저 지음, 이진원 옮김, 『도시의 승리』, 해냄, 2011], 248쪽.

10. 앞의 책, 269쪽.

11. Anthony J. Venables, "Shifts in Economic Geography and Their Causes," paper presented at the Federal Reserve Bank of Kansas City's Symposium on the New Economic Geography, Jackson Hole, Wyo., 2006, 9쪽.

12. Shujie Yao in *Financial Times*, June 8, 2011, 11쪽.

13. U.S. Chamber of Commerce, "Transatlantic Zero," 2011.

14. Financial Times, April 26, 2011을 보라.

15. *Eric Hobsbawm*, The Age of Empire, 1875~1914(New York: Pantheon, 1987)[에릭 홉스봄 지음, 김동택 옮김, 『제국의 시대』, 한길사, 1998]과 Paul M. Kennedy, *The Rise and Fall of the Great Powers: Economic Change and Military Conflict from 1500 to 2000*(New York: Random House, 1987)[폴 케네디 지음, 이일수·전남석·황건 옮김, 『강대국의 흥망』, 한국경제신문, 2008]을 보라.

16. Stephen G. Brooks, *Producing Security: Multinational Corporations, Globalization, and the Changing Calculus of Conflict*(Princeton, N.J.: Princeton University Press, 2005), 216쪽.

7 | 중국 문제

1. 자크는 다음과 같이 주장한다. "중국 자체의 민족 경험은 독특하다. 비록 중국은 한때 무수히 많은 민족들로 이루어졌었지만, 지금은 중국인들이 하나의 민족으로 여기는 한족이

지배적이다." Jacques, *When China Rules the World*, 265쪽.

2. Harry Eckstein, "The British Political System," in *Patterns of Government: The Major Political Systems of Europe*, ed. Samuel H. Beer and Adam Ulam(New York: Random House, 1962)를 보라.

3. 그렇다고 해서 외국인들이나 이슬람교도들이 그런 시도를 하지 않을 것이라는 이야기는 아니다. 2007년 7월에 벌어진 런던 지하철역 공격을 주목하라.

4. Benedict Anderson, *Imagined Communities: Reflections on the Origin and Spread of Nationalism*(London: Versol, 1986)[베네딕트 앤더슨 지음, 윤형숙 옮김, 『상상의 공동체』, 나남출판, 2003]도 보라.

5. Charles Tilly, "Reflections on the History of European State-Making," in *The Formation of National States in Western Europe*, ed. Charles Tilly(Princeton, N.J.: Princeton University Press, 1975), 42쪽.

6. Francis Fukuyama, *The Origins of Political Order: From Prehuman Times to the French Revolution*(New York: Farrar, Straus, and Giroux, 2011)[프랜시스 후쿠야마 지음, 함규진 옮김, 『정치 질서의 기원』, 웅진지식하우스, 2012], 76쪽에서 재인용.

7. 앞의 책, 7장.

8. Etel Solingen, *Regional Orders at Century's Dawn: Global and Domestic Influences on Grand Strategy*(Princeton, N.J.: Princeton University Press, 1998)을 보라.

9. Barry Eichengreen, Donghyun Park, and Kwanho Shin, "When Fast Growing Economies Slow Down: International Evidence and Implications for China," *NBER Working Paper* 16919(March 2011), 8~9쪽.

10. *Financial Times*, October 17, 2011, 10쪽을 보라.

11. Susan Shirk, *China, Fragile Superpower: How China's Internal Politics Could Derail Its Peaceful Rise*(New York: Oxford University Press, 2007)[수잔 셔크 지음, 강준영 · 장영희 옮김, 『판도라의 상자 중국』, 한국외국어대학교출판부, 2013], 63쪽.

12. Todd Hall, "Unfinished Stories: Power Transitions and National Narratives in China," Princeton-Harvard Consortium on China Studies, April 2010, 3쪽.

8 | 대안들

1. Wang Jisi, "China's Search for a Grand Strategy: A Rising Great Power Finds Its Way," *Foreign Affairs* 90, no. 2(March-April 2011): 68~79쪽.

2. Michael Beckley, "China's Century? Why America's Edge Will Endure,"

International Security 36, no. 3(Winter 2011-12): 41~78쪽을 보라.

3. Eichengreen, Park, and Shin, "When Fast Growing Economies Slow Down"을 보라.

4. 유럽연합 회원국이 아닌 일부 나라들도 알바니아와 크로아티아처럼 나토 회원국이다. 이
    두 나라는 조만간 유럽연합 회원국이 될 가능성이 높다.

5. John Maynard Keynes, *The Economic Consequences of the Peace*(New York:
    Harcourt, Brace and Howe, 1920)에서 이전 문제에 관한 케인스의 언급을 보라.

9 | 서양은 어떻게 중국과 세계를 끌어당기는가

1. 마찬가지로 '서양인' 이란은 아야톨라 호메이니가 집권하면서 이슬람화될 수 있었다.

2. Eugen Weber, *Peasants into Frenchmen: The Modernization of Rural France,
    1870~1914*(Stanford, Calif.: Stanford University Press, 1976)을 보라.

3. 특히 Charles Doran, *The Politics of Assimilation*(Baltimore: Johns Hopkins
    University Press, 1971)을 보라.

4. Joseph Nye, *Peace in Parts: Integration and Conflict in Regional Organization*
    (Boston: Little, Brown, 1971)을 보라.

| 찾아보기 |

지은이 리처드 로즈크랜스Richard Rosecrance

미국의 저명한 국제정치학자이다. 현재 하버드대학교 케네디스쿨 교수이며, 산하 벨퍼과학국제
문제연구소에서 미중 관계 연구 프로젝트를 책임지고 있다. 한때 미국 국무부 정책기획위원회
에서 일하기도 했다. 지은 책으로 *The Rise of the Virtual State*(1999년), *The Domestic Bases of
Grand Strategy*(1993년), *America's Economic Resurgence*(1990년), *The Rise of the Trading
State*(1986년), *International Relations: Peace or War?*(1973년) 등이 있다.

옮긴이 유강은

국제문제 전문 번역가. 옮긴 책으로 『보이지 않는 손』, 『데드핸드』, 『땅뺏기』, 『조지 케넌의 미국 외
교 50년』, 『호모 인베스투스』, 『의혹을 팝니다』, 『새로운 전쟁과 낡은 전쟁』, 『미국민중사 1·2』, 『전
쟁 대행 주식회사』, 『전쟁에 반대한다』 등이 있다.

서양의 부활

범대서양연합은 어떻게 전쟁을 방지하고 미국과 유럽을 복원할 수 있는가

발행일   2015년 11월 20일

지은이   리처드 로즈크랜스
옮긴이   유강은
펴낸이   이지열
펴낸곳   미지북스
          서울시 마포구 성암로 15길 46(상암동 2-120번지) 201호
          우편번호 03930
          전화 070-7533-1848 팩스 02-713-1848
          mizibooks@naver.com
          출판등록 2008년 2월 13일 제313-2008-000029호
책임 편집 박기효
출력   상지출력센터
인쇄 제본 한영문화사

ISBN 978-89-94142-46-3 03340
값 15,000원

• 트위터 @mizibooks
• 블로그 http://mizibooks.tistory.com
• 페이스북 http://facebook.com/pub.mizibooks